Iniciar con Lazarus y Free Pascal

Aprender a través de la práctica

Menkaura Abiola-Ellison

Publicado por primera vez de mayo 2015

Publicado por Fusion Enterprise Solutions (Holdings)
Communications House
290 Moston Lane
Manchester
M40 9WB

ISBN 13: 978-0-9932723-1-8

Acerca del autor

Menkaura Abiola-Elisson tiene más de 30 años de experiencia como ingeniero de software y programador.

Comenzó sus primeros años escribiendo código ensamblador y BASIC durante la década de los 80, en su *Acorn Atom* que sus padres le habían comprado. Posteriormente asistió a la universidad para estudiar ciencias computacionales, donde obtuvo su Licenciatura en Ciencias con Mención Honorífica, y posteriormente un Máster en negocios.

Por más de 20 años ha programado en diversas formas de Pascal, desde P-code, Module-2, Turbo Pascal hasta Delphi / Lazarus.

Adicionalmente, posee experiencia técnica y comercial en otros lenguajes tales como C++, Java, Javascript, Visual basic, conjuntamente con una variedad de herramientas web, sin embargo se encuentra siempre retornando a Free Pascal una y otra vez.

El autor ha trabajado en electro medicina por 25 años, desde UCI hasta Desarrollador de Sistemas Dentarios, y encontró Pascal a la altura de los desafíos de los continuos cambios en el mundo del software.

Siente que Lazarus / Free Pascal ha permanecido escondido durante mucho tiempo, y cree que es un gran lenguaje para usar cuando hablamos de un primer lenguaje.

Durante los números años que ha trabajado como ingeniero de software, pocos sistemas han resistido la prueba del tiempo tan bien como el programa Pascal.

Menkaura ha usado Pascal para trabajos de sistemas de bajo nivel, creación de redes, hilos de ejecución de procesos, aplicaciones de base de datos, gestión de dispositivos médicos, codificación de ensamblado embebido (*assembly*), aplicaciones web y operación de dispositivos de control remoto, por mencionar algunos.

Se ha mantenido usando Lazarus los últimos tres años y cree que está listo para emerger de las sombras del Delphi.

Agradecimientos

Escribir un libro no es una operación de un solo hombre (o mujer) y, por lo tanto, me gustaría dar las gracias a las personas que ayudaron a llevar esto de un concepto a una realidad.

Gran cantidad del material en este libro intenta abordar muchas de las cuestiones que noté preguntadas por numerosas personas que asistían a Lazarus / Free Pascal por primera vez. Los agradecimientos van dirigidos a aquellos fórums donde las personas han ayudado a otros en sus caminos hacia el aprendizaje de Lazarus.

Me gustaría agradecer a Harriet Barham por su habilidad como corrector, y muchas gracias a Lloyd Evering por la lectura técnica.

Estoy agradecido con el Dr. Femi Biko por su constante apoyo y estímulo.

Me gustaría agradecer enormemente a Vaughan Tyler, por su determinación y paciencia en la prueba de muchos de los códigos presentados en este libro.

La versión traducida español no sería posible sin la ayuda de Diana Suárez, a quien le estoy agradecido.

Por último, pero no menos importante, un gran agradecimiento a mi esposa, Faith, por la corrección de textos y paciencia.

Mis agradecimientos a todos aquellos, no mencionados específicamente por nombre, que contribuyeron a este esfuerzo. Tú sabes quién eres; y ofrezco mis disculpas a aquellos a quienes puede haber omitido inadvertidamente. Todos ustedes demostraron el espíritu de lo que se trata Free Pascal.

Contenidos

Prefacio 10

¿Por qué usar Lazarus con Free Pascal? 10

MSEide+MSEgui 10

fpGUI 10

Lazarus 10

Qué cubre este libro. 11

Qué necesitas para este libro. 11

Comentarios de los lectores 12

Errata 13

1 Introduciendo Lazarus con Free Pascal 14

¿Qué es Lazarus? 14

Programas orientados a objetos. 15

¿Qué es exactamente un Pascal Orientado a Objetos? 18

2 Instalar Lazarus 19

Preparar el entorno 19

3 Programas de líneas de comando 28

Ejecución del programa. 31

Examinar las capas más externas 31

Formato de programa – resumen 39

4 Trabajar con números 41

Funciones, procedimientos y métodos, ¿Cuál es la diferencia? 43

Unas palabras sobre el operador de punto (.) 44

No todos los triángulos tienen ángulos rectos. 47

5 Algunas entradas, algo de lógica 53

Algunas entradas 53

Nuevos tipos de datos 55

Algo de Lógica 56

declaraciones if.. then y else 56

Declaración Case…of 61

Ciclos de repetición 64

Ciclo For... in.. 66

Ciclo Repeat... Until.. 66

Ciclo While.. 67

Resumen de los capítulos 1 al 5 69

Tablas de resumen 73

2 /Precedencia... 74

6 Arreglos y otros temas 75

Arreglo dinámico.. 77

Arreglos unidimensionales en acción 79

Arreglos multidimensionales... 82

Arreglos y Registros trabajando juntos........................ 85

Unas palabras sobre estilo personal 89

Diferencia entre arreglos y conjuntos 91

Manejo básico de archivos 91

7 Principios básicos de POO... 99

Herencia 100

Sobrescrita de métodos 101

Sobrecarga vs. Sobreescritura 104

Herencia múltiple.. 105

8 IDE de Lazarus 107

Configuración de tu entorno de Lazarus..................... 109

Configurando tu entorno de trabajo 110

9 Una nueva visión 115

Entrada en tiempo de ejecución.................................. 119

Salidas en tiempo de ejecución 122

Enlazar códigos a eventos 124

Agregar más componentes 124

10 POO en acción 130

Extensión de las subclases 135

Sobrescribir métodos heredados 136

11 Usar constructores y destructores 138

Constructor 138

Destructor 145

Resumen de los capítulos 6 al 11 148

12 Lidiar con Errores y Manejo de Excepciones 150

Mensajes de Advertencia de Compilación 152

Captura de error 155

Una técnica sencilla 156

Manejo de excepciones 162

Cuando usar excepciones 165

13 Paquetes de Lazarus 167

¿Qué es un paquete de Lazarus? 167

Paquetes de Lazarus en acción 168

14 Biblioteca de Componentes de Lazarus (LCL) 173

Unas palabras acerca de RTL 173

La paleta de componentes 175

15 Construir una aplicación con LCL 179

Consideraciones de Funcionalidad 179

16 Gráficos, 2D, 3D y Animación 188

Trabajar con Tcanvas 190

Dibujar rectángulos 193

Dibujar polígonos 197

Descripción 197

Gráficos 2D y 3D 213

OpenGL 213

Resumen de los capítulos 12 al 16 221

17 Manejo de archivos 223

Diálogos de Archivos LCL 223

Unas palabras sobre apuntadores 230

¿Por qué utilizar Tstream? 232

18 Manejo del Conjunto de Datos 233

Introducción - ¿A qué nos referimos por un Conjunto de Datos? 233

XML 234

JSON 240

CSV 245

Trabajar con conjuntos de datos 247

zmSQL 248

Trabajar con zmSQL 252

¿Qué es SQL? 253

Modelo entidad-relación 254

19

.... Introducció n a Base de Datos 267

Columnas y Tipos de datos 268

Filas 268

Claves primarias 268

El lenguaje SQL 268

"¿Qué es MariaDB?" 269

Software de Cliente-Servidor 271

Herramientas de SGBD 272

Utilizar la utilidad de línea de comando 273

Trabajar con MariaDB 274

Utilizar una herramienta GUI 276

Instalar DBeaver 277

Construir una aplicación de base de datos Lazarus ... 290

Instalar los componentes de ZeosDBO 291

20 Lazarus y la Web 310

Aplicaciones base de cliente liviano 310

Aplicaciones basadas en web anteriores 311

Writeln, Sendmessage, Debugln... 328

Utilizar debugln,write/writeln... 330

Depurador de conexión de Lazarus 331

Depurar desde Lazarus 333

GDB sin Lazarus...339

22 Documentar el código 345

Soporte de Lazarus para documentación 346

LazDE 346

Nota que la carpeta unit1.html se construirá dentro de tu carpeta padre docs...351

Ver nuestra documentación 352

23 Lazarus y Otros Dispositivos, Pi, Android, Teléfonos Inteligentes y Sistemas Embebidos...354

Raspberry Pi...354

Desarrollar aplicaciones para dispositivos Android 355

FPC JVM 356

Android como objetivo...356

Desarrollar Aplicaciones para el mercado de teléfonos inteligentes 356

Maemo Linux...356

WinCE port 357

Sistemas embebidos...357

Plataformas Nintendo 357

Resumen de los Capítulos 17 al 23..359

24 Glosario de Método 362

25 y ahora ¿qué? 366

26 Indice 367

Prefacio

¿Por qué usar Lazarus con Free Pascal?

Lazarus no es la única Interfaz Gráfica de Usuario (GUI de sus siglas en inglés *Graphical User Interface*) para Free Pascal. Dos de ellas que valen la pena mencionar son fpGUI y MSEide+MSEgui.

MSEide+MSEgui

El *MSEide* es un Sistema de Desarrollo Multiplataforma de GUI para los programadores de Pascal, que se encuentra totalmente escrita en Pascal. El *MSEgui* no dispone de compatibilidad VCL. La biblioteca de gráficos proporciona una interfaz para win32 y X11. A pesar de ser un esfuerzo de una única persona (Martin S.) de momento.

Sin embargo, al momento de escribir este libro, *MSEide+MSEgui* solo funciona en las plataformas Windows y Linux, aunque puedes desarrollar aplicaciones para ejecutar en diferente plataformas.

fpGUI

fpGUI, el conjunto de herramientas de la Interfaz Gráfica de Usuario de Free Pascal, es un conjunto de herramientas de interfaz gráfica de usuario multiplataforma desarrollado por Graeme Geldenhuys. *fpGUI* es un software libre de código abierto, autorizado bajo una Licencia Pública General Reducida (LGPL de sus siglas en inglés *Lesser General Public License*). El conjunto de herramientas ha sido implementado usando el compilador Free Pascal, lo que significa que se encuentra escrito en el lenguaje *Object Pascal*.

fpGUI consiste solo en *widgets* gráficos o componentes, y una biblioteca de dibujo 2D multiplataforma. No implementa capas de base de datos, gráficos 3D, analizadores sintácticos XML, etc. Tampoco depende de una gran cantidad de bibliotecas externas como GTK o Qt. Todos los extras provienen directamente de los componentes disponibles con la biblioteca de componentes de Free Pascal (FCL de sus siglas en inglés *Free Component Library*) que viene por defecto con el compilador de Free Pascal.

Lazarus

A pesar de los dos GUI para Free Pascal mencionados anteriormente ser excelentes herramientas por derecho propio, escogí Lazarus por las siguientes razones:

a/ Tiene una comunidad amplia y comprometida.
b/ Es usada en escuelas, universidades y el mundo comercial en todo el planeta.

c/ Lazarus IDE puede ser instalado en una amplia variedad de plataformas y dispositivos.

d/ La asistencia web es muy amplia.

e/ Es excelente para el desarrollo de aplicaciones de base de datos.

f/ Posee una biblioteca vasta y es simple de añadir paquetes.

Qué cubre este libro.

Los *capítulos del 1 al 5* introducen a los lectores a Lazarus y Free Pascal. Aquí el lector aprenderá como descargar, instalar y configurar Lazarus para su plataforma de preferencia. El lector primero aprenderá como escribir programas de líneas de comando usando un editor de texto y el compilador de Free Pascal.

Los *capítulos 6 al 11* impulsan el conocimiento del lector a través de la introducción de temas más avanzados, como por ejemplo arreglos y más. El lector también aprenderá las bases de la Programación Orientada a Objetos (POO). Estos capítulos introducirán al lector en el Entorno de Desarrollo Integrado (IDE de sus siglas en inglés *Integrated Development Environment*) de Lazarus, al ver Lazarus y POO en acción.

Los *capítulos 12 al 16* indagan aún más en la programación con Lazarus, y echa un vistazo a temas como errores y Manejo de excepciones, los paquetes de Lazarus y cómo crear tus propios paquetes. El lector aprenderá acerca de la Biblioteca de Componentes de Lazarus (LCL de sus siglas en inglés *Lazarus Components Library*) y cómo usarla para construir aplicaciones, incluyendo 2D, 3D y animación. Usando LCL, el lector aprenderá como programar por sí mismo.

Durante los *capítulos 13 al 23* el lector aprenderá como escribir aplicaciones que incluyan: manejo de archivos, aplicaciones de conjuntos y bases de datos, y desarrollo de aplicaciones Web. El lector también aprenderá como aplicar diversas técnicas de depuración usando las herramientas de depuración de Lazarus. Aprender a documentar tu código es una parte importante en el desarrollo de la aplicación; este aspecto será cubierto en el transcurso de estos capítulos. El capítulo termina con un vistazo a algunos dispositivos que Lazarus y Free Pascal usan en Android, sistemas embebidos de teléfonos inteligentes y Raspberry Pi, por nombrar algunos ejemplos.

Qué necesitas para este libro.

Necesitarás descargar el software Lazarus que sea soportado por tu sistema operativo (véase el capítulo 2 sobre "Configuración de Lazarus"). Adicionalmente, algunos de los ejemplos presentados en este libro requerirán la descarga de componentes externos (tales como los ZeosDB, discutidos en el capítulo 19).

Comentarios de los lectores

Los comentarios de los lectores son siempre bienvenidos. Haznos saber qué opinas acerca de este libro, que es lo que te gusta o puede haber disgustado.

Para enviarnos tus comentarios simplemente envía un e-mail a **mka.feedback@gmail.com**, mencionando el título del libro.

Para quién es este libro

Este libro asume que el lector no posee conocimientos previos en Lazarus o Free Pascal, y puede ser completamente nuevo en computación. Este libro también está pensado para programadores que desean cambiar desde otros lenguajes tales como Delphi, Visual Basic, Java, C++, etc., y que quieren comenzar rápidamente con Lazarus y Free Pascal.

Este libro es ideal tanto para principiantes como para intermedios.

Convenciones

En este libro encontrarás un número de estilos de texto e iconos que diferencian entre distintas clases de información. A continuación se encuentra la clave para distinguir estas informaciones:

 Puntos sumamente importantes para recodar

 Es tu turno de comenzar a programar.
Por ejemplo:
```
procedure THelloWorld.WriteOut;
begin
 Writeln('Hello, World!');
end;
```

Declaración de línea única   `Writeln('Hello, World!');`

 Cosas para que pruebes por ti mismo – ¡Inténtalo!

Unas palabras de advertencia

Como este libro es en gran medida un manual práctico, se espera que el lector digite los programas listados en este libro. Por lo tanto, NO habrá código para descargar. La mejor manera de aprender programación es programando. Los programas son incluidos intencionalmente; el código incluido en este libro es suficientemente manejable para ilustrar los ejemplos necesarios presentados.

Mitad de la diversión es hacer el trabajo tú mismo, así que diviértete codificando.

Errata

A pesar de haber tomado cada esfuerzo para garantizar la exactitud del contenido, pueden ocurrir errores. Si encuentras algún error en este libro, agradecería si pudieras reportármelo. Al hacerlo, ahorras a otros lectores frustración y ayudas a mejorar subsecuentes ediciones de este libro. Si encuentras alguna errata por favor comunícalo conmigo a *mka.publishing@gmail.com.*

1 Introduciendo Lazarus con Free Pascal

Lazarus, un entorno de desarrollo integrado (IDE de sus siglas en inglés *Integrated Development Environment*), fue un proyecto resurgido de las cenizas del Proyecto Megido. Megido fue el primer intento de desarrollar una interfaz gráfica de usuario (GUI de sus siglas en inglés *Graphical User Interface*) para el lenguaje Free Pascal en 1998. Debido a diversos motivos el proyecto falló, sin embargo, algunos de los desarrolladores del proyecto decidieron intentar un abordaje diferente y crearon el proyecto Lazarus. Este proyecto se convirtió en un suceso con más de 4 millones de descargas desde marzo de 2014.

¿Qué es Lazarus?

Lazarus es un IDE visual, libre y multiplataforma para el desarrollo rápido de aplicaciones (RAD de sus siglas en inglés para *Rapid Application Development*), que utiliza un compilador Free Pascal, el cual soporta *Object Pascal*, en diferentes grados. Una de las características importantes de Free Pascal es la de *una vez escrito, compila en cualquier sitio (write once, compile anywhere)*.

Esto significa básicamente que solo necesitas escribir tu código fuente una vez y compilarlo para orientar tu distribución (para ciertas plataformas como Windows, Linux, Mac, Android, FreeBSD, Unix, Raspberry Pi, entre otras).

Al usar Lazarus como el IDE visual para Free Pascal, Lazarus se beneficia de un lenguaje compilado de **programas orientados a objetos** (POO), lo que ofrece una alta velocidad de ejecución y una compilación multiplataforma.

La belleza de Lazarus es que permite al desarrollador desarrollar de manera rápida una aplicación, luego compilarla para ser ejecutada en diversas plataformas sin necesidad de ningún cambio en el código fuente (o solo usar modificaciones menores).

Otra característica importante y bien recibida de Lazarus con Free Pascal es que está disponible como descarga gratuita desde la página web de Lazarus (a través de la página web http://.www.sourceforge.net). Este libro se basa en la versión 1.2.

Lazarus contiene pocas palabras claves y una sintaxis relativamente simple. Es fácil de aprender y usar una vez que asimilaste la idea de la **programas orientados a objetos** (véase capítulo 7). Se encuentra respaldada por una amplia Biblioteca de Componentes de Lazarus (LCL por sus siglas en *inglés Lazarus Component Library*) para realizar diversas tareas. Los paquetes adicionales de **terceros** pueden ser agregados fácilmente al IDE de Lazarus. Es habitual que estos **paquetes de terceros** también se encuentren alojados en la página web de *Source Forge* y puedan ser descargados desde allí.

Sin embargo, a pesar de Lazarus facilitar y acelerar la programación con Free Pascal, el principiante se encuentra ante el primer obstáculo de entender los conceptos de la programación orientada a objetos.

El objetivo de este libro es ayudarte a sobrepasar la fase inicial y entrar seguro en el mundo de POO.

El enfoque de este libro está dirigido a la inmersión directa en la escritura de programas cortos sin preocuparse mucho con sus características de POO. Aprender a través de la práctica y entender a través de ejemplos es la manera que este libro se dispone a introducirte en la iniciación a Lazarus con Free Pascal.

Programas orientados a objetos.

A pesar que el objetivo de este libro es que recojas los principios de POO a medida que avanzas, viene bien echar un vistazo a sus características principales.

¿Qué es un 'objeto'?

Objetos son bloques de códigos de programa y propiedades de datos pequeños, discretos y autosuficientes, que generalmente ejecutan una única tarea. El equivalente más cercano a un método de objeto en los antiguos lenguajes de programación por procedimientos es una subrutina, función o procedimiento. Sin embargo, Free Pascal varía en la manera que estos son construidos y la manera en que pueden ser unidos para crear una aplicación.

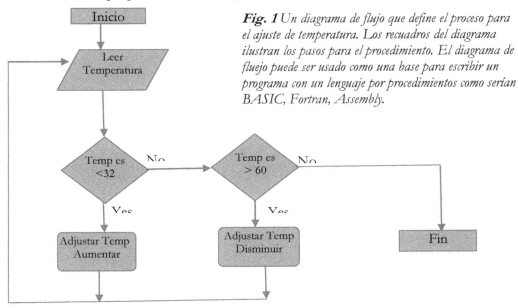

Fig. 1 *Un diagrama de flujo que define el proceso para el ajuste de temperatura. Los recuadros del diagrama ilustran los pasos para el procedimiento. El diagrama de fluejo puede ser usado como una base para escribir un programa con un lenguaje por procedimientos como serían BASIC, Fortran, Assembly.*

Antes de la época de la programación orientada a objetos, los desarrolladores usaban el enfoque de programación por procedimientos. Este enfoque incluye programación de bajo nivel (usando lenguajes de programación ensamblador) y programación de alto nivel (usando lenguajes como BASIC y PASCAL por procedimientos, como contraposición a Pascal Orientado a Objetos). Cabe destacar aquí que Free Pascal también soporta programación estructurada. Sin embargo, este libro enfocará principalmente los aspectos de POO.

Con frecuencia, son usados diagramas de flujo en lenguajes por procedimientos para representar el flujo del programa que tomará la computadora (véase fig. 1). El programa es representado por una serie de recuadros, flechas y rombos de decisión que muestran caminos ramificados conjuntamente con la subrutina usual 'ir hasta…' que permite evitar programación repetitiva de las rutinas frecuentemente usadas.

El problema clave con la programación por procedimientos es que cualquier parte del programa puede interactuar con cualquier otra parte, compartiendo datos y variables. Tales programas pueden ser muy complejos y difíciles de entender, lo que puede llevar a errores de programación y falta de fiabilidad. Debido a la complejidad de tales programas, puede ser difícil corregir varias partes del programa, y esto puede minar seriamente las otras áreas del programa, lo que crea una aplicación inestable.

Por el contrario, Free Pascal es orientado a objetos. En el enfoque de Free Pascal para la Programación Orientada a Objetos, todo se resuelve en torno al concepto de 'clases'. *Una clase puede ser vista como un apuntador a un objeto, o un apuntador a un registro*, con métodos asociados, como es mostrado en la fig. 2.

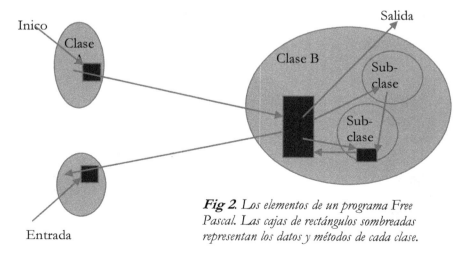

Fig 2. Los elementos de un programa Free Pascal. Las cajas de rectángulos sombreadas representan los datos y métodos de cada clase.

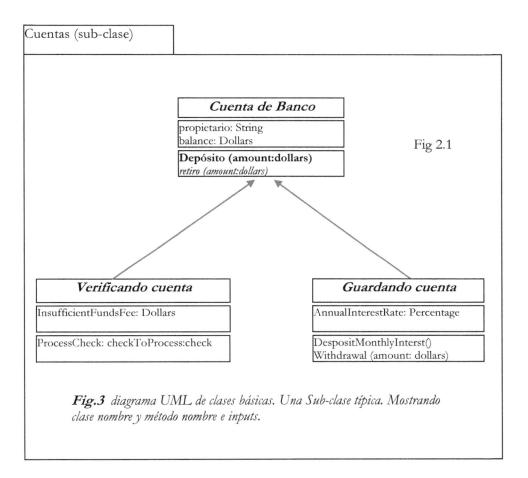

Fig.3 *diagrama UML de clases básicas. Una Sub-clase típica. Mostrando clase nombre y método nombre e inputs.*

Las clases en sí mismas no son objetos, así como los diseños de una casa de un arquitecto no son una casa en sí.

Una clase es definida cuando se le atribuye un nombre, un conjunto de datos y uno o más métodos que permitan manejar los datos. Nota que los datos y métodos son objetos y sus operaciones son determinadas por la clase.

¿Qué son métodos?

Los métodos generalmente son pequeños segmentos de programa y son semejantes a la rutina de programas por procedimiento. Usan ideas familiares como rutinas *'input'* y *'output'* (por ejemplo ciclos con *'for..while..do'* y toma de decisiones como *'if..the..else…'*). Estas habilidades aún serán necesarias cuando escribas en Pascal Orientado a Objetos aunque tengas experiencia en programación por procedimientos.

¿Qué es exactamente un Pascal Orientado a Objetos?

Las clases de Free Pascal por sí mismas no son *objetos*, de la misma manera que el plano de diseño de una casa no es una casa en sí. Una clase puede ser considerada como una plantilla para construir un programa que lleva a cabo una tarea específica. (Una vez el arquitecto ha diseñado la casa, el constructor puede construir la casa física); de la misma manera, una vez que hayas definido una clase puede ser construida una instancia para esa clase, dándole variable(s) especifica(s) y parámetros. Una única clase puede generar numerosas instancias con propiedades diferentes, pero con funciones similares. Debe notarse entonces que los objetos tienen una vida útil mientras que las clases no.

A medida que avanzamos con el libro, la comparación entre clases y objetos se torna más clara. En resumen, podemos decir que una clase es un concepto general (como un animal), mientras que un objeto es una realización específica de esa clase, con una esperanza de vida limitada (como un gato, perro o ratón). Otra manera de pensar acerca de las diferencias entre clase y objeto es que una clase proporciona una plantilla para algo más específico que el programador tiene que definir, lo cual hará al momento de crear un objeto para esa clase.

La idea de crear clases y objetos enfoca una única tarea, lo que significa que cada clase y objeto es autosuficiente. La interacción entre las clases se hace bajo condiciones estrictamente controladas. Esto es llamado **encapsulamiento,** lo que será concretizado a medida que avanzamos.

A través de la manutención (encapsulamiento) de datos y métodos dentro de la misma clase, creamos fiabilidad, solidez, economía del tamaño del programa y facilidad en la construcción del programa (cuando se trata de construir nuevas clases que pueden ser bajadas desde una biblioteca de clases existente).

El mantenimiento del programa también está simplificado. Desde el punto de vista del desarrollo y mantenimiento del programa, podemos considerar las ventajas que Lazarus tiene para ofrecer. Una clase que es autosuficiente puede ser programada y examinada de manera aislada. Posteriormente puede ser añadida al resto de la aplicación con la confianza de que funcionará.

Si fuera necesario corregir o reemplazar las clases, también puede ser realizado sin causar ningún efecto adverso a las otras clases en la aplicación.

Antes de sumergirnos en objetos y clases y mostrar cómo crearlos y usarlos, necesitamos obtener e instalar Lazarus.

2 Instalar Lazarus

La manera recomendada de obtener el software de Lazarus es visitando su página web en internet.
Su URL es:

http://www.lazarus.freepascal.org

Esta página contiene una gran cantidad de información acerca de Lazarus así como los últimos desarrollos y actualizaciones.
La descarga te llevará al enlace de *Source Forge*, donde podrás descargar el software Lazarus que se encuadre en tu sistema. Sigue las instrucciones de instalación en tu pantalla.
La descarga generalmente consiste en un único archivo ejecutable, alrededor de 115MB para usuarios de Windows. Los usuarios de Linux y Mac también necesitarán descargar por separado el compilador de Free Pascal (fpc), conjuntamente con la fuente.

Una vez hayas completado la instalación, tendrás instalado el IDE de Lazarus y el compilador Free Pascal. Recordemos que Lazarus es un constructor para el lenguaje de programación Free Pascal con una Interfaz de Usuario que tiene un componente de arrastrar y soltar, pero hablaremos sobre esto más adelante.

Free Pascal puede ser ejecutado sin ningún conocimiento de Lazarus. De hecho, puedes construir tu propia aplicación con ayuda de un simple editor de texto. Así que, antes de entrar en la herramienta visual (Lazarus IDE) vamos a escribir nuestro primer programa '*Hello, World*' con nada más que un editor de texto.

Haré esto desde mi PC Windows, pero puede ser desde cualquier plataforma con la que estés familiarizado.

Preparar el entorno
Paso 1
Haz clic en el menú de inicio de Windows (En las versiones de Windows XP y anteriores haz clic en la opción menú Ejecutar), (En las versiones de Windows 7 y posteriores haz clic en el cuadro de búsquedas de la parte inferior) **digita *cdm*** y luego **presiona la tecla *intro*** en tu teclado.

Aquí aparecerá el símbolo del sistema MS-DOS de Windows como se muestra a continuación:

Paso 2

Si instalaste Lazarus con su configuración predeterminada aparecerá ubicado en la carpeta

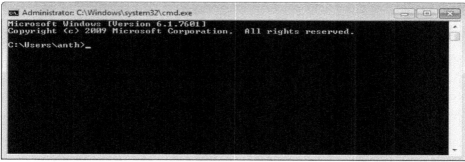

Por ejemplo

C: \Lazarus. Tu entorno de sistema necesita saber dónde encontrar el compilador de Free Pascal (fpc), por lo tanto, en el símbolo del sistema de DOS **digita** lo siguiente: *SET PATH=%PATH%;C:\lazarus\fpc\2.6.2\bin\i386-win32* y a continuación **presiona la tecla *intro*** en tu teclado.

Paso 3
Ahora podemos comenzar

Desde la línea de comando **digita *c:*** y luego **presiona la tecla *intro.*** Esto debería llevarte a la unidad **c:** .

Ahora **digita *cd*** y **presiona la tecla *intro,*** esto debería colocarte en la carpeta raíz, es decir, cambia el directorio.

Ahora digita ***md myprog*** y presiona la tecla intro. Esto creará una nueva carpeta ***myprog*** para tu código.

Ahora digite **cd myprog** y **presiona *intro.*** Ahora estaremos dentro de la carpeta **myprog**.

A continuación crearemos un fichero ficticio.

Digita ***echo temp > hello.pas*** y presiona intro.

Ahora deberías tener una pantalla similar a la que se enseña a continuación:

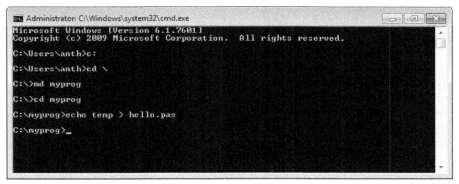

Paso 4

Ahora estamos listos para escribir nuestro primer programa. Windows viene con un editor de texto muy básico llamado Bloc de Notas. (Nota: es primordial que uses un editor de texto – no uses un procesador de palabras como Open Office o MS Word).

Ahora escribe **_Notepad.exe hello.pas_** y luego presiona la tecla intro.

Debería aparecer la siguiente ventana.

Paso 5

Retira la palabra '*temp*' e introduce el siguiente texto.

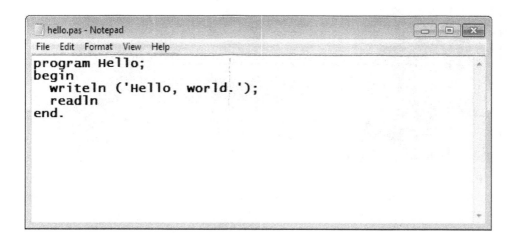

Ahora guarda este archivo haciendo clic en el menú archivo en la parte superior y selecciona guardar.

Paso 6

Ahora estamos listos para compilar nuestro programa. (Nótese: fpc es Compilador Free Pascal) Si no has cerrado el símbolo de sistemas MS-DOS de Windows maximízalo, si ya lo habías cerrado entonces vuelve a abrirlo.

Ahora digita *cls* y presiona intro para limpiar la pantalla.
Ahora digita *fpc hello.pas*

Esto producirá una pantalla parecida a la que se muestra en la próxima página.

¡Eso es todo!

Paso 7

```
Administrator: C:\Windows\system32\cmd.exe

C:\myprog>fpc hello.pas
Free Pascal Compiler version 2.6.2 [2014/02/28] for i386
Copyright (c) 1993-2012 by Florian Klaempfl and others
Target OS: Win32 for i386
Compiling hello.pas
Linking hello.exe
5 lines compiled, 0.1 sec , 25936 bytes code, 1644 bytes data

C:\myprog>_
```

Para ejecutar nuestro programa, a continuación escribe ***hello.exe*** y presiona intro.

```
Administrator: C:\Windows\system32\cmd.exe - hello.exe

C:\myprog>fpc hello.pas
Free Pascal Compiler version 2.6.2 [2014/02/28] for i386
Copyright (c) 1993-2012 by Florian Klaempfl and others
Target OS: Win32 for i386
Compiling hello.pas
Linking hello.exe
5 lines compiled, 0.0 sec , 25936 bytes code, 1644 bytes data

C:\myprog>hello.exe
Hello, world.
_
```

Observa que solo se imprime '*Hello, World*' y espera por ti para presionar alguna tecla en tu teclado antes de volver al símbolo del sistema. Este sencillo programa ayuda a verificar que hemos instalado cosas correctamente en lo que se refiere al compilador Free Pascal.

Si (en el paso 6) cerraste el símbolo del sistema y volviste a entrar y escribir fpc, aparecerá un error interno del sistema.

```
Administrator: C:\Windows\system32\cmd.exe

Microsoft Windows [Version 6.1.7601]
Copyright (c) 2009 Microsoft Corporation.  All rights reserved.

C:\Users\anth>fpc
'fpc' is not recognized as an internal or external command,
operable program or batch file.

C:\Users\anth>_
```

Esto se debe a que solo hemos establecido el camino para fpc temporalmente. Para convertirlo en permanente debemos editar las variables del entorno del sistema. (¡No entres en pánico! Es bastante sencillo).

Paso 7.1
Haz lo siguiente:

Haz clic en el menú de inicio, luego *haz clic con el botón derecho del ratón en el icono del equipo*, y selecciona la opción de propiedades. Haz clic en la pestaña *Avanzado* (o *Configuración avanzada del sistema* en Windows 7 y superiores) como se muestra a continuación:

Ahora haz clic en el botón *Variables de entorno*. En la sección *variables del sistema* desplázate hacia abajo y sitúa la variable PATH. Haz clic sobre ella para seleccionarla.

Ahora presiona el botón *Editar*, esto abrirá un cuadro de diálogo que te permitirá agregar texto al final de tu ruta para situar el fpc. Presiona la tecla Fin en tu teclado y agrega la siguiente instrucción al final del texto en el cuadro como indicado a continuación: *;C:\lazarus\fpc\2.6.2\bin\i386-win32* luego presiona el botón *Aceptar*. Presiona aceptar en el resto de las ventanas de Windows para cerrar. Cierra todas las demás ventanas del sistema. La ubicación para fpc ahora se encuentra añadida permanentemente al entorno del sistema.

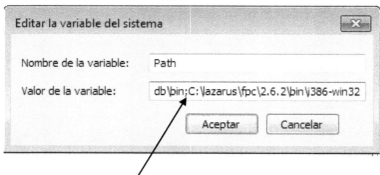

Por favor, presta atención al (;) punto y coma al inicio.
Esto le indica al sistema que este es el inicio de la ubicación de esta ruta.

Escribir, compilar y ejecutar
En los próximos capítulos nos adentraremos más en el asunto, sin embargo, este esbozo introduce las principales etapas que existen en la creación y pruebas de programas. Es un proceso de tres etapas.

Primera etapa: En Windows, se usa un editor de texto simple para escribir el programa, nosotros usaremos el Bloc de Notas. Una vez estás convencido que el programa parece correcto y no puedes detectar ningún error evidente, procedes a la Segunda etapa: compilar el programa ejecutando el fpc (compilador Free Pascal) y pásale tu programa.

El compilador fpc rastrea cualquier error (llamados errores de tiempo de compilación). Si surge uno de estos errores, la compilación será interrumpida y enviará un mensaje de error a la pantalla, lo que debería ayudar a identificar donde puede estar ubicado el posible error desde de tu programa.

Una vez tu programa compila exitosamente, producirá un programa ejecutable específico para una máquina (llamado código máquina). Por lo tanto, el código que es producido debía ser capaz de ejecutarse más rápido que, digamos, un programa que necesita una etapa intermediaria como un intérprete o una máquina virtual.

Tercera etapa: Para ejecutar tu programa simplemente debes llamarlo por su nombre. En Linux tendrás que llamarlo por su nombre completo y cualquier extensión, por ejemplo, *hello.sh*. Note que Unix como sistema no tiene realmente extensión, sin embrago puede ayudar colocar la extensión, como serían .txt, .pdf.

Windows, por otro lado, requiere de extensiones a pesar de no tener una lista predefinida de asociación de archivos, lo que te permite asociar un tipo de archivo con una aplicación y llamar tu programa por nombre sin necesidad de añadir la extensión (sin embargo la extensión debe ser parte del nombre del archivo).

En Windows puedes simplemente escribir *hello* en el símbolo del sistema y tu programa será ejecutado, sin embargo, tu programa debe contener la extensión .exe, es decir *hello.exe*, lo que le indica al sistema operativo Windows que es un archivo ejecutable.

3 Programas de líneas de comando

El programa simple que construimos en el capítulo 2 fue un programa no gráfico de interfaz de usuario. A veces referido en Windows como un programa 'DOS' o 'línea de comando' y en un entorno de tipo Unix como un programa en la *Shell*. Analizaremos los programas de Interfaz Gráfica de Usuario (GUI) en el capítulo 9. Por ahora, podrás beneficiarte de un poco de entendimiento del lenguaje de programación subyacente, concentrándote en su estructura, algunos conceptos nuevos y algunas construcciones del lenguaje, sin distraerse con el IDE.

En este capítulo crearemos un par de programas cortos y los utilizaremos para ilustrar algunas de las piezas claves de Free Pascal, e introduciremos nuevos términos y palabras clave. Recomendamos que antes de comenzar con la computadora, leas este primero este capítulo completo. Una vez hayas leído el capítulo, enciende tu computadora y sigue las tres etapas del proceso, comenzando con escribir el texto del programa (conocido como código fuente) para luego compilarlo y finalizar con la ejecución del código máquina (creado por el compilador fpc).

Paso 1 – Escribir el código fuente
Nos mantendremos utilizando el Bloc de Notas de Windows como editor de textos elegido para escribir nuestro código fuente.
(Usuarios de Linux: pueden escoger entre editores de texto como Nano, Leafpad, gEdit y vi).

De ahora en adelante trabajaré en Windows haciendo referencias sobre Windows. Sin embargo, los usuarios de Linux y Mac no deben tener dificultad en encontrar los términos de referencia equivalentes.

Comencemos
Inicia el Bloc de Notas e introduce el siguiente código. Guárdalo como *myfirstObjProj.pas*

```
{ Esto es un comentario de múltiples líneas.
  Es ignorado por el compilador de Free Pascal }

(* Esto también es un comentario de múltiples líneas.
   También es ignorado por
   el compilador de Free Pascal *)
```

```pascal
program SimpleObjectPascalProgram;

{$mode objfpc}{$H+} // estás son directivas de compilador y no son ignoradas por el compilador

type
 THelloWorld = class
   procedure WriteOut;
 end;

procedure THelloWorld.WriteOut;
begin
 Writeln('Hello, World!');
end;

var
 HelloWorld: THelloWorld;    // esto es un apuntador específico

begin
 HelloWorld := THelloWorld.Create;
 // el constructor devuelve un apuntador a un objeto del tipo THelloWorld
 HelloWorld.WriteOut;
 HelloWorld.Free;       { esta línea libera el objeto THelloWorld apuntado por HelloWorld }
end.
```

Echemos un vistazo más de cerca al programa. La primera cosa que puedes notar es que hay tres **comentarios** en el programa. Los comentarios son usados dentro de los programas para proporcionar información acerca del mismo, por ejemplo: cómo funciona, qué hace, su historia y autor. Los comentarios también son útiles para documentar cosas por hacer, lo que puede ser muy útil para cualquiera que esté trabajando en el programa. Los comentarios son solo útiles para los humanos y, por lo tanto, son ignorados por la computadora en algunos casos. Cabe destacar que en Free Pascal las llaves son usadas por el compilador como interruptores (directivas), mientras que los símbolos de comentarios // y (* *) son completamente ignorados por el compilador.

Nota que hay dos métodos en Free Pascal con los cuales puedes crear comentarios de múltiples líneas. Algunos desarrolladores encuentran esto práctico cuando realizan comentarios anidados. Por ejemplo {(*…..*) ……}. Comentarios de una sola línea en Free Pascual usan dos barras oblicuas, es decir // *Esto es un comentario de una única línea.*

Probablemente notaste la declaración *{$mode objfpc}{$H+}*. Estas son directivas de compilador y son utilizadas por el compilador. Algunos programadores adoptan una conversión a través del uso de (*..*) para comentarios de múltiples líneas y dejando {..} para directivas de compilador (también conocidos como *switches* de compilador).

Ejecuta el programa de comando y digita *fpc myfirstObjProj.pas* para compilar tu programa y crear un ejecutable (*native machine readable code – machine code for short*) . En Windows sería *myfirstObjProj.exe* . Ahora ejecuta el programa escribiendo *myfirstObjProj*

Una vez el programa ha sido compilado y ejecutado descubrirás que imprime un mensaje en la pantalla: *Hello, World!*

La línea que hace esto es

```
Writeln('Hello, World!');
```

lo que es un método de clases (procedimiento) de la clase `THelloWorld`.

Este ejemplo demuestra como un simple programa encapsula clases y procedimientos (*métodos*, como se les llama) de manera protectora y aislada.

Ahora podemos utilizar la clase (plantilla) haciendo lo siguiente:

Comenzamos por definir un apuntador a una ubicación de memoria y asignarle un nombre, es decir, `HelloWorld: THelloWorld` y decirle al computador que esta será nuestra clase de tipo `THelloWorld`. En Free Pascal las clases tienes a ser *apuntadores implícitos*.

Ahora la siguiente línea asigna (reserva) un bloque de memoria

```
HelloWorld := THelloWorld.Create;
```

`Note THelloWorld.Create;` es un constructor y devuelve un apuntador a un objeto del tipo `THelloWorld`

(Discutiremos más sobre constructores en el capítulo 11)

Ahora podemos usar nuestros métodos, por ejemplo, `HelloWorld.WriteOut;` En este caso para generar un mensaje en la pantalla. Por favor nota: cada declaración de Pascal debe terminarse con un punto y coma ';'.

Una vez hayamos terminado con la Variable *HelloWorld* es bueno practicar para liberar ese bloque de memoria ('liberar' como es conocido). Hacemos esto llamando el método *HelloWorld.Free*

La última línea termina con la palabra (end.) con un punto al final, donde (end; con un punto y coma) es simplemente el final de un bloque de declaraciones o métodos.

Ejecución del programa.

El programa comienza su ejecución cerca de la parte inferior del programa, entre el (inicio - *begin*) y (fin – *end*.) del programa.

Por ejemplo

```
program SimpleObjectPascalProgram;

     (* establece clases, tipos, etc. aquí. *)

begin
     { la ejecución del programa comienza aquí }

end.
```

Examinar las capas más externas

Un programa de Free Pascal comienza con la palabra clave *programa* seguida por el nombre del programa.

Lo usual es iniciar el nombre con letra mayúscula. Como fue mencionado antes, el programa termina con la palabra clave *end.* seguida de un punto final.

Begin y *end*. marcan la sección donde la computadora encuentra el inicio de los procedimientos del programa.

Más palabras claves

- **tipo**

La mayoría de los programas no manipulan trozos de datos aislados (es decir, variables o hasta arreglos de datos de el mismo tipo).
Manipulan conjuntos de datos de diferentes tipos. Por ejemplo, una aplicación de balance de chequera debe almacenar numerosas piezas de información por cada cheque: números de cheque, su total, las fechas, etc. Todas estas piezas de información son necesarias para procesar los cheques e, inmejorablemente, debían estar almacenadas juntas, conjuntamente con los métodos necesarios para operar con ellos.

En tu programa simple no estás almacenando ningún dato, sino simplemente emitiendo un mensaje. Almacenarás datos más adelante.

Utilizamos *tipo* aquí para establecer (definir) nuestras clases (también llamado 'definición de clases').

-   **var**

    Por otro lado *var* (diminutivo de variable) es donde establecemos
    nuestros medios para almacenar piezas discretas de información.

    Ahora, a pesar de que tener tus clases y programa principal todos en un
    solo lugar puede estar bien para esta ejemplo simple, no tardará mucho
    en convertirse en algo incontrolable y difícil de mantener, así como
    imposible para más de un desarrollador trabajar en ello al mismo
    tiempo. Antes de ver como podíamos separar las clases y el programa,
    vamos simplemente a expandir nuestro programa añadiendo otra clase y
    un método.

```pascal
program SimpleObjectPascalProgram;

  {$mode objfpc }{$H+}

  type
   THelloWorld = class
     procedure WriteOut;
   end;

   TThisWord = class
    procedure WriteOut2;
   end;

   procedure THelloWorld.WriteOut;
   begin
    Writeln('Hello, World!');
   end;

   procedure TThisWord.WriteOut2;
   begin
    WriteLn('This is it');
   end;

  var
   HelloWorld: THelloWorld;
   ThisWord: TThisWord;

  begin
   HelloWorld := THelloWorld.Create;
   ThisWord := TThisWord.Create;

   HelloWorld.WriteOut;
   ThisWord.WriteOut2;

   HelloWorld.Free;
   ThisWord.Free;

  end.
```

En este ejemplo he retirado los comentarios. Ahora, podemos ver que
simplemente al añadir otra clase dentro del mismo programa se torna muy fácil

confundirse con la estructura del programa. Recuerda, cada clase puede tener muchos tipos de datos, así como muchos métodos pueden estar asociados.

¿Cómo podemos mejorar el programa anterior?

Podemos escribir dos piezas de código por separado. De esta manera lo primero que hacemos es abrir el Bloc de Notas, digitar el siguiente código y guardarlo como *unit1.pas*

```
unit Unit1;

{$mode objfpc}{$H+}

interface

uses
  Classes, SysUtils;
type
  THelloWorld =class
  public
   procedure WriteOut;
   private

  end;

implementation


procedure THelloWorld.WriteOut;
begin
        writeln('Hello world');
end;

end.
```

Ahora selecciona archivo->nuevo en el menú de Bloc de Notas para abrir una página en blanco y escribe el siguiente código guardándolo como *project1.pas*

```
{ The main calling program }
program Project1;

{$mode objfpc}{$H+}

uses
  Classes, Unit1;
  { puedes agregar más unidades después de esta }

var
  hw: THelloWorld;
```

```
begin
    hw:= THelloWorld.Create;
    hw. WriteOut;
    hw.Free;
end.
```

Compila y ejecuta el programa. Notarás que aparece el mensaje '*Hello world*' en la pantalla.

Aquí podemos ver un par de puntos clave: primero, el programa principal disminuyó su tamaño con pocos comentarios; y segundo, *Unit1* puede ser trabajada por un desarrollador diferente.

Unidades

Puedes haber notado que separamos la definición de clase y la ubicamos en un archivo separado. Al examinar ese código, la primera cosa a notar es la palabra clave **unidad (unit).** Los módulos de archivos de objetos de Free Pascal son llamados unidades. Nosotros damos al módulo de unidad un nombre, el cual puede ser cualquier nombre. En nuestro ejemplo lo llamamos simplemente *Unit1* pero en la realidad puedes darle un nombre descriptivo mejor como *BankAccount* etc.

El módulo de objetos de Free Pascal (unidad) contiene básicamente dos partes: una sección de *interfaz* y una de *implementación*.

- *interfaz* – Su propósito es conectar un evento a una acción. Cuando ocurre un *action event*, la interfaz acude a su método `WriteOut` para llevar a cabo la acción. Por favor, nota que más detalles acerca de la interfaz están fuera del ámbito de este libro.

- *implementación* – Como el nombre sugiere, es la sección del código que realmente lleva a cabo el trabajo, es decir, la implementación de `WriteOut.`

Más palabras claves

- **uses** Esto le indica al compilador que incluya otros archivos de unidades (clases normalmente llamadas 'biblioteca de clase').

Para que el programa principal aceda a nuestra biblioteca de clase *Unit1*, debemos decirle que la incluya, y esto lo hacemos mediante la palabra clave **use**, es decir, **use Unit1**

Para un programa tan simple no necesitamos incluir las clases '**use**'dentro de *Unit1*, sino simplemente incluir el módulo de clase *Unit1* en el programa principal.

Estos módulos adicionales fueron para demostrar las estructuras de declaraciones típicas *'use'*.

(Es una buena práctica incluir solo clases que pretendas usar).

Errores de compilación.

Puede que hayas descubierto algunos por ti mismo. Normalmente, sin embargo, es en esta etapa que acontecen los errores de tiempo de compilación. Si existen errores, necesitarás lidiar con ellos ahora. Los errores de tiempo de compilación típicos pueden incluir:

- Falta del punto y coma al final de la línea de programación.
- Falta de ortografía en el método de interfaz y su implementación, por ejemplo (*interface WriteOut*) y (*implementation WiteOut*)
- Olvidar incluir *switches* de compilador, como por ejemplo {$mode objfpc}{$H+}
- Comentar de manera incorrecta, por ejemplo usar '/*' y no '(*'
- Usar comillas dobles "texto" en vez de comillas simples 'texto'

Trabajar con cadenas

Free Pascal tiene numerosas maneras de manejar cadenas. Una de ellas es la clase llamada **TStringList**. Básicamente consiste en una Arreglo listado con características prácticas como delimitador. Esta clase te permite almacenar texto delimitado.

Algunos programas OO, como Java, vienen predefinidos con **StringTokeniser**. Este es capaz de cortar cadenas, llamadas **tokens**. Free Pascal no viene con esta característica útil, pero esto puede ser fácilmente implementado utilizando la clase **TStringList**.

Abre el Bloc de Notas, escribe el siguiente código y guárdalo como **TokenizeString.pas**

```
program TokenizeString;

{$mode objfpc}{$H+}

uses
  SysUtils, Classes;
const
  TestString = 'Hello,How,Are,You,Today';
var
  Tokens: TStringList;
  I: Integer;
begin
  // Uses FCL facilities, "harder" algorithm not implemented
  Tokens := TStringList.Create;
  try
    Tokens.Delimiter := ',';
    Tokens.DelimitedText := TestString;
    Tokens.Delimiter := '.'; // For example
    // To standard Output
```

```
WriteLn(Format('Tokenize from: "%s"', [TestString]));
WriteLn(Format('to:          "%s"',[Tokens.DelimitedText]));
finally
  Tokens.Free;
end;
end.
```

La salida debería ser como el siguiente:

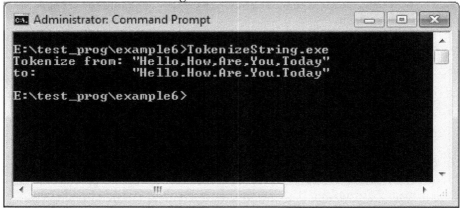

TStringList necesita ser incluido al momento de compilar Free Pascal. Debe ser obtenido de la biblioteca de clase y métodos que viene incluida en el software Free Pascal. Esto se debe a que el programa utiliza *SysUtils & Classes library* e instruye al compilador con la palabra clave **uses** para incluir estas bibliotecas cuando se está compilando el programa.

El **TStringList** es parte del paquete **Classes** y **Format** y se encuentra en el paquete **SysUtilies**.

Los detalles de los paquetes de Free Pascal están fuera del ámbito de este libro. Todo lo que necesitamos saber de momento es que existen y dónde podemos encontrar las bibliotecas si las necesitamos.

Nuestro programa anterior simplemente toma una cadena delimitadora de caracteres y reemplaza el delimitador coma con un punto final y emite el texto formateado.

Más palabras clave

Debido a la 'fuga de memoria' (*'memory leak'*), es mejor usar la función *try*. Habrá más sobre la función *try* a medida que avanzamos.

(*En la* **programación orientada a objetos**, *una fuga de memoria puede ocurrir cuando un* **objeto** *es almacenado en la memoria, pero no se puede acceder a él a través de la ejecución del código*)

Presta atención a la variable ***integer I***, ésta es un número natural sin fracciones y es conocida como una ***variable primitiva***. Puedes recordar que usamos apuntadores para apuntar, digamos, un objeto variable. Esto es referido como ***variable de referencia***. Nos encontraremos con otras variables primitivas en capítulos posteriores.

const – diminutivo para constante, significa que es un identificador cuyo valor no puede ser cambiado durante la vida del programa una vez que es establecido. Mientras que la variable ***var*** puede ser cambiada mientras el programa se está ejecutando.

Más cosas acerca de cadenas
Escribe el siguiente código y guárdalo como hello2.pas

```
program Hello2;
const
        str1 = 'Hello ';
        str2 = 'World';

begin
 writeln (str1+str2+'.');
 readln
end.
```

Compila y ejecuta el programa. La salida debía mostrar ***Hello World.***

La cadena constante str1 es asignada a la cadena 'Hello' y str2 es asignada a la cadena 'World'.

Para juntar dos o más cadenas en Free Pascal, simplemente debemos usar el signo *más* y extenderlas en la pantalla.

Por lo tanto str1+str2+'.' da *Hello World.*

Cuando juntamos cadenas podemos llamarlo 'concatenar'. Puede concatenar variables y cadenas juntas.

Más cosas prácticas acerca de la manipulación de cadenas
Otro conjunto de funciones de cadenas son las funciones **LeftStr,**
MidStr and **RightSt.**

Escribe, compila y ejecuta el siguiente código. Nombra el código fuente
partStr.pas

```pascal
program PartStr;

{$mode objfpc}{$H+}

uses
  SysUtils, StrUtils, Classes;

  const
  TestString = 'Hello How Are You Today';
var
  MyLeftStr: string;
  MyMidStr: string;
  MyRightStr: string;

begin
  // To standard Output
  MyLeftStr:=LeftStr(TestString,5);
  MyMidStr:=MidStr(TestString,6,4);
  MyRightStr:=RightStr(TestString,5);

  Writeln('The start of the string = ' + MyLeftStr);
  Writeln('The middle of the string = '+MyMidStr);
  Writeln('The end of the string = '+MyRightStr);
end.
```

Debías obtener la siguiente salida:

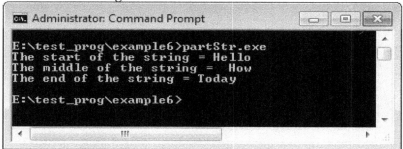

LeftStr devuelve un recuento de los caracteres desde la izquierda de su cadena
de entrada.
RightStr devuelve un recuento de los caracteres desde la derecha de su cadena
de entrada.

MidStr devuelve un recuento de los caracteres comenzando en una posición dada desde su cadena de entrada.

Formato de programa – resumen

Los programas *Project* y *Unit1* ejemplifican una manera simple, aunque habitual, de crear un programa con Free Pascal orientado a objetos. Existen varios complementos y variables que serán discutido en el capítulo 7. Sin embargo, estos programas cubren algunos de los elementos básicos.

La declaración *uses* es necesaria cuando deseas incluir varios componentes de clase.

```
program Project1;

{$mode objfpc}{$H+} - compiler switches

uses
  {$IFDEF UNIX}{$IFDEF UseCThreads} - more
compiler switches
  cthreads,
  {$ENDIF}{$ENDIF}
  Classes,unit1;
  { puedes añadir unidades después de esto };

var  data: declarations of class variables
and objects along with values of some or all
of these.
     Methods: program lines to work on
these;

begin
     inicio del programa principal pero no
necesariamente para las unidades de clase.
end.
```

Cosas para probar

Familiarízate con los pasos de escribir, compilar y ejecutar. Intenta cosas como agregar comentarios a la clase *Unit1*, en líneas tanto múltiples como únicas. Escribe otro módulo de unidad de clase y dale un nombre descriptivo; hazle mostrar un mensaje diferente y modifica el *Project1* para llamarlo.

Intenta excluir las comas al final de las declaraciones; intenta compilar para ver qué tipo de error de tiempo de compilación obtienes y luego arréglalo. Puedes intentar escribir mal una declaración de método desde la implementación de su nombre. Juega con el programa *Hello2*.

Intenta experimentar con las cadenas str1 y str2.

La declaración **writeln** muestra tu texto en pantalla y añade una línea. Ve que es lo que haría la función **write.**

readln espera que tu escribas algunos caracteres en el teclado y luego termina cuando presionas la tecla retorno de carro (carriage return – CR).

Modifica el programa para mostrar un mensaje, espere por entradas del teclado seguido por el retorno de carro y luego muestre otro mensaje en la pantalla.

Modifica el programa **PartStr** para devolver diferentes partes de caracteres de una cadena de entrada a tu elección.

4 Trabajar con números

Este libro mantendrá las clases dentro del mismo programa, cuando los ejemplos sean cortos, para evitar que vayas de un lado a otro entre dos o más archivos. Sin embargo, se te recuerda que ésta no es la manera más eficiente de codificar proyectos más extensos.

Comencemos

Ahora escribiremos, compilaremos y ejecutaremos un programa que tomará dos números, dividirá un número entre el otro y mostrará el resultado. Este simple programa te permitirá estudiar más acerca de los conceptos de Free Pascal. Podemos llamar al programa *Divide*.

line 1	`program Divide;`
line 2	`{$mode objfpc }{$H+}`
line 3	`uses` `  SysUtils, Classes;`
line 5	

line 6	`type`
	`  TDivide = class`
	`    private`
	`      numerator, denominator, result, remainder : Integer;`

line 9	`      procedure calculate;`
line11	`      procedure displayresult;` `    end;`
line13	

line15	`procedure TDivide.calculate;`
	`begin`
	`  result := (numerator div denominator);`
	`  remainder := (numerator mod denominator);`

line 19	`end;`

line21	`procedure TDivide.displayresult;`
	`begin`
	`  writeln ('result = ' + inttostr(result));`

line 25	`  writeln ('remainder = ' + inttostr(remainder));` `end;`
line 26	
line 28	`var` `  Divide1 : TDivide;`
line 30	

line 33	`begin`
	`  Divide1 := TDivide.Create;`
	`  Divide1.numerator := 78;`
	`  Divide1.denominator := 8;`

```
line 34
line 35          Divide1.calculate;
line 36          Divide1.displayresult;
line 37          Divide1.Free;
line 38       end.
```

Lo primero que habrás notado es que el programa tiene más partes que los ejemplo anteriores.

Línea a línea

La primera línea es el nombre del programa. Le hemos dado un nombre que le indica a cualquiera que tenga que mantenerlo lo que hace. Intenta siempre que puedas nombrar tus clases, variables, programas, procedimientos, etc. con algo explicativo, ya que así tendrás un mejor entendimiento del código. Recuerda que lo que estás escribiendo no es código máquina, es código humano. De esta manera, intenta crear tu código tan explícito como sea posible.

A pesar de que Free Pascal también soporta programación estructurada, lidiaremos solo con programación orientada a objetos Pascal. Debemos informar al compilador del modo que se está compilando, el cual es, básicamente, orientado a clases con el uso del *switches* de modo:- **{$mode objfpc }{$H+}**.

Observa con atención la clase *TDivide* y notarás que esta clase tiene ahora cuatro variables enteras para mantener datos. Nota que podemos definir múltiples variables del mismo tipo en una línea, es decir, **numerator, denominator, result, remainder : Integer;** estas variables también son declaradas como privadas. Hablaremos más acerca de los métodos y variables públicas, protegidas y privadas en otros capítulos más adelante.

Esta clase contiene dos métodos, uno para manejar los cálculos y reporte de los resultados y la otra para mostrar los resultados.

Puedes recordar que las variables Enteras solo almacenan números naturales, por lo tanto, cuando dividimos dos números - así como cuando almacenamos la parte natural entera del número – necesitamos almacenar el residuo. Por lo tanto necesitamos declarar una variable llamada **numerator** para contener el número superior y el **denominator.** Ahora, para dividir el numerador entre el denominador usamos el método operador de Free Pascal **div** y para obtener el residuo usamos el operador **mod**.

Vale la pena señalar aquí que puedes nombrar tus variables y métodos como gustes, desde que no sea una palabra reservada de Free Pascal como *div, integer,* etc.

El método **displayresult** de la clase *TDivde* hace lo que el nombre sugiere, muestra el resultado. Sin embargo, esto no es tan sencillo. El procedimiento *writeln* de Free Pascal solo permite valores de cadenas. Por lo que primero debemos convertir nuestra variable entera a una variable de cadena antes que *writeln* pueda permitir mostrar sus datos de entrada. Para hacer eso usamos la función **inttostr**.

Funciones, procedimientos y métodos, ¿Cuál es la diferencia?

Si buscas en internet, ¡encontrarás tantas respuestas como estrellas hay en el cielo! Este libro intentará explicar de manera simplificada la diferencia.

Antes de la programación orientada a objeto, la mayoría de los programas eran desarrollados usando técnicas de programación por estructura basadas en el Análisis de Sistemas Estructurados y Métodos de Diseño (SSADM). Se enfocaba más en desglosar rutinas en sub-secciones más pequeñas de código (sub-rutinas) y otras rutinas no lo hacían (las que se convirtieron en procedimientos).

Luego vino también el paradigma OODM (Método de Diseño Orientado a Objetos) soportado por lenguajes POO que ejecutaban sus nuevas maneras de modelar y diseñar código. POO introdujo la idea innovadora de métodos dentro de una clase. Un método declara el procedimiento y la función que vas a utilizar (es decir, implementa). Esto significa que un método se puede referir (referenciar) a una función o a un procedimiento. Tus implementaciones reales son funciones y procedimientos. Tus métodos son funciones declaradas y procedimientos dentro de definiciones del tipo clase.

Ahora de vuelta al trabajo manual

Nuestra sección *var* puede declarar variables primitivas o de referencia para la sección principal (punto inicial) del programa

Aquí declaramos la variable **Divide1 : TDivide;** una variable de referencia en Free Pascal también se refiere a un apuntador implícito. (hay también apuntadores explícitos, pero estos son raramente usados y están fuera del ámbito de este libro). Por lo tanto, podemos decir que Divide1 es un tipo de clase **TDivide.**
Divide 1 es conocido como un apuntador de instancia (el objeto) de la clase TDivide.

La línea (línea 33)**Divide1 := TDivide.Create;**
Create - un **constructor** para una clase, que se encarga de una memoria asignada, colectando al mismo tiempo toda la información necesaria e iniciando las diversas propiedades. Los **constructores** serán discutidos en el capítulo 11.

Una vez construido **Divide1** puedes asignarles al numerador y denominador cualquier valor que desees en la siguientes cuatro líneas (líneas 33 a la 36), luego realiza los cálculos y muestra los resultados.

¿La línea **Divide1.Free;** (línea 37)? ¡Correcto! Esta línea libera la memoria asignada, que sería:

free - un **destructor** para una clase que remueve todas las partes de la clase desde el sistema en un manera lógica y ordena, y devuelve todos sus recursos para que el sistema vuelva a utilizarlos.

La última línea **end.** (línea 38) es el final del programa.

Unas palabras sobre el operador de punto (.)

Probablemente notaste que una vez fue creada la referencia *Divide1* hicimos cosas como:

```
Divide1.numerator := 78; o Divide1.calculate;
```

Debe ser señalado que realmente no existe tal cosa como un objeto variable, solo hay una variable de referencia a objeto. Una variable de referencia a objeto contiene pedazos que representan una manera de acceder a un objeto. No contiene el objeto en sí, pero contiene algo como un apuntar o una dirección. No sabemos exactamente que es, pero sabemos que representa un y solo un objeto.

A diferencia de la variable primitiva que se encuentra llena de pedazos representando los valores reales de la variable, una variable de referencia a objeto está llena de pedazos representando **una manera para llegar al objeto.**

El operador de punto (.) se usa en una variable de referencia para decir "**usa la cosa antes del punto para llevarme a la cosa después del punto**". Por ejemplo: utiliza **Divide1** para llevarme a la variable de referencia **numerator** de tal manera que puede asignarle un número real.

Más acerca de números

Si hay algo en que las computadoras son excelentes es sacando cuentas. Ya sea calcular el valor total del inventario y frecuencia del volumen de ventas en tu almacén, o lidiar día a día con el mercado de valores de Wall Street, las computadoras son las mejores herramientas para obtener información minuto a minuto.

Free Pascal viene con una biblioteca de clases de matemática para que los científicos, ingenieros y similares puedan hacer uso de las funciones matemáticas predefinidas.

En el próximo ejemplo veremos cómo podemos usar la biblioteca de clases de matemáticas para realizar cálculos.

Muchos de ustedes estudiaron trigonometría en la escuela, el *estudio de los triángulos. Veamos un recuento rápido:*

Considere el triángulo rectángulo

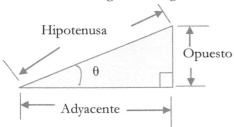

Fig. 4
El cateto adyacente se encuentra adyacente al ángulo "θ",
El cateto opuesto se encuentra *opuesto* al ángulo, el lado más largo es la **Hipotenusa**.

La suma de todos los ángulos internos debe ser 180 grados.

Seno, Coseno y Tangente
Las tres funciones más comunes en trigonometría son **Seno, Coseno y Tangente.**
Ellas consisten simplemente en la división de uno de los lados por otro.

Por lo tanto, para el ángulo "θ"

La Función Seno: **sen(θ) = Opuesto / Hipotenusa**

La Función Coseno: **cos(θ) = Adyacente / Hipotenusa**

Función Tangente: **tan(θ) = Opuesto / Adyacente**

Recuerda las funciones a través del anagrama = *S*OH*C*AH*T*OA

Resolver triángulos
Una parte importante en trigonometría es resolver triángulos. "Resolver" significa encuentra los ángulos y lados faltantes.

Podemos encontrar un lado desconocido en un triángulo rectángulo si sabemos:

- una longitud y
- un ángulo (aparte del ángulo recto, es decir).

Veamos cómo puede ser resuelto el siguiente problema:

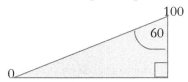

Ahora encontraremos la longitud del cateto adyacente dado que tenemos la **hipotenusa y el ángulo adyacente**, por lo que podemos usar la función coseno.

Escribe, compila y ejecuta el siguiente código. Nómbralo *Trig.pas*

```
program Trig;

{$mode objfpc}{$H+}

uses
  SysUtils, Classes;

type
    TTrig=class
        float : single;
        hyp: single;

        function getres(): single;
    end;

function TTrig.getres: single;
begin
    hyp:=1000;
    // The Cosine of 60 degrees = 0.5
    float:= Cos(PI/3) * hyp;  // = 180/6 = 60 degrees
    getres:=float;
end;

var
```

```
  Trig1: TTrig;

begin   Trig1:=TTrig.create;
   Trig1.getres;

   Writeln('cos(60) * Hyp = '+FloatToStr(Trig1.float));
   Trig1.free;
end.
```

Nota que para estas funciones básicas no hay necesidad de incluir las bibliotecas matemáticas. Cabe destacar que estas funciones trigonométricas obtienen sus ángulos de entrada como radianes y no la medición tradicional en grados.

1 degree = 0.0174532925 radian.

Este programa puede ser fácilmente expandido para calcular el resto de los ángulos y las otras longitudes.

No todos los triángulos tienen ángulos rectos.

¿Entonces cómo podemos lidiar con triángulos no rectángulos? Veamos primero algunas leyes básicas.
Ellas son el *Teorema del Seno y el Teorema del Coseno*. Pero ¿Qué son? Considera lo siguiente:

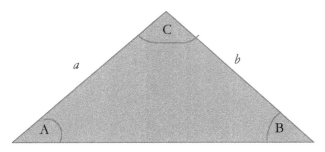

Figure 5 Triángulo no Equilátero.

El Teorema del Seno.

El teorema del seno es extremadamente útil para resolver triángulos:

$$\frac{a}{\sin A} = \frac{b}{\sin B} = \frac{c}{\sin C}$$

donde:

a,b, y c = *lados*

A,B y C= ángulos.

Funciona para cualquier triángulo

El Teorema del Coseno.

El teorema del coseno es extremadamente útil para resolver triángulos

$$c^2 = a^2 + b^2 - 2ab\cos(C)$$

También funciona para cualquier triángulo

Por lo tanto, consideremos cómo resolveríamos un problema ligeramente más complicado.

¿Cómo llevaríamos a cabo resolver lo siguiente: ***Cuál es la longitud del lado 'c'?***

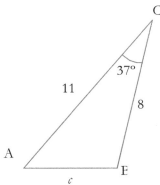

Sabemos que el ángulo C = 37°, a = 8 y b = 11

El teorema del Coseno dice:	$c^2 = a^2 + b^2 - 2ab\cos(C)$
Introducimos los valores que conocemos:	$c^2 = 8^2 + 11^2 - 2 \times 8 \times 11 \times \cos(37°)$
Hacemos algunos cálculos:	$c^2 = 64 + 121 - 176 \times 0.798\ldots$
Que nos dan:	$c^2 = 44.44$
Sacamos la raíz cuadrada:	$c = \sqrt{44.44} = 6.67$ (a 2 casillas decimales)

Respuesta: c = 6.67

A través de un ejemplo rápido, escribe tus respuestas en un papel junto con tus progresos, este proceso ayuda a entender cómo puedes llevar acabo el abordaje del problema.

Lo anterior proporciona un progreso paso a paso del problema.

El siguiente ejemplo de código abordará este problema.

Escribe, compila y ejecuta el siguiente código fuente. Nómbralo **_AnyTrig.pas._**

```pascal
{ to calc c^2 = (a^2 + b^2) - 2abCos(C)
  let a = adjacent, b = hypothalamus, c = opposite }
program AnyTrig;

{$mode objfpc}{$H+}

uses
  SysUtils, Classes, Math;

  type
    TAnyTrig=class
      part1 : single;
      part2: single;
      hyp: single;
      adj: single;
      opp: single;
      res: single;

      function getres(): single;
      function getpart1():single;
      function getpart2():single;
    end;

// cal a^2 + b^2  part
function TAnyTrig.getpart1():single;
begin
  part1:=power(adj,2) + power(hyp,2);
  getpart1:=part1;
  writeln('result for part1 = ' + FloatToStr(part1));
end;


{ calc 2abCos(C) part }
function TAnyTrig.getpart2():single;
var
  cosrad:single;
begin
  cosrad:= Cos(degtorad(37));
  part2 := 2 * adj * hyp * cosrad;
  getpart2:=part2;
  writeln('result for part2 = ' + FloatToStr(part2));
end;

function TAnyTrig.getres: single;begin
  res := (getpart1 - getpart2);
  res := sqrt(res);
  opp := res;
  getres:=opp;
end;


var
```

```
    Trig1: TAnyTrig;

begin
  Trig1:=TAnyTrig.create;
  Trig1.adj := 8;
  Trig1.hyp := 11;

  writeln;
  Writeln('Final result giving length for opposite is = '+FloatToStr(Trig1.getres));
  Trig1.free;
end.
```

Debías obtener la siguiente salida:

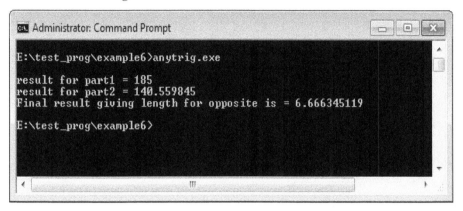

Puedes haber notado que los paréntesis de inicio y cierre (..) fueron colocados alrededor $(a^2 + b^2)$.
Cuando realizamos operaciones matemáticas Free Pascal, y la mayoría de los lenguajes de programación, siguen un orden de precedencia utilizando una simple regla de oro conocida como BODMAS (por sus siglas en inglés) que significa = Primero paréntesis, luego potencias y raíces, multiplicación y división y por último suma y resta.

Para que la **función potencial y función degtorad (de grados a radianes)** puedan ser usadas, necesitamos incluir la unidad de biblioteca matemática. Nota que elevar un número al cuadrado es lo mismo que elevar el número a la segunda potencia, para elevar un número al cubo lo elevamos a la tercera potencia, etc. La función **potencial** en Free Pascal es una función muy útil.

Como la función ***cos*** requiere un valor radiano como entrada, la función ***degtorad*** fue utilizada. Cabe destacar que también podemos usar la salida de una función para ser la entrada de otra función o procedimiento, por ejemplo `FloatToStr(Trig1.getres)`

`TanyTrig class` ahora tiene tres métodos ***getpart1, getpart2, getres.*** Nota los nombres; por regla general es considerada una buena práctica usar '*getters*' y '*setters*' cuando recuperas o configuras las propiedades de tu clase. Ayuda a documentar tu código nuevamente.

El `writeln;` sin entradas es utilizado para enviar una línea en blanco para mostrar. (N.B. *writeln* envía a cualquier dispositivo de salida – en este caso es la pantalla, la cual normalmente es por defecto la de la PC, pero puede ser un archivo en disco, impresoras, etc).

[d] [i] [y] *Cosas para probar*

1. Vuelve a escribir o adapta el programa *AnyTrig* para manejar el Teorema del Seno.

2. Este capítulo te ha introducido a los ***Operadores Matemáticos***.

Operadores Matemáticos

+	adición
-	substracción
*	multiplicación
Div or /	división
mod	módulo

Investiga el orden de precedencia para los siguientes números: 3*5+7 y 3+5*7. Anota la acción de los paréntesis. Por ejemplo 3*5+7 and 3*(5+7).

3. Usa tipos de números que no sean ni individuales ni enteros, por ejemplo cardenal, real, doble, enteros cortos y largos. Escribe un programa para almacenar en cada tipo de número e imprime el resultado de 22/7.

5 Algunas entradas, algo de lógica

Los ejemplos de programas en los capítulos anteriores han tomado sus valores de variables de las declaraciones del programa. En este capítulo introduciremos los valores de las variables desde el teclado. El programa de ejemplo a continuación calculará el tiempo de llegada de tu tren, una vez que introduzcas la distancia y el tiempo de partida. La velocidad media del tren será configurada. Escribe, compila y ejecuta el siguiente código fuente.

Algunas entradas

line 1	`program TimeTable;` `{$mode objfpc}{$H+}`
line 4 line 6	`uses` `  SysUtils, Classes, Math, DateUtils;`

line 13	`type`
	`  TArrivalTime=class`
	`  distance: double;`
	`  milepermin: double;`
	`  avgspeed:double;`
	`  timetaken:Int64;`
	`  starttime : TDateTime;`
	`  endtime: TDateTime;`

line17	
line 20	`    function calculateTime(): TDateTime;` `  end;`

line 24
line 27
	`function TArrivalTime.calculateTime(): TDateTime;`
	`begin`
	`  milepermin:= (avgspeed / 60.00); // get miles per minute`
	`  timetaken:= round(distance / milepermin); // in minutes rounded up`

line 31
line 33
	`  endtime:= IncMinute(starttime,timetaken);`
	`  writeln;`
	`  writeln('Your arrival time will be at: '+TimeToStr(endtime));`
	`end;`

line 35
line 37
	`var`
	`  ArrivalTime:TArrivalTime;`
	`  dis:Integer;`
	`  sTime:string;`
	`begin`
	`  ArrivalTime:=TArrivalTime.create;`

line 39	`  write('Please enter start time of journey eg HH:mm ');`
	`  readln(sTime);`
	`  ArrivalTime.starttime:=StrToTime(sTime);`

```
line 40     write('Please enter distance on journey in miles: ');
            readln(dis);
line 42     ArrivalTime.distance:=dis;

            ArrivalTime.avgspeed:=60; // Average speed of train per hour
line 44     ArrivalTime.calculateTime;
            ArrivalTime.Free;
line 46   end.
```

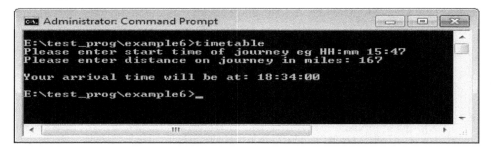

Tu salida debía ser como se muestra arriba:

Cuando ejecutes el programa **timetable**, aparecerá un mensaje de solicitud **Please enter start time of journey eg HH:mm**

-el programa se detiene hasta que introduzcas el tiempo inicial. En el ejemplo anterior, el tiempo 15:47 fue introducido, seguido de la tecla de retorno de carro.

Al presionar el retorno de carro en tu teclado, estás listo para introducir la distancia del viaje en millas, seguida por el retorno de carro.

El programa entonces calculará el tiempo de llegada de tu viaje.

Deberías notar que el módulo de clase **DateUtils** estaba inconcluso en este programa (línea 5). El módulo incluye los métodos de tiempo, como era de esperar.

Probablemente notaste que en la línea **milepermin:= (avgspeed / 60.00) (line 25);** usamos / y no *div* para dividir. En Free Pascal, la división de enteros se realiza usando el operador **div**, mientras que los reales (o números de 'coma flotante' como es referido algunas veces) utilizan el operador '/'.

Observemos más de cerca el programa y cómo funciona.

Al haber trabajado con ejemplos anteriores, deberías estar más familiarizado con los tipos de declaraciones de clases básicas, conjuntamente con las declaraciones de variables y métodos.

Nuevos tipos de datos

Este programa utiliza dos tipos de datos que no fueron introducidos hasta ahora. Ellos son 'int64' y 'double'.

El tipo de datos int64 es un tipo de entero largo que puede manejar números de 8 bytes de longitud. (N.B. 1 bytes = 8 bits). La discusión de bits y bytes se encuentra fuera del ámbito de este libro. El tipo de datos doble es un tipo real (o tipo de número de 'coma flotante').

Considera la línea 25 - **milepermin:= (avgspeed / 60.00); esto significa** que **milepermin** puede almacenar un valor con un decimal de precesión largo, y probablemente lo haga. Lo que nosotros buscamos es la parte entera solamente, por lo tanto, fue utilizada la función circular (línea 27). La descripción completa de la función es el valor circular de la coma flotante para el número entero más cercano del tipo Int64. De esta manera, el tiempo total provino de:

```
timetaken:= round(distance / milepermin);
```

El cálculo del tiempo final de llegada se consigue utilizando la función **IncMinute**, que se encuentra en la biblioteca de clases *TdateTime*. Esta función toma un tiempo y lo incrementa un número de minutos.

Por lo tanto, tenemos en la línea 31:

endtime:= IncMinute(starttime,timetaken);

Si ahora desviamos nuestra atención a la sección principal de inicio del programa, declaramos e inicializamos las variables que estamos usando. Nota que en vez de usar el *writeln* ahora usamos *write.* Esto lo que hace simplemente es enviar un mensaje a la pantalla sin necesidad de enviar el cursor a una nueva línea.

write('Please enter start time of journey eg HH:mm ');

La línea que sigue inmediatamente es la función *readln*.

readln(sTime);

Esta función indica "leer lo que sea que sea digitado en el teclado y guardarlo en nuestra variable *sTime*". Ahora le asignamos nuestra instancia *starttime* en el carro de retorno, que es:

```
ArrivalTime.starttime:=StrToTime(sTime);
```

Repetimos el mismo proceso con la distancia, es decir:

```
write('Please enter distance on journey in miles:
');
readln(dis);
ArrivalTime.distance:=dis;
```

Las líneas siguientes simplemente establecen la velocidad promedio en el tren, en millas por hora, calculan y muestran los resultados.

Beneficios de utilizar entradas

La ventaja que este programa tiene sobre los anteriores es que no necesitas editar y compilar el código fuente cada vez que quieras calcular el tiempo de llegada de un viaje. Simplemente corre el programa ejecutable cada vez que desees obtener el tiempo de llegada y la distancia del viaje.

Algo de Lógica

En la sección anterior vimos las entradas. En esta sección veremos la lógica, es decir, cambiar el flujo del programa dependiendo de un conjunto de criterios.

declaraciones if.. then y else

Nuestra primera entrada lógica usará las **declaraciones if then y else.** También veremos cómo introducir datos en nuestro programa a través de la línea de comandos, en vez de nuestro teclado.

Por ejemplo, escribe y compila los siguientes programas; luego ejecútalos con la siguiente entrada en la línea de comandos **dayinwords.exe 1 Full** (recuerda transcribir *'Full'* como un parámetro para indicar al programa que muestre la escritura del día de la semana completa).

```
program DayInWords;

{$mode objfpc}{$H+}

uses
  SysUtils, Classes;

type
  TDayInWords=class
```

```pascal
  sun: string;
  mon: string;
  tue: string;
  wed: string;
  thu: string;
  fri: string;
  sat: string;

  procedure initial;
  procedure findDayInWords(i:integer; sw:string);
end;

procedure TDayInWords.initial;
begin
  sun:='Sunday';
  mon:='Monday';
  tue:= 'Tuesday';
  wed:= 'Wednesday';
  thu:= 'Thursday';
  fri:= 'Friday';
  sat:= 'Saturday';
end;

procedure TDayInWords.findDayInWords(i:integer; sw:string);
begin
  if (i=1) then
  begin
    if sw='Full' then
      writeln('The day in words is: '+sun)
    else
      writeln('The day in words is: '+LeftStr(sun,3));
  end;
  if (i=2) then
  begin
    if sw='Full' then
      writeln('The day in words is: '+mon)
    else
      writeln('The day in words is: '+LeftStr(mon,3));
  end;
  if (i=3) then
  begin
    if sw='Full' then
      writeln('The day in words is: '+tue)
    else
      writeln('The day in words is: '+LeftStr(tue,3));
  end;
  if (i=4) then
  begin
    if sw='Full' then
      writeln('The day in words is: '+wed)
    else
      writeln('The day in words is: '+LeftStr(wed,3));
  end;
  if (i=5) then
  begin
    if sw='Full' then
```

```
        writeln('The day in words is: '+thu)
      else
        writeln('The day in words is: '+LeftStr(thu,3));
    end;

    if (i=6) then
    begin
      if sw='Full' then
        writeln('The day in words is: '+fri)
      else
        writeln('The day in words is: '+LeftStr(fri,3));
    end;
    if (i=7) then
    begin
      if sw='Full' then
        writeln('The day in words is: '+sat)
      else
        writeln('The day in words is: '+LeftStr(sat,3));
    end;

end;

var
   DayInWords1:TDayInWords;
begin
   DayInWords1:=TDayInWords.Create;
   DayInWords1.initial;
   DayInWords1.findDayInWords(StrToInt(ParamStr(1)),ParamStr(2));

   DayInWords1.Free;
end.
```

Deberías obtener la siguiente salida:

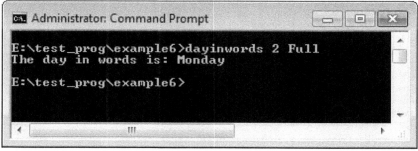

A pesar de no ser el código más eficiente, volveremos a él de vez en cuando para ver cómo podemos escribirlo mejor, así como para resaltar las numerosas características de Free Pascal.

Características del programa

Para ejecutar este programa de manera efectiva, son requeridas dos piezas de información. La primera es un número de índice para el día de la semana donde 1=Domingo, 2=Lunes, etc., y la segunda es la manera en deseas que la salida muestre el día de la semana, ya sea de manera completa o de una manera específica parcial, donde la manera completa = *Full* y la manera parcial utiliza un carácter específico.

La lectura de las entradas en la línea de comandos es conseguida a través de la función **ParamStr(i:integer)**.
Donde **ParamStr(0)** devolverá la ruta del archivo del programa, **ParamStr(1)** el primer parámetro de entrada, **ParamStr(2)** el siguiente, y así sucesivamente.

findDayInWords procedure

Una vez practicados los ejemplos anteriores, será asumido que ahora te encuentras familiarizado con la declaración e iniciación de instancias de clases. En el caso **DayInWords1:TdayInWords;**

la siguiente línea:
**DayInWords1.findDayInWords(StrToInt(ParamStr(1)),
                                          ParamStr(2));**
toma dos parámetros como su procedimiento de entrada.

criterios If …then

Cuando codificas, la declaración *if .. then* (si… entonces) será una de las declaraciones más usadas. Esta ocurre cuando tu programa tiene que tomar una decisión u otra, dependiendo de determinados criterios ser verdaderos o falsos.

En este programa, primero probaremos ver si 'i' es igual a 1. Si i=1 entonces la **expresión** se dice verdadera y el programa debía ejecutar la parte del código entre el bloque '*begin*' y '*end*'; es decir

```
if (i=1) then
begin
        // execute code in here.....
end;
```

Sin embargo si i≠1, es decir, 'i' no es igual a 1 (decimos que la **expresión** ha fracasado o no es verdadera), entonces el programa salta este bloque y prueba el siguiente bloque, es decir, si 'i' ahora es igual a 2, y así sucesivamente hasta que todas los siete bloques de pruebas *if* son realizados).

Cabe destacar que las siete pruebas serán realizadas aún si la primera fuera verdad. De manera ideal, una vez la prueba sea verdad queremos pasar directamente al resultado. Volveremos a esto dentro de poco.

```
if (i=1) then
```

Asumiendo que 'i' fue igual a 1, los siguientes puntos deben ser observados. Los paréntesis no son necesarios en Free Pascal, sin embargo, si tienes múltiples condiciones de prueba en una línea, los paréntesis ayudarán a esclarecer la lectura.

> (i=1) is not the same as (i := 1)

Cuando queremos asignar un valor a una variable lo hacemos con el operador ':='. Por lo tanto i:=1: 'dice deja la variable 'i' tomar el valor de 1'.

En contraste, cuando queremos probar la condición usamos el operador =, por lo tanto, i=1 es conocido como una expresión **booleana**. Esto prueba si 'i' es igual a 1.

Ahora con 'i' siendo igual a 1, será ejecutado el siguiente código..

```
if sw='Full' then
      writeln('The day in words is: '+sun)
else
      writeln('The day in words is: '+LeftStr(sun,3));
```

Criterios if... then ... else...
Esta declaración es ligeramente diferente a la anterior, donde si la prueba de la condición es falsa entonces hace algo más (**else**) en cambio.

Aquí probaremos a ver si sw='Full' es verdad; si lo es, entonces escribe en la pantalla el nombre completo del día de la semana, pero sino es cierto, entonces escribe en la pantalla simplemente los primeros tres caracteres de la palabra para el día de la semana.

Como establecimos anteriormente, aunque la primera declaración pruebe ser verdadera y el resultado correcto sea mostrado, el programa aún ejecutará las otras seis pruebas a pesar de ser probadas falsas. Esto es una pérdida de tiempo. Así que ¿cómo podemos volver esto un poco más eficiente?

criterios if... then.... else if...

Modifica tu programa como se muestra a continuación:

```
if (i=1) then
begin
      if sw='Full' then
            writeln('The day in words is: '+sun)
      else
```

```
                writeln('The day in words is: '+LeftStr(sun,3));
        end
else if (i=2) then
begin
                if sw='Full' then
                        writeln('The day in words is: '+mon)
        else
        writeln('The day in words is: '+LeftStr(mon,3));
end
else if (i=3) then
begin
        if sw='Full' then
                ....
else if (i=7) then
begin
        if sw='Full' then
                writeln('The day in words is: '+sat)
        else
        writeln('The day in words is: '+LeftStr(sat,3));
end
else
        writeln('Wrong entry!');
```

A pesar de no ser el código más eficiente, es más eficiente que el ejemplo anterior.

En este programa, una vez la condición ha sido encontrada, el programa escribe el resultado en la pantalla y luego termina.

IMPORTANTE: Nota el final sin el ';' en este ejemplo el bloque *if (…) then* termina con la declaración final pero sin el punto y coma.
En el bloque final es mejor incluir el punto y coma al final aunque ésta no sea necesaria si es seguida por otro final inmediatamente.

Podemos mejorar la eficiencia del programa un poco más, así como podemos mejor su elegancia, usando la declaración **case switch.**

Declaración Case…of
En los ejemplos anteriores usamos la declaración **if..then and else if** para nuestro salto condicional.
Hay otro método para salto condicional, que es la declaración **Case .. Of.** Esto ramifica
la ejecución de acuerdo al valor ordinal del caso.

Escribe, compila y ejecuta el siguiente programa nombrándolo **dayinwords2.pas:**

```pascal
program DayInWords2;

{$mode objfpc}{$H+}

uses
  SysUtils, Classes;

  type
  TDayInWords=class
    sun, mon,tue,wed,thu,fri,sat: string;

    procedure initial;
    procedure findDayInWords(i:integer; sw:string);
  end;

procedure TDayInWords.initial;
begin
  sun:='Sunday';
  mon:='Monday';
  tue:= 'Tuesday';
  wed:= 'Wednesday';
  thu:= 'Thursday';
  fri:= 'Friday';
  sat:= 'Saturday';
end;

procedure TDayInWords.findDayInWords(i:integer; sw:string);
var
  tmpStr:string;
begin
  case i of
    1: tmpStr:=sun;
    2: tmpStr:=mon;
    3: tmpStr:=tue;
    4: tmpStr:=wed;
    5: tmpStr:=thu;
    6: tmpStr:=fri;
    7: tmpStr:=sat;
  else
    Writeln('Wrong entry');
  end;

  if (i>=1) And (i<=7) then
  begin
    if sw='Full'  then
    writeln('The day in words is: '+tmpStr)
    else
      writeln('The day in words is: '+LeftStr(tmpStr,3));
    end;
  end;

var
  DayInWords1:TDayInWords;
begin
  DayInWords1:=TDayInWords.Create;
  DayInWords1.initial;
```

```
DayInWords1.findDayInWords(StrToInt(ParamStr(1)),ParamStr(2));

  DayInWords1.Free;
end.
```

En vez de tener una larga lista de repetición de las declaraciones **if then else if**, podemos usar simplemente la declaración de valor *'case of'*, que hace efectivamente lo mismo. En otras palabras, una vez que la condición ha sido encontrada, entonces se ejecuta el código inmediatamente después y luego sale de la condición. Nota también que si la condición no es encontrada entonces la declaración *else* dentro de la declaración del caso permite una declaración alternada de ejecución.

La declaración *'case of'* también puede manejar rangos de números:

Por ejemplo:

```
case age of
        0 .. 10:  writeln('Your aged under 11');
        11 .. 20: writeln('Your aged between 11 and 20');
        21 .. 30: writeln ('Your aged between 21 and 30);
else
        writeln ('Your aged over 30);
end;
```

Más operaciones booleanas.

Puedes haber notado la línea:

```
if (i>=1) And (i<=7) then …
```

-aquí el operador = es acompañado por el operador mayor que o menor que. La declaración aquí lee: 'si 'i' es mayor o igual que 1 *Y* 'i' es menor o igual que 7 entonces...'

Son usados los siguientes operadores relacionales:

<	menor que
>	mayor que
=	igual que
<=	menor o igual que
>=	mayor o igual que
<>	diferente de

Las expresiones booleanas complejas son formadas usando los operadores booleanos:

Not	negación
And	conjunción
Or	disyunción
Xor	disyunción exclusiva

Ciclos de repetición

La capacidad de ejecutar una sección de tu código repetidas veces es una función importante en muchos programas. La acción puede ser repetida **por (for)** un número de veces dada, o **hasta (until)** que una condición no contenga más verdad, o puede ser repetida en **cuanto (while)** una condición contenga verdad.

Esta sección utiliza programación no orientada a objetos para permitir el enfoque en las declaraciones.

Considera la declaración
for ....do

Escribe, compila y ejecuta el siguiente código fuente:

```
program ForLoop;

{$mode objfpc}{$H+}

uses
  Classes;

var
        i:integer;
        count:integer;
begin
        write('Which multiplication would you like to display: ');
        readln(i);
        for count:=1 to 12 do
                writeln(count,' x ',i,' = ',(i*count));
end.
```

Debes producir una pantalla similar a la siguiente:

```
Administrator: Command Prompt                                    [ - ][ □ ][ x ]

E:\test_prog\example6>forloop
Which multiplication would you like to display: 7
1  x  7  =  7
2  x  7  =  14
3  x  7  =  21
4  x  7  =  28
5  x  7  =  35
6  x  7  =  42
7  x  7  =  49
8  x  7  =  56
9  x  7  =  63
10 x  7  =  70
11 x  7  =  77
12 x  7  =  84

E:\test_prog\example6>_
```

Existen numerosas cosas de interés para notar en este programa. Primero, en vez de usar nuestra declaración habitual **writeln**, la cual enviaría el cursor a una nueva línea inmediatamente después de mostrar nuestro mensaje, usamos la declaración **write,** la cual sitúa el cursor al final del mensaje y espera.

El segundo punto a notar es que sin el medio de repetición de una acción para obtener los resultados anteriores, tendríamos que escribir el resultado 12 veces.

La línea:
```
for count:=1 to 12 do ...
```

Le indica al programa que repita su ejecución por cada valor de la cuenta hasta que la cuenta sea mayor que 12. ¿Qué resultado piensas que obtendrías si la declaración de ciclo *for* fuera reemplazada con la siguiente línea?:

```
for count:=12 downto 1 do ... ?
```

Sí, adivinaste, el resultado sería invertido.

El retraso
A veces, en un programa, puedes querer crear un retraso en la ejecución del programa. Podemos hacerlo simplemente enviando el procesador a ejecutar alrededor de un ciclo, sin hacer nada, una cierta cantidad de veces; por ejemplo

for count := 1 to 10000 do // nothing...

Ciclo For... in

El ciclo *for...in...do* fue implementado en FPC 2.4.2. Este ciclo permite al programa recorrer a través de una lista o una cadena.

Ejemplo1 el ciclo de cadena:

```
program StringLoop;

Const
  S = 'Hello,How,Are,You,Today';
var
  C: Char;
begin
  for C in S do
    write (c+' ');
end.
```

La salida sería:

```
        H e l l o , H o w , A r e , Y o u , T o d a y
```

Ciclo Repeat... Until

A diferencia del ciclo *for*, que repite durante un número específico de ciclos, el ciclo *Repeat* no tiene cuenta. Entra en bucle hasta que ocurre una cierta condición (*True / False*), y luego irá a la siguiente declaración después del bucle.

Considere el siguiente código de ejemplo:

```
program repeatLoop;

{$mode objfpc}{$H+}

uses
  Classes;

var
  i:integer;
  count:integer;
begin
  count:=1;
  write('Which multiplication would you like to display: ');
  readln(i);
  repeat
    writeln(count,' x ',i,' = ',(i*count));

    count := count + 1;
  until count > 12
end.
```

La salida es la misma que la del ciclo *for.. do*, pero esta vez utilizamos el ciclo *repeat.. until.*

Nota que esta vez tenemos que manejar una variable de recuento y la iniciamos de la siguiente manera

```
count:=1;
```

luego, desde el ciclo, nos mantenemos incrementando la cuenta por uno *'hasta'* (*'until'*) que la cuenta es mayor que 12, sino *'repetimos' ('repeat')* la ejecución, ¿si es esto?, entonces vamos a la siguiente línea, que en este caso es el final del programa.

```
count := count + 1;
```

Ciclo *While*

La salida es nuevamente parecida al ciclo *for.. do*, pero en este caso usaremos el ciclo *While*.

```
program whileLoop;

{$mode objfpc}{$H+}

uses
  Classes;

var
  i:integer;
  count:integer;
begin
  count:=1;
  write('Which multiplication would you like to display: ');
  readln(i);
  while count <= 12 do
  begin
    writeln(count,' x ',i,' = ',(i*count));

    count := count + 1;
  end;
end.
```

Cabe destacar que el ciclo *while* es parecido al ciclo *repeat*, pero se diferencia en dos cosas:

Primero – en el ciclo **while**, la condición es verificada antes de entrar en el ciclo, mientras que el ciclo **repeat** se introduce el bucle primero y luego se verifican las condiciones. Esto significa que el ciclo **while** no introducirá el bucle si la condición es encontrada al principio, mientras que el ciclo **repeat** siempre introducirá el bucle por lo menos una vez.

Segundo – el ciclo **while** necesita '**begin**' y '**end**'; estas declaraciones están en múltiples líneas, mientras que el ciclo **repeat** sólo necesita la declaración **until** para identificar el inicio y final del bloque de repetición.

d i y *Cosas para probar*

1 – modifica el programa *TimeTable* para incluir un vuelo de conexión.

2 – escribe un programa que te pida introducir la temperatura ambiente y si> 32 grados que entonces te pida bajar la temperatura; si < 20 grados entonces que el programa te pida subir la temperatura.

3 – escribe un programa que te pida introducir repetidamente un número hasta que el número sea

a/ mayor que un número establecido, o
b/ menor que un número establecido, o
c/ igual que un número establecido.

4 – Selecciona uno de los ejemplos de ciclos y vuelve a escribirlo como una clase.

Resumen de los capítulos 1 al 5

Lazarus / Free Pascal soporta tanto programación estructurada como programación orientada a objeto.

Una de las principales características de Free Pascal es el *una vez escrito, compila en cualquier sitio (write once, compile anywhere)*. Los módulos de unidades de Free Pascal son conocidos como clases y objetos.

Una clase está constituida por datos y/o métodos. Generalmente, los métodos son pequeños procedimientos o funciones y de propósito único, siendo autosuficientes y encapsulados. Las clases interactúan unas con las otras a través de llamadas de métodos. Es decir, al llamar los métodos definidos por las otras clases.

Un único programa puede incluir clases de terceros así como las tuyas propias.

Los comentarios pueden incluirse en cualquier sitio dentro de tu programa, incluyendo las clases. Pueden ser comentarios de una o varias líneas y son ignorados por el compilador. Los comentarios ayudan en el mantenimiento de la aplicación, permitiendo a los desarrolladores incluir información legible para los humanos.

La clases son definidas utilizando la palabra reservada 'clase' (*'class'*), por ejemplo

```
type
  TDayInWords=class
  sun, mon,tue,wed,thu,fri,sat: string;

  procedure initial;
  procedure findDayInWords(i:integer; sw:string);
end;
```

Un programa principal es definido con la declaración del programa seguido por el nombre del programa.

El inicio de la ejecución se encuentra en la parte inferior dentro del programa, es decir, en la maquetación del programa:

```
program ProgramName;

{$mode objfpc}{$H+}

uses
   SysUtils, Classes;

   type
       TClassName=class
         Data:.....;
```

```
      Declared methods:......;
      end;

      // method implementation
var
    variabes...


begin

end.
```

Nota que las clases y los métodos no son usualmente implementados en el programa principal. Pero pueden ser incluidos en las clases de unidades. Un esquema típico de las clases de unidades es como se presenta a continuación:

```
unit Unit1;

{$mode objfpc}{$H+}

interface

type
  THelloWorld=class
  public
   procedure WriteOut;

   private

  end;

implementation


procedure THelloworld.WriteOut;
begin
      writeln('Hello world');
end;

end.
```

Las variables de cadena son asignadas con comillas simples, por ejemplo *mystr := 'Hello, World';* el punto y coma ';' es usado para indicar el final de la línea de declaración.

Los ejemplos de programas en los capítulos 1 al 5 son todos programas de líneas de comandos. La información fue enviada a la pantalla del computador usando las declaraciones **write** o **writeln**. Los datos fueron introducidos dentro de la computadora, tanto como parámetros de líneas de comando (**ParamStr**) como utilizando las declaraciones **read** o **readln**.

Los tipos de datos son cosas tales como *integer, int64* y números reales tanto simples como dobles; cadena o booleano, y fueron cubiertos en los capítulos del 1 al 5.

Las variables son referidas como primitivas tanto como de referencia. En Free Pascal todas las variables **class** son variables de referencia.

Los números de tipo entero solo contienen la parte natural de un número que se encuentra a la izquierda del punto decimal. Los números de tipo real pueden almacenar todos los números, incluyendo los dos lados del punto decimal.

Free Pascal incluye numerosas estructuras lógicas, entre las cuales se encuentran:

If… then
If… then… else
Case…of
For… do
For… in
Repeat… until
While… do

La condición **if..then** se basa en una expresión booleana ya sea exitosa o no.

El **else** puede incluir o no una declaración **if** a continuación.

Case.. of es otra declaración de salto condicional. Su ejecución de ramificación depende de su valor de caso.

La capacidad de ejecutar una sección de tu código repetidas veces es una función importante en muchos programas. Free Pascal soporta varios métodos para repetir una acción. Estos son las declaraciones **for..do.. repeat..until** y **while..do..**

La declaración **for..do..** se basa en una variable entera de recuento que puede tanto incrementar como disminuir un número determinado. El ciclo **for… in** podría continuar hasta que la condición falle o tenga éxito.

El ciclo *for.. in..* es similar a la declaración *for.. do..* con la excepción de que ésta explora dentro de otro conjunto de datos siempre que el conjunto de datos sea mayor que el aumento de la variable.

La declaración *repeat.. until* y el ciclo *while.. do* son parecidos, con la excepción que el ciclo *while.. do* primero prueba la condición antes de ejecutar el bloque de código. Por lo tanto, si la condición falla al *principio,* no ejecutará su código, mientras que el ciclo *repeat* ejecutará su bloque de código al menos una vez.

Cuando se trata de lidiar con números, Free Pascal obedece la regla de precedencia BODMAS.

Tablas de resumen

1/ Operadores

La tabla que se muestra a continuación es un resumen de los operadores más esenciales utilizados en los capítulos 1 al 5. Sin embargo, Free Pascal tiene más que aquellos listados aquí.

Tipo	Símbolo operador	Significado/ Ejemplo
Asignación	:=	Tamaño := 34;
Aritmética	+	Suma
	-	Resta
	*	Multiplicación
	div	División de número entero
	/	División de número real
	mod	Modulo
Comparación	=	Igual
	<>	Diferente de
	<	Menor que
	<=	Menor o igual que
	>	Mayor que
	>=	Mayor o igual que
Lógica	And	y
	Or	o
	Not	No
	Xor	Xor , o exclusivo

2 / Precedencia

Cuando una expresión contiene más que un operador aritmético o lógico diferente, entonces debe ser aplicado el orden de precedencia. Observa la tabla a continuación.

Precedencia	Operadores	Significado
1	*, div, /, mod	Multiplicar, dividir, módulos
2	+, -	Sumar, Restar
3	=, <>	Igual que, Diferente de
4	And	y
5	XOR	Xor
6	OR	o

◇? Cabe destacar que cualquier expresión entre paréntesis es evaluada primero, antes de las expresiones fuera de los paréntesis. Si los paréntesis están anidados, entonces las expresiones que se encuentran más internas son evaluadas primero, trabajando hacia afuera.

6 Arreglos y otros temas

Los arreglos son una manera conveniente de manejar ciertos tipos de datos del mismo tipo. Por ejemplo, si necesitamos declarar un arreglo de 10 variables enteras, puede ser declarado de la siguiente manera:

iNum : array[1..10] of Integer;

Ahora, podemos acceder a valores individuales a través de las posiciones del arreglo utilizando su índice. Por ejemplo

iNum[5]:=25; o

writeln(iNum[5]); para mostrar lo que se encuentra almacenado en esa posición.

Podemos pensar en un arreglo como una tabla, con una columna única (índice) para acceder a la celda (posición del arreglo).
Los arreglos toman el lugar de múltiples declaraciones de variables.

Volvamos a nuestro **DayInWords** y veamos si podemos escribir el programa nuevamente.

Escribe, compila y ejecuta el siguiente programa. Nómbralo **dayinwords3.pas** pasando en *2 full*

```
program DayInWords3;

{$mode objfpc}{$H+}

uses
  SysUtils, Classes;

  type
    TDayInWords=class
  procedure findDayInWords(i:integer; sw:string);
    end;

procedure TDayInWords.findDayInWords(i:integer; sw:string);
var
 dow: array[1..7] of string = ('Sunday','Monday','Tuesday','Wednesday','Thursday','Friday','Saturday');
begin
 if (i>=1) And (i<=7) then
  begin
   if UpperCase(sw)=UpperCase('Full')  then
    writeln('The day in words is: '+dow[i])
```

```
   else
      writeln('The day in words is: '+LeftStr(dow[i],3));
   end
 else
  Writeln('Wrong entry');
 end;

var
   DayInWords1:TDayInWords;
begin
   DayInWords1:=TDayInWords.Create;
   DayInWords1.findDayInWords(StrToInt(ParamStr(1)),ParamStr(2));
   DayInWords1.Free;
end.
```

La salida es como a continuación:

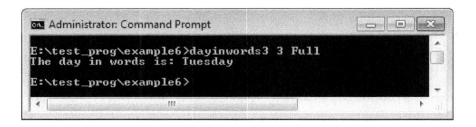

En este ejemplo puedes haber notado que retiramos el método inicial juntamente con cualquier variable de datos. A continuación se ilustra mejor el arreglo:

Índice	Días de la Semana (dow)
1	Domingo
2	Lunes
3	Martes
4	Miércoles
5	Jueves
6	Viernes
7	Sábado

La línea: `writeln('The day in words is: '+dow[i])` usa 'i' como un número de índice para acceder a los datos almacenados en el elemento 'i'.

Case sensitive

Puedes haber notado que en los ejemplos anteriores, si pasaste la palabra *full –* deletreada con la letra *'f'* minúscula – el programa no mostrará el día de la semana escrito en su totalidad. El programa busca la coincidencia correcta palabra a palabra, es decir, *Full* – deletreada con letra mayúscula -. En este caso se dice que el programa es *case sensitive* (distingue entre mayúsculas y minúsculas).

Para que el programa deje de ser *case sensitive* (es decir, que deje de distinguir entre mayúsculas y minúsculas) simplemente usamos la función **UpperCase** a ambos lados del operador '='.
De esta manera:

```
if UpperCase(sw)=UpperCase('Full')  then
```

Declarar y asignar un arreglo

Free Pascal te permite declarar y asignar al mismo tiempo, a pesar de poder asignar valores a cada elemento de un arreglo línea por línea. Considera lo siguiente:

```
var

dow: array[1..7] of string =
('Sunday','Monday','Tuesday','Wednesday','Thursday','Friday','Saturday');
```

La variable *'dow'* es declarada e inmediatamente cargada con valores.

Arreglo dinámico

Los arreglos que discutimos anteriormente, donde se define el rango antes de la ejecución, son generalmente conocidos como un 'arreglo estático'.

Existen momentos donde el desarrollador no tiene idea de cuál será el rango de datos antes de la ejecución del programa. Free Pascal tiene una solución bastante agradable para esta situación. Free Pascal soporta *arreglos dinámicos* permitiendo la flexibilidad para declarar arreglos con rangos límites.

La parte de declaración es simple:

```
var
    ...
    MyVariable : array of type  ;
```

Considera el siguiente código:

program DayInWords4;

{$mode objfpc}{$H+}

```
uses
  SysUtils, Classes;

type
  TDayInWords=class
    dow : array of string;
    procedure initial;
    procedure findDayInWords(i:integer; sw:string);
  end;

procedure TDayInWords.initial;
begin
  SetLength(dow,8);

  dow[1] := 'Sunday';
  dow[2] := 'Monday';
  dow[3] := 'Tuesday';
  dow[4] := 'Wednesday';
  dow[5] := 'Thursday';
  dow[6] := 'Friday';
  dow[7] := 'Saturday';
end;

procedure TDayInWords.findDayInWords(i:integer; sw:string);
begin

  if (i>=1) And (i<=7) then
  begin
    if UpperCase(sw)=UpperCase('Full')  then
      writeln('The day in words is: '+dow[i])
    else
      writeln('The day in words is: '+LeftStr(dow[i],3));
    end
  else
    Writeln('Wrong entry');
  end;

var
  DayInWords1:TDayInWords;
begin
  DayInWords1:=TDayInWords.Create;
  DayInWords1.initial;
  DayInWords1.findDayInWords(StrToInt(ParamStr(1)),ParamStr(2));
  DayInWords1.Free;
end.
```

Nota la línea:
```
        SetLength(dow,8);
```

Antes de poder usar los arreglos dinámicos, debes establecer la longitud que
necesitas. También nota que en este caso necesitamos establecer la cuenta en 8 y
no en 7. Esto se debe a que, por defecto, el primer elemento de un arreglo se
encuentra en la posición 0, es decir dow[0]. En teoría, no hay nada que te impida

usar esta posición para sostener información de la cabecera acerca de la lista, por ejemplo, una localización temporaria al manipular la ordenación.

Arreglos unidimensionales en acción

El siguiente programa utiliza un arreglo dinámico para contener una lista de nombres. Esto permitirá al usuario:
- 1- Mostrar la lista
- 2- Ordenar la lista
- 3- Insertar nuevos nombres en una posición
- 4- Agregar un nombre al final de la lista
- 5- Borrar un nombre de la lista
- x- Salir del programa.

Escribe, compila y ejecuta el siguiente programa:

```
program NameList;

{$mode objfpc}{$H+}

uses
  SysUtils, Classes;

  type
    TNames=class
      names : array of string;
      count: integer;
      procedure initial;
      procedure sort;
      procedure insert;
      procedure add;
      procedure delete;
      procedure displayNames;
    end;

procedure TNames.initial; // set default names
begin
  SetLength(names,6);
  names[1] := 'Tom';
  names[2] := 'Raj';
  names[3] := 'Koffi';
  names[4] := 'Jane';
  names[5] := 'Akem';
  count:=6;
  end;

procedure TNames.sort; // arrange the list in alphabet order ascending - first character
var
```

```pascal
     innercount, outercount:integer;
begin
   for outercount:=1 to count-1 do
   begin
      for innercount := outercount+1 to count-1 do
      begin
         if UpperCase(LeftStr(names[outercount],1)) > UpperCase(LeftStr(names[innercount],1)) then
         begin
            names[0]:=names[outercount];
            names[outercount] := names[innercount];
            names[innercount] := names[0];
         end;
      end;
   end;
end;

procedure TNames.insert; // insert a new entry at a specified location
var
   i,x:integer;
   s:string;
   begin
      count:= count+1;
      SetLength(names,count);  //resize array
      write('Please enter position number to insert name: ');
      readln(i);
      write('Now please enter name: ');
      readln(s);

   for x:=count downto i do
      names[x]:=names[x-1];

      names[i]:=s;
      writeln(s+' Now inserted into list');
   end;

procedure TNames.add; // add a new entry on the end of the list
var
   s:string;
begin
   write('Please enter name you wish to add: ');
   readln(s);
   count:= count+1;
   SetLength(names,count);  //resize array
   names[count-1]:=s;
   writeln(s+' Now added to list');
end;

procedure TNames.delete; // delete an entry at a specified location
var
   i,x:integer;
begin
   write('Wish item do you wish to remove from list?. Please enter number');
   readln(i);
   for x:=i to count do
      names[x]:=names[x+1];
```

```pascal
    count:=count-1;
    SetLength(names,count);  //resize array
end;

procedure TNames.displayNames; // display the list
var
  x : integer;
begin
  for x :=1 to count-1 do
     writeln(x,' - ',names[x]);
end;

var
  Names1:TNames;
  Selection: Char;
begin
  Names1:=TNames.Create;
  Names1.initial;

  repeat
    writeln;
    writeln('Pascal Contact Diary. What would you like to do?');
    writeln('1 - Display list...');
    writeln('2 - Sort the list...');
    writeln('3 - Insert a new name...');
    writeln('4 - Add a new name...');
    writeln('5 - Delete a name from the list...');
    writeln('x - exit the program...');
    write('Please enter your selection...');
    readln(Selection);

    case Selection of
       '1': Names1.displayNames;
       '2': Names1.sort;
       '3': Names1.insert;
       '4': Names1.add;
       '5': Names1.delete;
       'x': // do nothing
    else
       writeln('Wrong entry!');
    end;
    if (Selection <> '1') AND (Selection <> 'x') And (Selection <> 'X') Then
       Names1.displayNames;
  until (Selection = 'x') Or (Selection = 'X');

  Names1.Free;
end.
```

Debías estar familiarizado con el código completo, sin embargo, deben ser aclarados algunos puntos.

- primero, los índices de arreglo comienzan en cero, por lo tanto cuando tratamos con arreglos dinámicos, si comienzas a numerar desde 1, recuerda agregar 1 al tamaño.

-segundo, **SetLength(names,count);** puede ser usada para redimensionar el arreglo.

En este programa, como comenzamos el contaje de la lista de nombres desde el índice 1, la posición cero puede ser usada para almacenar temporalmente el procedimiento *sort*.

Arreglos multidimensionales

Los arreglos que hemos visto hasta ahora han sido de una única dimensión. ¿Qué acontece si deseas usar arreglos para representar una tabla con dos o más columnas?

Por ejemplo:

Índice	Nombre	Edad	Dirección
1	John	23	12 Spring Bank
2	Wiseman	45	54 Shumon riverside
3	Aduwa	35	Accra Valley

¿Cómo accederíamos a la edad de John?

En este momento es que los arreglos multidimensionales son útiles.

En realidad, un arreglo multidimensional es una colección de arreglos — cada elemento del primer arreglo es otro arreglo. Cada elemento de ese arreglo es a su vez otro arreglo, y así sucesivamente.

Trabajar con arreglos multidimensionales

Escribe, compila y ejecuta el siguiente código fuente:

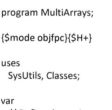

```
program MultiArrays;

{$mode objfpc}{$H+}

uses
  SysUtils, Classes;

var
  // Define dynamic array
  multiArray : Array of Array of byte;  // Multi-dimension array
  i,j : Integer;

begin
// Set the length of the 1st dimension of the multi-dim array
```

```
SetLength(multiArray, 3);

// Set the length of the 3 sub-arrays to different sizes
for i:=0 to 2 do begin
   SetLength(multiArray[i], 1);
   SetLength(multiArray[i], 2);
   SetLength(multiArray[i], 3);
end;

// Set and show all elements of this array
for i := 0 to High(multiArray) do
  for j := 0 to High(multiArray[i]) do
  begin
   multiArray[i,j] := i+j;
   writeln('multiArray['+IntToStr(i)+','+IntToStr(j)+'] = '+IntToStr(multiArray[i,j]));
  end;
end.
```

Los arreglos multidimensionales son útiles desde que los tipos de datos sean del mismo tipo. ¿Qué pasa si no lo son? ¿Cómo podemos usar arreglos para contener datos de diferentes tipos? Esto se puede lograr utilizando un tipo especial de datos llamado **registros**.

Registro.
Un '**Registro**' es un tipo de datos estructurado en Pascal. Los **Registros** pueden contener variables de diferentes tipos, las cuales son llamadas '**Campos**'.

Este grupo de variables/campos pueden ser tratadas como un tipo de datos individual. Podemos usar registros para almacenar información que pertenece al mismo objeto, por ejemplo, información personal:

1. *nombre de persona*: variable de cadena
2. *edad*: número entero
3. *sexo*: valor entero
4. *altura*: número real

Escribe, compila y ejecuta el siguiente programa:

```
program person;

{$mode objfpc}{$H+}

uses
  SysUtils, Classes;

type
TPerson = record
```

```
          Name: string;
          Age:Integer;
          Gender:string;
          Height: string;
end;

var
          person1:TPerson;
begin
          write('Please enter your name: ');
          readln(person1.Name);

          write('Please enter your Age: ');
          readln(person1.Age);

          write('Please enter your Gender: ');
          readln(person1.Gender);

          write('Please enter your Height: ');
          readln(person1.Height);

          writeln;
          writeln('Hi '+person1.Name+' are the details we have on you correct?');
          writeln('You are: ',person1.Age,' year of age');
          writeln('Your gender is: ',person1.Gender);
          writeln('Your Height is: '+person1.Height);
          writeln('are these details correct? ');
          read;
end.
```

La salida debía ser similar a la siguiente:

El tipo de datos de registro te permite usar el operador *dot* para acceder a los campos de datos dentro del registro.

Arreglos y Registros trabajando juntos

Ahora podemos extender fácilmente nuestros arreglos unidimensionales para actuar como un sistema de clasificación de registros.

Escribe, compila y ejecuta el siguiente programa. Nómbralo ***NameList2.pas.***

Este programa es una versión modificada de *NameList* que habías hecho anteriormente.

```
program NameList2;

{$mode objfpc}{$H+}

uses
  SysUtils, Classes, Crt;

        type
                TPerson = record
                Name: string;
                Age:Integer;
                Gender:string;
                Height: string;
        end;

  type
    TNames=class
        names : array of TPerson;
        count: integer;
        procedure initial;
        procedure sort;
        procedure insert;
        procedure add;
        procedure delete;
        procedure displayNames;
  end;

        procedure TNames.initial; // set default names
        begin
          SetLength(names,6);
          with names[1] do begin Name := 'Tom'; Age:=34; Gender:='Male'; Height:='5,5"'; end;
          with names[2] do begin Name := 'Raj'; Age:=43; Gender:='Female'; Height:='5,2"'; end;
          with names[3] do begin Name := 'Koffi'; Age:=45; Gender:='Male'; Height:='4,9"'; end;
          with names[4] do begin Name := 'Jane'; Age:=37; Gender:='Female'; Height:='5,11"'; end;
          with names[5] do begin Name := 'Akem'; Age:=25; Gender:='Male'; Height:='6,1"'; end;

          count:=6;
        end;
```

```
procedure TNames.sort; // arrange the list in alphabet order ascending - first character
var
  innercount, outercount:integer;
begin
  for outercount:=1 to count-1 do
  begin
   for innercount := outercount+1 to count-1 do
   begin
     if UpperCase(LeftStr(names[outercount].Name,1)) > UpperCase(LeftStr(names[innercount].Name,1))
         then
             begin

         names[0].Name:=names[outercount].Name;names[0].Age:=names[outercount].Age;

         names[0].Gender:=names[outercount].Gender;names[0].Height:=names[outercount].Height;
         names[outercount].Name:=names[innercount].Name;
         names[outercount].Age:=names[innercount].Age;
         names[outercount].Gender:=names[innercount].Gender;
         names[outercount].Height:=names[innercount].Height;
         names[innercount].Name:=names[0].Name; names[innercount].Age:=names[0].Age;
         names[innercount].Gender:=names[0].Gender; names[innercount].Height:=names[0].Height;
            end;
           end;
          end;
         end;

         procedure TNames.insert; // insert a new entry at a specified location
         var
                 i,x:integer;
                 s:TPerson;
         begin
                 count:= count+1;
                 SetLength(names,count);  //resize array
                 write('Please enter position number to insert person: ');
                 readln(i);

                 write('Please enter person name: ');
                 readln(s.Name);

                 write('Please enter person age: ');
                 readln(s.Age);

                 write('Please enter person gender: ');
                 readln(s.Gender);

                 write('Please enter person Height: ');
                 readln(s.Height);

                 for x:=count downto i do begin
                         names[x].Name:=names[x-1].Name;
                         names[x].Age:=names[x-1].Age;
                         names[x].Gender:=names[x-1].Gender;
                         names[x].Height:=names[x-1].Height;
                 end;
```

```
                 names[i].Name:=s.Name;
                 names[i].Age:=s.Age;
                 names[i].Gender:=s.Gender;
                 names[i].Height:=s.Height;

                 writeln(s.Name+' Person now inserted into list');
      end;

procedure TNames.add; // add a new entry on the end of the list
var
                 s:TPerson;
begin
                 write('Please enter person name you wish to add: ');
                 readln(s.Name);

                 write('Please enter person age: ');
                 readln(s.Age);

                 write('Please enter person gender: ');
                 readln(s.Gender);

                 write('Please enter person Height: ');
                 readln(s.Height);

                 count:= count+1;
                 SetLength(names,count);  //resize array

                 names[count-1].Name:=s.Name;
                 names[count-1].Age:=s.Age;
                 names[count-1].Gender:=s.Gender;
                 names[count-1].Height:=s.Height;

                 writeln(s.Name+' Now added to list');
      end;

procedure TNames.delete; // delete an entry at a specified location
var
                 i,x:integer;
begin
                 write('Wish item do you wish to remove from list?. Please enter number');
                 readln(i);
                 for x:=i to count do begin
                          names[x].Name:=names[x+1].Name;
                          names[x].Age:=names[x+1].Age;
                          names[x].Gender:=names[x+1].Gender;
                          names[x].Height:=names[x+1].Height;
                 end;

                 count:=count-1;
                 SetLength(names,count);  //resize array
      end;

procedure TNames.displayNames; // display the list
var
 x : integer;
begin
```

```pascal
        ClrScr;
        for x :=1 to count-1 do
          writeln(x,' - ',names[x].Name,' Age:',names[x].Age,' Gender:'+names[x].Gender+'
                  Height:'+names[x].Height);
        end;

var
        Names1:TNames;
        Selection: Char;
begin
        Names1:=TNames.Create;
        Names1.initial;

        repeat
                writeln;
                writeln('Pascal Contact Diary. What would you like to do?');
                writeln('1 - Display list...');
                writeln('2 - Sort the list...');
                writeln('3 - Insert a new person...');
                writeln('4 - Add a new person...');
                writeln('5 - Delete a person from the list...');
                writeln('x - exit the program...');
                write('Please enter your selection...');
                readln(Selection);

                case Selection of
                        '1': Names1.displayNames;
                        '2': Names1.sort;
                        '3': Names1.insert;
                        '4': Names1.add;
                        '5': Names1.delete;
                        'x': // do nothing
                        else
                                writeln('Wrong entry!');
                end;
                if (Selection <> '1') AND (Selection <> 'x') And (Selection <> 'X') Then
                        Names1.displayNames;
        until (Selection = 'x') Or (Selection = 'X');

        Names1.Free;
end.
```

A estas alturas debías estar familiarizado con la mayoría de las declaraciones lógicas utilizadas hasta ahora, con la excepción de la declaración '**with**'. La línea:

```
with names[1] do begin Name:= 'Tom'; Age:=34; Gender:='Male';
Height:='5,5"'; end;
```

La línea lee *with names [1] do* ... Este es un atajo para no necesitar escribir cada término para el registro. Nota que,

```
with names[1] do begin Name := 'Tom'; Age:=34; Gender:='Male';
Height:='5,5"'; end;
```

es lo mismo que:

```
with names[1] do
       begin
          Name:='Tom';
          Age:=34;
          Gender:='Male';
          Height:='5,5"';
       end;
```

Unas palabras sobre estilo personal

Con el tiempo irás desarrollando tu propio estilo personal. Por un lado es algo bueno, sin embargo, por el otro lado debías también adherir a la mejor práctica. Por ejemplo, cuando se están declarando variables, es mejor usar nombres significativos. Puedes ser capaz de escribir tus declaraciones en una línea, pero solo hazlo si es para ayudar en la claridad del programa. Cada método debe hacer una, y solo una, tarea. Conforme pasa el tiempo, descubrirás técnicas adicionales de buenas prácticas junto con tu estilo personal. Sin embargo, 98% del tiempo usa las siguientes pautas (ve
http://wiki.freepascal.org/Coding_style
http://wiki.freepascal.org/DesignGuidelines)
Por ahora nos gustaría concentrarnos en aprender los aspectos para programar con Free Pascal y Lazarus. Sin embargo, recuerda que *es más fácil crear buenos hábitos temprano que romper los malos más adelante.*

Queremos expandir el programa ***NameList*** introduciendo un tipo de registro:
TPerson = record
En los métodos ***insert*** y ***add*** reemplazamos el tipo ***s:string*** con ***s:Tperson.***

Nota la declaración ***ClrScr***; esto es el *Clear Screen* que limpia la ventana actual. Es usado en la biblioteca ***Crt.***
La usaremos para presentar al usuario sólo la información actual, después de que cada tarea es llevada a cabo.

Conjuntos
Los tipos de conjuntos son similares a los arreglos y pueden contener varios valores al mismo tiempo. Los elementos en un conjunto son llamados sus miembros. En Free Pascal, los elementos del conjunto se encuentran encerrados en corchetes [], y son referidos como un conjunto constructor.

Puedes declarar un conjunto como a continuación:
Escribe

days = (sun, mon, tue, wed, thu, fri, sat);
dow = conjunto de días;

considera el siguiente programa:

```
program MySet;

{$mode objfpc}{$H+}

uses
  SysUtils, Classes;

type
  days = (sun, mon, tue, wed, thu, fri, sat);
  dow = set of days;

procedure displayDow(d : dow);
const
names : array [days] of String[12]
  = ('Sunday', 'Monday', 'Tuesday', 'Wednesday', 'Thursday', 'Friday', 'Saturday');

var
  dl : days;
  s : String;
begin
  s:= ' ';
  for dl:=sun to sat do
    if dl in d then
    begin
      if (s<>' ') then s :=s +' , ';
      s:=s+names[dl];
    end;
  writeln('[',s,']');
end;

var
          d:dow;
begin
  d:= [sun, mon, tue, wed, thu, fri, sat];
  displayDow(d);

  d:=[sun, wed]+[fri, sat];
  displayDow(d);
end.
```

La salida es como se muestra a continuación:

```
Administrator: Command Prompt

E:\test_prog\example6>myset
[ Sunday , Monday , Tuesday , Wednesday , Thursday , Friday , Saturday]
[ Sunday , Wednesday , Friday , Saturday]
```

Diferencia entre arreglos y conjuntos

A pesar de que tanto los arreglos como los conjuntos pueden ser usados para realizar la misma tarea, existen diferencias de las cuales debemos estar conscientes:

-los arreglos tienden a ser una secuencia ordenada de elementos. Esto significa, una colección ordenada. Los usuarios de la colección tienen el control exacto donde cada elemento es insertado en la lista. Los usuarios pueden acceder a los elementos a través de sus índice de enteros (posición en la lista), y buscar elementos en la lista.

Mientras que:

-los conjuntos son una lista distinta de elementos que tiende a ser desordenado. Su colección no debe contener duplicados. Los conjuntos no contienen pares de elementos. Están estrechamente relacionados con el modelo matemático de conjuntos.

El acceso a un elemento de un conjunto es realizado utilizando su nombre de elemento único, mientras que el acceso a un elemento en un arreglo debe ser a través de su índice de enteros.

Manejo básico de archivos

Puedes haber notado que con el programa **NameList2**, cada vez que salías del programa y volvías a ejecutarlo, todos los datos que habían sido introducidos se perdían y tenías que introducirlos nuevamente. Sería agradable si pudiéramos, de alguna manera, guardar la lista de manera permanente y recargarla cuando deseáramos o hasta recargar una lista diferente simplemente por su nombre.

Por suerte, Free Pascal soporta varias maneras de manejar archivos. Esto será cubierto en más detalle en el capítulo 17. Sin embargo, para completar, vamos a actualizar el programa *NameList2* para guardar la lista y recargarla desde un archivo en el programa.

Modifica el programa **NameList2** como se muestra a continuación:

Al pasar un único carácter del programa, este programa cargará la lista guardada previamente.
Sino, simplemente cargará los datos predeterminados.

```
program NameList2;
```

```
{$mode objfpc}{$H+}

uses
  SysUtils, Classes, Crt;

  type
    TPerson = record
    Name: string[20];
    Age:Integer;
    Gender:string[10];
    Height: string[10];
  end;

  type
    TNames=class
      names : array of TPerson;
      count: integer;
      procedure initial;
      procedure sort;
      procedure insert;
      procedure add;
      procedure delete;
      procedure displayNames;
      procedure savedata;
      procedure loaddata;
    end;


procedure TNames.initial; // set default names
begin
  SetLength(names,6);

  with names[1] do begin Name := 'Tom'; Age:=34; Gender:='Male'; Height:='5,5"'; end;
  with names[2] do begin Name := 'Raj'; Age:=43; Gender:='Female'; Height:='5,2"'; end;
  with names[3] do begin Name := 'Koffi'; Age:=45; Gender:='Male'; Height:='4,9"'; end;
  with names[4] do begin Name := 'Jane'; Age:=37; Gender:='Female'; Height:='5,11"'; end;
  with names[5] do begin Name := 'Akem'; Age:=25; Gender:='Male'; Height:='6,1"'; end;

  count:=6;
end;

procedure TNames.sort; // arrange the list in alphabet order ascending - first character
var
  innercount, outercount:integer;
begin
 for outercount:=1 to count-1 do
 begin
   for innercount := outercount+1 to count-1 do
   begin
    if UpperCase(LeftStr(names[outercount].Name,1)) > UpperCase(LeftStr(names[innercount].Name,1))
then
    begin
      names[0].Name:=names[outercount].Name;names[0].Age:=names[outercount].Age;
      names[0].Gender:=names[outercount].Gender;names[0].Height:=names[outercount].Height;
```

```
      names[outercount].Name:=names[innercount].Name;
names[outercount].Age:=names[innercount].Age;
      names[outercount].Gender:=names[innercount].Gender;
      names[outercount].Height:=names[innercount].Height;
      names[innercount].Name:=names[0].Name; names[innercount].Age:=names[0].Age;
      names[innercount].Gender:=names[0].Gender; names[innercount].Height:=names[0].Height;
    end;
   end;
  end;
end;

procedure TNames.insert; // insert a new entry at a specified location
var
   i,x:integer;
   s:TPerson;
begin
   count:= count+1;
   SetLength(names,count);  //resize array
   write('Please enter position number to insert person: ');
   readln(i);

   write('Please enter person name: ');
   readln(s.Name);

   write('Please enter person age: ');
   readln(s.Age);

   write('Please enter person gender: ');
   readln(s.Gender);

   write('Please enter person Height: ');
   readln(s.Height);

   for x:=count downto i do begin
     names[x].Name:=names[x-1].Name;
     names[x].Age:=names[x-1].Age;
     names[x].Gender:=names[x-1].Gender;
     names[x].Height:=names[x-1].Height;
   end;

   names[i].Name:=s.Name;
   names[i].Age:=s.Age;
   names[i].Gender:=s.Gender;
   names[i].Height:=s.Height;

   writeln(s.Name+' Person now inserted into list');
end;

procedure TNames.add; // add a new entry on the end of the list
var
   s:TPerson;
begin
   write('Please enter person name you wish to add: ');
   readln(s.Name);

   write('Please enter person age: ');
```

```pascal
    readln(s.Age);

    write('Please enter person gender: ');
    readln(s.Gender);

    write('Please enter person Height: ');
    readln(s.Height);

    count:= count+1;
    SetLength(names,count);  //resize array

    names[count-1].Name:=s.Name;
    names[count-1].Age:=s.Age;
    names[count-1].Gender:=s.Gender;
    names[count-1].Height:=s.Height;

    writeln(s.Name+' Now added to list');
end;

procedure TNames.delete; // delete an entry at a specified location
var
    i,x:integer;
begin
    write('Wish item do you wish to remove from list?. Please enter number');
    readln(i);
    for x:=i to count do begin
        names[x].Name:=names[x+1].Name;
        names[x].Age:=names[x+1].Age;
        names[x].Gender:=names[x+1].Gender;
        names[x].Height:=names[x+1].Height;
    end;

    count:=count-1;
    SetLength(names,count);  //resize array
end;

procedure TNames.displayNames; // display the list
var
    x : integer;
begin
    ClrScr;
    for x :=1 to count-1 do
    writeln(x,' - ',names[x].Name,' Age:',names[x].Age,' Gender:'+names[x].Gender+'

            Height:'+names[x].Height);
end;

procedure TNames.savedata;
var
    f : file of TPerson;
    I: Integer;
begin
    {$i-}
    AssignFile(f, 'person.dat'); // Link file variable (f) with physical file (FileName)

    Rewrite(f); // Rewrite opens a file f for writing
```

```pascal
      {$i+}
      try
      For I:=1 to count do
        BlockWrite(f,names[I], SizeOf(names[I])); // Writes data block names[I] to file f

      finally
        CloseFile(f);
      end;
  end;

procedure TNames.loaddata;
var
   f : file of TPerson;
   I: Integer;
begin
   I:=1;
   FillChar(names,sizeof(names), #0);
   SetLength(names,count);
   {$i-}
   AssignFile(f, 'person.dat'); // Link file variable (f) with physical file (FileName)
   Reset(f); // Opens file f for reading
   {$i+}
   try
      while not eof(f) do
      begin
         BlockRead(f,names[I], SizeOf(names[I]));  // Reads from file f block of data into names[I]
         count:=I;
         I:=I+1;
      end;
      finally
         CloseFile(f);
      end;
  end;

var
   Names1:TNames;
   Selection: Char;

begin
   Names1:=TNames.Create;
   Names1.initial;
   if ParamStr(1) <> '' then Names1.loaddata;

   repeat
      writeln;
      writeln('Pascal Contact Diary. What would you like to do?');
      writeln('1 - Display list...');
      writeln('2 - Sort the list...');
      writeln('3 - Insert a new person...');
      writeln('4 - Add a new person...');
      writeln('5 - Delete a person from the list...');
      writeln('6 - Save changes...');
      writeln('7 - Load person data details...');
      writeln('x - exit the program...');
      write('Please enter your selection...');
      readln(Selection);
```

```
    case Selection of
      '1': Names1.displayNames;
      '2': Names1.sort;
      '3': Names1.insert;
      '4': Names1.add;
      '5': Names1.delete;
      '6': Names1.savedata;
      '7': Names1.loaddata;
      'x': // do nothing
      else
         writeln('Wrong entry!');
    end;
    if (Selection <> '1') AND (Selection <> 'x') And (Selection <> 'X') Then
       Names1.displayNames;
  until (Selection = 'x') Or (Selection = 'X');

  Names1.Free;
end.
```

Como fue mencionado antes, discutiremos el manejo de archvos en el capítulo 17. Sin embargo, hay una cantidad de cosas interesantes que valen la pena destacar:

a/ Nota

```
type
        TPerson = record
        Name: string[20];
        Age:Integer;
        Gender:string[10];
        Height: string[10];
    end;
```

tenemos que emendar nuestras variables de cadena para tener un valor máximo predefinido. Esto se debe a que las Cadenas en Free Pascal son apuntadores. Son válidas en un registro, pero no en un registro usado con **File Of**. (si esto fuera permitido, estarías solo escribiendo un apuntador que probablemente apuntaría a una dirección inválida cuando lo leas de nuevo).

Para que puedan ser utilizadas cadenas en un registro que será escrito en un archivo, necesitas especificar el (máximo) número de bytes en la cadena.

b/ Dos métodos adicionales fueron agregados a la clase para manejar el guardado y cargado de los datos desde y hacia el disco. El nombre del archivo es **person.bat** y es en un formato binario.

c/ Nota que necesitamos agregar **FillChar(names,sizeof(names), #0);** esto se debe a que al usar *SetLength* es asignado nulo a un arreglo dinámico que automáticamente libera la memoria que el apuntador está referenciando. Esto tiende a tener un efecto secundario cuando cargamos los datos desde el disco. Para superar esto debemos iniciar el apuntador de referencia.

savedata

```
AssignFile(f, 'person.dat'); // Link file variable (f) with physical
file (FileName)
Rewrite(f); // Rewrite opens a file f for writing
loop and
        BlockWrite(f,names[I], SizeOf(names[I]));
CloseFile(f);
```

loaddata

```
AssignFile(f, 'person.dat'); // Link file variable (f) with physical
file (FileName)
Reset(f); // Opens file f for reading
loop and
        BlockRead(f,names[I], SizeOf(names[I])); // Reads from file f
block of data into names[I]
CloseFile(f);
```

Como puedes ver solo fueron necesarias un par de líneas para guardar y cargar los datos. Normalmente la salida debe lucir de la siguiente manera:

Palabras reservadas en Free Pascal

Las declaraciones en Pascal son diseñadas con algunas palabras específicas de Pascal, las cuales son llamadas 'palabras reservadas'. Por ejemplo, las palabras *'program'*, *'input'*, *'output'*, *'var'*, *'real'*, *'begin'*, *'readline'*, *'writeline'* y *'end'* son todas palabras reservadas. A continuación se muestra una lista de las palabras reservadas en Free Pascal.

and	array	begin	case	const
div	do	downto	else	end
file	for	function	goto	if

97

in	label	mod	nil	not
of	or	packed	procedure	program
record	repeat	set	then	to
type	until	var	while	with

`d` `l` `y` *Cosas para probar*

1/ Modifica el programa **DayInWords** para que solo acepte –como palabra de entrada del segundo parámetro- *'Full'* o *'part'* sin ser sensibles a mayúsculas y minúsculas.

2/ Modifica **NameList2** para organizar la lista en orden descendiente.

3/ Escribe tu propio programa de lista registro-arreglo que liste algunos artículos de compra y ciclos de precios y que pida al usuario seleccionar un artículo para comprar, manteniendo un total acumulado. Cuando el usuario termine, serán mostrados sus artículos seleccionados con un costo total final.

4/ Modifica tu programa para introducir nuevos clientes, introducir sus listas de compras y guardar los resultados.

5/ Modifica tu programa para dar una opción de mostrar un reporte con información resumida, es decir, que liste el nombre del cliente y el total que él o ella gastó, o que escriba una lista de resumen detallada de un cliente y los artículos comprados.

7 Principios básicos de POO

Antes de entrar en territorio de GUI, debemos echar un vistazo a algunos principios básicos de POO. Hasta ahora hemos visto estructuras de clases muy básicas con sus datos y métodos, sin embargo, existe mucho más acerca de la POO que eso. A pesar de que dar una cobertura completa de todos los aspectos de DOO y POO se encuentran fuera del ámbito de este libro, valdría la pena agregar a tus conocimientos un par de conceptos más acerca de POO.

Como fue mencionado antes, POO es una evolución natural de técnicas de programación estructurada. Un 'objeto' es un tipo de datos abstracto con la adición de *polimorfismo* y *herencia*. A diferencia de los programas estructurados como código y datos, un sistema orientado a objetos integra los dos, usando el concepto de 'objeto'. Un objeto tiene estado (datos) y comportamiento (código).

Los objetivos principales de POO son:
1. Mayor comprensión.
2. Facilidad de manutención.
3. Facilidad de evolución.

Mayor comprensión– en vez de hablar acerca de tablas de bases de datos y estructuras de programas, lo que hace que la brecha semántica entre desarrollador y usuario se amplíe. Modelos de objetos del dominio de la aplicación, dominio, modelado de cosas con las que el usuario se encuentra más familiarizado.

Facilidad de manutención – esto se consigue a través de *encapsulamiento* y *ocultación de información*. Una de las fuentes más comunes de errores en los programas es cuando una parte del sistema interfiere accidentalmente con otra parte.

Debería estar familiarizado hasta ahora con encapsulamiento, ocultación de información, instancias (objetos), tipos de clases y métodos. Sin embargo, POO también utiliza técnicas como *polimorfismo* y *herencia*. ¿Qué es polimorfismo y herencia y cómo está soportado en Free Pascal?

Herencia

Primero veremos clases sin herencia. Considera las siguientes cuatro clases

Las cuatros clases arriba pueden tener diversos métodos diferentes de cada una, sin embargo, existen dos métodos en común entre ellas, los cuales son *'rotate'* y *'play sound'*. Esto representa un código duplicado que tendrá que ser mantenido.

La herencia incluye la técnica de buscar cosas que son comunes en las clases y retirarlas para colocarlas en una nueva clase. Creas una nueva, superclase y conviertes las cuatro clases originales en subclases de la misma. De esta manera, las otras cuatro clases pueden heredar las características de su superclase y *sobrescribir/sobrecargar (override / overload)* los métodos para sus requerimientos específicos.

De esta manera, ahora tenemos:

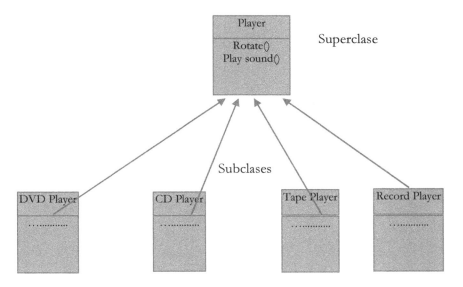

Sobrescrita de métodos

Ahora cada clase heredará los métodos **rotate** y **play sound** y sobrescribirán el código específico con su propia implementación.

¿Cómo soporta Free Pascal la Herencia?

Las definiciones de clase de Pascal pueden heredar, de manera opcional, desde una definición de la clase padre. La sintaxis es como se muestra a continuación:

```
type
        subClass = class(superclass)
                <members>
```

El siguiente ejemplo proporciona una clase *Tape*, la cual hereda la clase *Player* y agrega más funcionalidad basada en los requerimientos.

Escribe, compila y ejecuta el siguiente programa:

```
program Inheritance;

{$mode objfpc}{$H+}
```

```
type
  Player = Class
  protected
    model : String;
    price: real;
  public
    constructor Create(m : String; p: real); //default constructor
    procedure setmodel(m : String); //sets model for a player
    function getmodel() : String; //retrieves model
    procedure setPrice(p : real); //sets price for a player
    function getPrice() : real; //retrieves price
    procedure Display(); virtual; // display details of a player
end;
(* Creating a derived class *)

type
  Tape = Class(Player)
  private
    manufacture: String;
  public
    constructor Create(m: String); overload;
    constructor Create(f: String; m: String; p: real); overload;
    procedure setmanufacture(f: String); // sets manufacture for a player
    function getmanufacture(): String; // retrieves manufacture name
    procedure Display(); override;
end;
var
  p1, p2: Tape;
//default constructor
constructor Player.Create(m : String; p: real);
begin
  model := m;
  price := p;
end;

procedure Player.setmodel(m : String); //sets model for a player
begin
  model := m;
end;

function Player.getmodel() : String; //retrieves model
begin
  getmodel := model;
end;

procedure Player.setPrice(p : real); //sets price for a player
begin
  price := p;
end;

function Player.getPrice() : real; //retrieves price
begin
  getPrice:= price;
end;

procedure Player.Display();
```

```pascal
begin
  writeln('model: ', model);
  writeln('Price: ', price);
end;

(* Now the derived class methods  *)
constructor Tape.Create(m: String);
begin
  inherited Create(m, 0.0);
  manufacture:= ' ';
end;

constructor Tape.Create(f: String; m: String; p: real);
begin
  inherited Create(m, p);
  manufacture:= f;
end;

procedure Tape.setmanufacture(f : String); //sets manufacture for a player
begin
  manufacture := f;
end;

function Tape.getmanufacture() : String; //retrieves manufacture
begin
  getmanufacture := manufacture;
end;

procedure Tape.Display();
begin
  writeln('model: ', model);
  writeln('Price: ', price:5:2);
  writeln('manufacture: ', manufacture);
end;
begin
  p1 := Tape.Create('Sony VCR');
  p2 := Tape.Create('Tashiba','DVR20 DVD-VCR', 437.75);
  p1.setmanufacture('Sony');
  p1.setPrice(475.99);
  p1.Display;
  p2.Display;
  p1.Free;
  p2.Free;
end.
```

La salida debía ser la pantalla que se muestra a continuación:

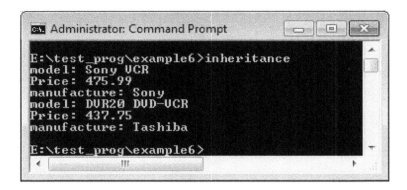

```
E:\test_prog\example6>inheritance
model: Sony UCR
Price: 475.99
manufacture: Sony
model: DUR20 DVD-UCR
Price: 437.75
manufacture: Tashiba

E:\test_prog\example6>
```

Existen varios puntos que valen la pena destacar:

1. Los métodos de la clase *Player* tienen visibilidad **protegida**, lo que significa que cualquier subclase puede ver todos los métodos que hereda desde una superclase, aunque se encuentre protegida.

2. La clase *Tape* posee dos constructores, por lo que la **sobrecarga** de operador es utilizada para la función **sobrecargar.** Sus parámetros de entrada deben ser diferentes, para que el compilador pueda distinguir cuál de ellos está siendo llamado.

3. El procedimiento *Player.Display* se ha declarado **virtual,** de manera que el mismo método, desde la clase *Tape,* puede **sobrescribirlo.**

4. El constructor *Tape.Create* llama al constructor superclase utilizando la palabra clave **inherited.**

Sobrecarga vs. Sobreescritura

*   La sobrecarga es cuando defines dos métodos con el mismo nombre en la misma clase, distinguiéndolos por su firma (es decir, el número de entradas de parámetro debe ser diferente).
    La clase *Tape* tiene dos constructores pero con diferentes cuentas de parámetros.

*   La sobreescritura es cuando redefines un método que ya ha sido

definido en la superclase (usando la misma firma). En Free Pascal declaras tal como un procedimiento virtual, lo cual luego permite la sobreescritura.

- La sobrecarga se resuelve en tiempo de compilación.

- La sobreescritura se resuelve en tiempo de ejecución (basado en el tipo de parámetro implícito de primer orden).

Herencia múltiple

Como el término sugiere, la herencia múltiple es cuando una subclase hereda desde más que una superclase.

A diferencia de otros lenguajes, como C++, Free Pascal no soporta herencia múltiple. Sin embargo, en vez de eso, Free Pascal hace uso de interfaces. Esta es una manera alternativa bastante efectiva de implementar herencias múltiples. Una explicación más pormenorizada sobre las herencias múltiples se encuentra fuera del ámbito de este libro.

Polimorfismo

Esta es otra técnica de POO de la que necesitas estar consciente. Las herencias múltiples —buenas como lo son- son solo el principio. Para explotar el polimorfismo necesitamos un mecanismo de interfaz, y uno que soporta Free Pascal muy bien es —sí, ¡has adivinado!- declaraciones de interfaz.

Por ejemplo:

```
type
    ITestInterface = interface
        [STestInterface]
        procedure DoSomething;
        procedure DoItAll;
    end;
```

Todos sus métodos son virtuales.

Para ir más allá de simples herencias, necesitamos flexibilidad y extensibilidad. Solo podemos obtener estas a través del diseño y codificación de una especificación de la interfaz. El concepto de polimorfismo es cuando la misma función puede ser usada para diferentes propósitos. Por ejemplo, la función nombre permanecerá la misma, pero puede tomar diferentes números de argumentos y/o puede realizar diferentes tareas. Cabe destacar que las 'clases' de Free Pascal implementan polimorfismo. Los 'Objetos' por su lado, no lo implementan.

Sería correcto decir que el polimorfismo es tal vez la piedra angular de la programación orientada a objetos (POO). Sin el polimorfismo, POO solo tendría encapsulamiento y herencia — *buckets* de datos y familias jerárquicas de *buckets* de datos — pero no tendría manera de manipular uniformemente objetos relacionados.

El polimorfismo es la clave para apalancar tus inversiones de programación, para permitir a una cantidad relativamente pequeña del código manejar una amplia variedad de comportamientos, sin necesidad de conocimientos complejos sobre los detalles de implementación de esos comportamientos.

Considera lo siguiente:

El polimorfismo permite '*enlace dinámico*', en otras palabras, la dirección del método llamado es determinada en tiempo de ejecución. El procedimiento normal y las funciones utilizan '*enlace estático*' donde el compilador determina la dirección de la memoria.

Una instancia de la *clase* **MotorVehicle** puede ser, en tiempo de ejecución, del tipo **TMotorVehicle** o **TmotorCycle**.
Al declarar métodos virtuales, en tiempo de ejecución, el método puede ser sobrescrito.

```
type
    TMotorVehicle =class;
 Public
    Function Starten : Boolean; Virtual;
end;

type
    TMotorCycle =class(TMotorVehicle);
    Public
        function Starten : Boolean;Override;
end;
```

MyVehicle puede ser del tipo **TMotorVehicle** o **TMotorCycle**. La palabra clave **virtual** permite la sobreescritura del método **Starten** cuando **MyMotorVehicle** es del tipo **TMotorCycle** de manera que la función *Starten* es llamada desde **TMotorCycle**. Podemos concluir que **MyVehicle.Starten** es compatible con todas las futuras subclases de **TMotorVehicle**.

Haremos una pausa aquí, por ahora

¡Buen trabajo! Has llegado hasta este punto y has cubierto los principios básicos de POO.

Volveremos a POO con más detalle en el capítulo 10, pero ahora veamos IDE de Lazarus.

8 IDE de Lazarus

En este capítulo introduciremos un par de maneras novedosas de interactuar con tu programa. Hasta ahora, habíamos utilizado la ventana de comandos.

El resto del libro se centrará en desarrollar aplicaciones usando el Entorno de Desarrollo Integrado (IDE) de Lazarus. Tal vez recuerdes que en el capítulo 2 mencionamos que Lazarus es una multiplataforma libre, y un entorno de desarrollo integrado (IDE) visual para el desarrollo rápido de aplicaciones (RAD) que utiliza un compilador Free Pascal. Aquí veremos otros métodos de interactuar con la computadora.

Los ejemplos en este libro continuarán a ser ejecutados en el sistema operativo Windows, pero deberían funcionar igual de bien en sistemas alternativos como Linux, MAC, FreeBSD, Raspberry Pi o cualquier sistema operativo basado en UNIX.

Se supone que ya has instalado Lazarus, pero si aún no lo has hecho aquí está una pequeña recapitulación.

Instalación

Para todas las instalaciones, dirígete a la página web de Lazarus:
http://www.lazarus.freepascal.org

Linux
Será presupuesto que sabes cómo navegar tu sistema operativo, así como copiar y pegar archivos desde ubicación de carpeta hasta otra.

Dependiendo de qué distribución de Linux has instalado, descarga cualquiera (.deb o .rpm) de los siguientes tres archivos:

1. lazarus-1.2.2.0.i686.rpm
2. fpc-src-2.6.4-140420.i686.rpm
3. fpc-2.6.4-1.i686.rpm

Nota que los números pueden ser diferentes. Esta es la última versión hasta el 24 de abril de 2014.

Antes de comenzar con la instalación, por favor nota que Free Pascal y Lazarus requieren que GNU esté presente en tu sistema Linux, así como el ensamblador GNU y el enlazador GNU o GNU Id.

Los GTK+2.x o Qt son requeridos por Lazarus. La mayoría de los sistemas Linux vienen con ellos ya instalados. Sin embargo, puedes descargarlos e instalarlos desde
http://www.gtk.org.

Ahora, para que puedas comenzar con el proceso de instalación, debes poseer acceso de superusuario.

Una vez que hayas descargados los archivos, crea un directorio dentro de tu carpeta de inicio (home), llámalo **mylaz** y copia o mueve los tres ficheros hacia la carpeta.

Ahora realiza lo siguiente:

1. Lanza una sesión de terminal y digita *ls* – esto debería listar los archivos y directorios en tu directorio de inicio. Deberías ver el directorio **mylaz.**
2. Digita **cd mylaz** y presiona intro.
3. Digita *su* y cuando solicite una contraseña, introduce la contraseña **root**
4. Digita **rpm -Uvh fpc-2.6.4-1.i686.rpm** Primero instala el paquete Free Pascal.
5. Digita **rpm -Uvh fpc-src-2.6.4-140420.i686.rpm** Seguidamente instala el paquete de código fuente de Free Pascal.
6. Digita **rpm -Uvh fpc-2.6.4-1.i686.rpm** Finalmente instala el paquete Lazarus IDE.

Ahora que has instalado satisfactoriamente los tres paquetes, puedes comprobar si se inicia Lazarus IDE.

Nota: cuando instales los paquetes *.deb* sigue la técnica para **.rpm** excepto que remplazas rpm *-Uvh* con **dpkg -i <package name>**

Windows
Para instalar con Windows. Ve a la página Web de Lazarus:
http://www.lazarus.freepascal.org.
Haz clic en el botón *descargar ahora* en el lado derecho de la pantalla. Esto seleccionará la versión más reciente y – dependiendo de dónde esté tu sistema operativo (32bit o 64bit) – descargará la correcta. Una vez descargado, haz clic en el ejecutable y sigue las instrucciones en pantalla.

Mac OS X
Descarga los tres archivos ejecutables que se encuentran en las imágenes *dmg* e instala en el mismo orden que los *rpm*.

Configuración de tu entorno de Lazarus

Una vez que hayas instalado satisfactoriamente Lazarus y Free Pascal, puede ser necesario configurar tu entorno.

En Linux, una configuración típica sería como se muestra a continuación:

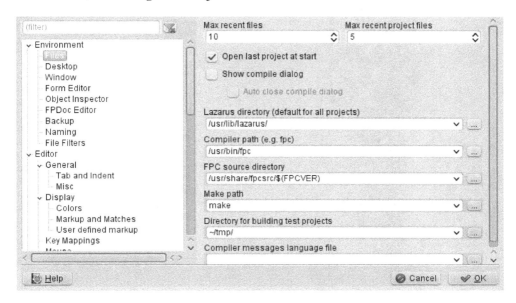

En Windows debería ser semejante a la imagen que se muestra a continuación:

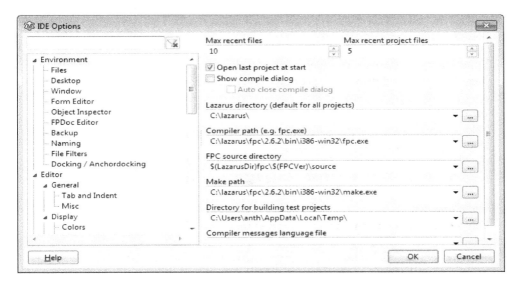

Configurando tu entorno de trabajo

Una de las cosas que los principiantes pueden encontrar complicado es la cantidad de paneles flotantes. Surgirán panales que parecen estar ubicados de manera aleatoria en la pantalla. Un arreglo típico puede ser parecido al que se muestra a continuación:

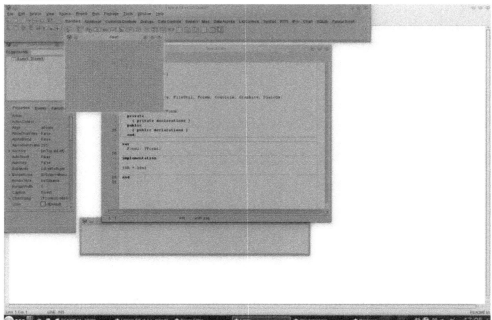

Esquema de ventana predefinido de Lazarus luego de la instalación – captura de pantalla de opensuse 13.1

Sin embargo, Lazarus soporta el reajuste de los paneles. Todo excepto, desde luego, la forma del diseño de ventanas. Para ajustar los paneles haz lo siguiente:

en Linux/mac
Selecciona la opción llamada *package* en el menú principal y
selecciona **open package file (.lpk)**
desplázate hasta ***/usr/lib/lazarus/components/anchordocking/design/***
y selecciona el archivo ***anchordockingdsgn.lpk*** y luego selecciona abrir.

en Windows
Selecciona la opción llamada *package* en el menú principal y
selecciona **open package file (.lpk)**
desplázate hasta ***C:\lazarus\components\anchordocking\design***
selecciona el archivo ***anchordockingdsgn.lpk*** y luego selecciona abrir.

Aparecerá una ventana como la que se muestra a continuación. En la ventana de mensaje de solicitud emergente, selecciona *Use*, luego *install,* luego *ok* y por último haz clic en *yes* en la siguiente ventana emergente que requiere la confirmación de tu deseo de *reconstruir lazarus.*

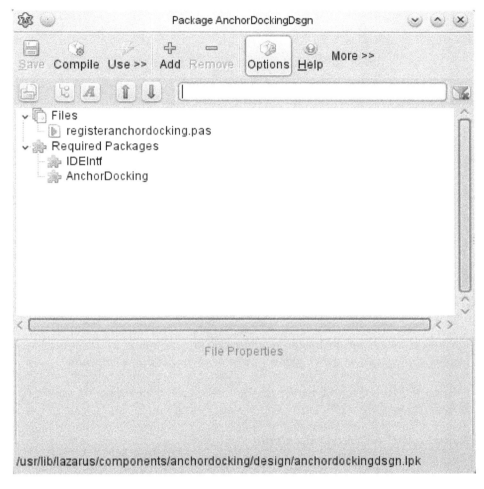

Una vez que Lazarus está reconstruido (lo que puede llevar un poco de tiempo) puede que tengas que cerrar y volver a ejecutar Lazarus, si los panales no aparecen ajustados.

Los otros paneles pueden ser ajustados manualmente arrastrándolos donde deseas que estén. El *object inspector* puede que necesite ser ajustado manualmente. Con miras a los restantes capítulos en este libro, recomendamos la siguiente configuración de ajuste.

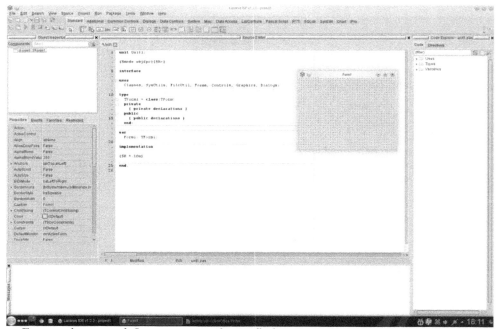

Esquema de ventana de Lazarus– captura de pantalla de opensuse 13.1

Una vez que estés satisfecho con tu configuración, tus configuraciones necesitan ser guardadas. Esto se puede lograr simplemente haciendo lo siguiente:

Selecciona *Tools* desde el menú principal y luego selecciona *Save window layout as default.*

Lazarus IDE – un recorrido rápido

Será asumido que has establecido tus ventanas como se muestra arriba, en la figura de esquema de ventana de Lazarus. El esquema de ventanas mostrado arriba consta básicamente de siete partes, que son:

La ventana *Source Editor*
La ventana *Object Inspector*
La ventana *Code Explorer* (en Windows se llama *Code Browser*)
La ventana *Message*
El *Menú Principal*

El Panel **LCL Palatte** (LCL significa *Lazarus Component Library*)
La ventana **Form design**

La ventana **Source Editor**

Como el nombre sugiere, aquí es donde editas tu código fuente. Este editor es mucho más sofisticado que el editor de Bloc de Notas que usamos para nuestro programa de líneas de comando. La ventana del editor contiene una pestaña para cada unidad de código fuente abierta. A diferencia del bloc de notas, donde solo podías editar un código fuente a la vez, el editor fuente incluye características como:

Resaltador de códigos – que ayuda a la legibilidad
autocompletado de códigos – útil para ver cuáles son las propiedades disponibles. ¡Caído del cielo para los nuevos programadores!
Refactorización – ayuda en la mejora del diseño de tu programa.

Al hacer clic derecho con el ratón abrirás un menú emergente para seleccionar opciones específicas para aquella unidad, opciones como código de fuentes completos – refactorización, - depuración, y más.

La ventana **Object Inspector**

Esta ventana está vinculada a la ventana *Form design*. El *object inspector* está dividido en dos secciones: la ventana *component tree* y la venta de *propierties*. Cuando un componente gráfico es colocado en la ventana de formulario puedes editar sus propiedades desde la ventana de propiedades del inspector de objeto. Puedes editar tales características como el tamaño del componente, color, fuente, etc. El árbol de componentes te permite seleccionar rápida y fácilmente cualquier componente, incluyendo una ventana de editor de formulario diferente, desde tu proyecto.

La ventana **Code Explorer**

Lo que el *object inspector* es para la ventana *form editor*, es lo que la ventana de **code explorer** es para la ventana *Source Editor*. El explorador de código te permite identificar rápidamente el esquema básico de tu código. También te permite navegar fácilmente (haciendo doble clic en un elemento de árbol) en cualquier sección del código de declaraciones. También te permite identificar relaciones padre-hijo de tus clases, componentes, miembros de métodos, etc.

La ventana **Message**

Cada vez que compiles, construyas o ejecutes tu programa desde dentro del IDE Lazarus, serán enviados mensajes a esta ventana (generalmente son mensajes de progreso conjuntamente con algún mensaje de error de compilación).

El *Menú Principal*

Como el nombre sugiere, aquí será donde puedas acceder a la mayoría de las características de Lazarus, desde cargar proyectos, unidades, paquetes, guardar proyectos, crear nuevos proyectos, unidades, acceder a las propiedades del entorno de Lazarus, y más.

El menú principal será tu primer puerto de escala. A medida que avanzamos más en los capítulos de este libro, te familiarizarás más con el menú principal.

El Panel *paleta LCL*

Aquí es donde accederás a todos tus componentes de interfaz gráfica de usuario (GUI), en donde desarrollarás tu aplicación gráfica de Interacción de Usuario. Los componentes LCL son cosas como cajas de texto, etiquetas, *dbgrid*, cajas de combinación, cajas de listado, etc. Utilizarás estos elementos en los próximos capítulos.

La ventana *Form design*

Por último, pero no por eso menos importante, tenemos la ventana *form design*. Estas ventanas son el sitio donde mostrarás tus talentos artísticos y creativos. La ventana *form design* te permite ubicar tus componentes LCL desde la paleta *LCL* hasta la ventana *form design*. Utilizarás estas en los próximos capítulos.

Con esto concluimos nuestro recorrido rápido por el IDE de Lazarus.

Los próximos capítulos estarán dedicados al desarrollo de aplicaciones utilizando el IDE Lazarus.

9 Una nueva visión

En este capítulo veremos cómo usar Lazarus para desarrollar aplicaciones GUI. A medida que progresamos a través de los capítulos estarás más familiarizado con el entorno y donde se relacionan unas cosas con otras. Por lo tanto, no te preocupes si al inicio parece abrumador... pronto dominarás la manera de programación de Lazarus.

Comencemos con lanzar el IDE de Lazarus. (Será asumido que cuando mencionamos Lazarus nos referimos a Lazarus con Free Pascal). Si esta es tu primera vez, te aparecerá un formulario en blanco, listo para que lo llenes. Si no, se cargará el último proyecto en el que estuviste trabajando.

Asumiendo que es un proyecto fresco y nuevo, haz lo siguiente:

1. Antes de hacer cualquier cosa, haz clic en el botón 'guardar' o (selecciona 'archivo' y luego la opción 'guardar'). Te pedirá que nombres el archivo y/o crees una nueva carpeta. Por ahora vamos a crear una nueva carpeta y guardar el proyecto en la carpeta creada. Ahora, continua y haz clic en el botón **Nueva Carpeta** y nombra la carpeta **hello,** renombra *projec1.lpi* como *hello.lpi*, haz clic en guardar y renombra *unit1* como *helloworld.pas* y por último guarda.

Ahora, si fueras a inspeccionar tu carpeta **hello** mostrará que Lazarus ha creado archivos adicionales de manera automática, estos son:

hello.ico – este es el icono predefinido de Lazarus. Puedes substituirlo con uno propio.
hello.lpi – archivo de información del proyecto de Lazarus. Este es el archivo principal que Lazarus usa para informar su información vital acerca del proyecto, cosas como – versión, delimitador de Ruta, nombre de formularios, etc.
Este archivo se encuentra en formato xml: ve el ejemplo parcial a continuación.

```
<?xml version="1.0" encoding="UTF-8"?>
<CONFIG>
  <ProjectOptions>
    <Version Value="9"/>
    <PathDelim Value="\"/>
    <General>
      <SessionStorage Value="InProjectDir"/>
      <MainUnit Value="0"/>
      <Title Value="hello"/>
      <ResourceType Value="res"/>
```

```
<UseXPManifest Value="True"/>
<Icon Value="0"/>
</General>
<i18n>
<........
```

hello.lpr – esta es la fuente principal del proyecto. Es el programa principal.
Una vez creado, por regla general no es editado para nada excepto para agregar
unidades adicionales. Este es el punto inicial de tu programa, es decir:

```
program hello;

{$mode objfpc}{$H+}

uses
 {$IFDEF UNIX}{$IFDEF UseCThreads}
 cthreads,
 {$ENDIF}{$ENDIF}
 Interfaces, // this includes the LCL widgetset
 Forms, helloworld
 { you can add units after this };

{$R *.res}

begin
 RequireDerivedFormResource := True;
 Application.Initialize;
 Application.CreateForm(TForm1, Form1);
 Application.Run;
end.
```

hello.lps – este es el archivo de información de la sesión de proyecto de
Lazarus. Contiene la información del último proyecto guardado.
hello.res – este es un archivo binario de recurso.
Helloworld.lfm – este archivo contiene toda la información acerca de todos los
componentes en la ventana de formulario *helloworld* a la que el código fuente se
refiere. La información actual sin componentes adicionales puede lucir como:

```
object Form1: TForm1
  Left = 285
  Height = 240
  Top = 134
  Width = 320
  Caption = 'Form1'
  LCLVersion = '1.2.2.3'
end
```

helloworld.pas – código fuente de Free Pascal para la ventana de formulario *helloworld*. Este contiene la definición de las clases y el código fuente de la unidad de formulario principal. Otros archivos con la extensión *.pas* pueden contener otros formularios y otros códigos fuente. Aparte de la extensión *.pas*, *.pp* también es permitida como una extensión para archivos fuentes de Free Pascal. Usualmente, esta es una mejor opción, porque previene confusiones con otros lenguajes de programación de Pascal como los archivos fuente Delphi.

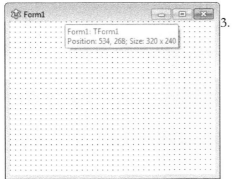

2. haz clic en el ícono de alterar Form/Unin y trae la ventana de formulario *helloworld* hasta arriba

3. Renombra el título llendo al inspector de objeto y edita las propiedades de *caption*, es decir, renombra *Form1* como *Hello*. Agrega un botón al formulario y cambia su título '*click me*!'

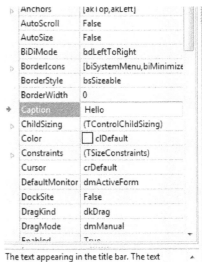

	Anchors	[akTop,akLeft]
	AutoScroll	False
	AutoSize	False
	BiDiMode	bdLeftToRight
▷	BorderIcons	[biSystemMenu,biMinimize
	BorderStyle	bsSizeable
	BorderWidth	0
→	Caption	Hello
▷	ChildSizing	(TControlChildSizing)
	Color	☐ clDefault
▷	Constraints	(TSizeConstraints)
	Cursor	crDefault
	DefaultMonitor	dmActiveForm
	DockSite	False
	DragKind	dkDrag
	DragMode	dmManual
	Enabled	True

The text appearing in the title bar. The text

Deberías tener ahora la siguiente ventana de formulario:

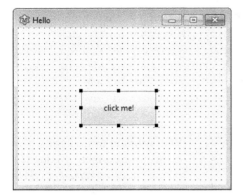

4.Ahora agregaremos algunos códigos atrás del botón, para que cuando hagas clic muestre un mensaje emergente.
Haz doble clic en el icono *'click me!'*. Esto debería llevarte al editor fuente con el evento *clic* para el botón. Es decir

```
procedure TForm1.Button1Click(Sender:
TObject);
begin

end;
```

Ahora agrega la siguiente línea entre el procedimiento *TForm1.Button1Click*

showmessage('Hello World!');

Por consiguiente deberías tener:

```
procedure TForm1.Button1Click(Sender: TObject);
begin
     showmessage('Hello World!');
end;
```

Guarda el programa. Ahora podemos hacer una prueba con nuestro formulario de programa desde el IDE Lazarus, simplemente haciendo clic en el icono de ejecutar. Hacer clic en la opción ejecutar compilará tu programa.
Nota que es mostrada información en la ventana de mensaje a medida que compila. Piensa en esta acción como si fuera parecida a digitar fpc en programas de línea de comando para compilarlos.

Una vez que tu programa está compilado, el programa ejecutable automáticamente será ejecutado mostrándote la versión ejecutada de tu programa. Haz clic en el botón **'click me!'** para ver que acontece. Deberías ver lo siguiente:

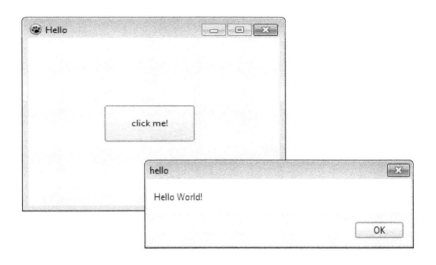

El **showmessage('<message>');** es nuestro equivalente gráfico a la línea de comando **writeln('<message>');**

Detén la ejecución del programa haciendo clic en el icono *stop*

La función **showmessage** pertenece a la unidad *Dialogs*, al ver el código fuente notamos que incluimos la unidad *Dialogs*.

Entrada en tiempo de ejecución

En nuestro programa de línea de comandos, uno de los métodos que utilizamos para introducir información en nuestro programa en tiempo de ejecución fue el comando **readln.** Aquí podemos usar una variedad de métodos de entrada de información en nuestro programa.

Realiza lo siguiente:

Edita el procedimiento de *buttonclick* para que lea:

```
procedure TForm1.Button1Click(Sender: TObject);
var
    userStr:string;
```

```
begin
   userStr := InputBox ('inputting text information ',
                        'Please type in some information',
                        'my sample text');

   showmessage(userStr);
end;
```

ejecuta el programa nuevamente haciendo clic en el botón '*click me*!'. Primero te aparecerá la siguiente ventana:

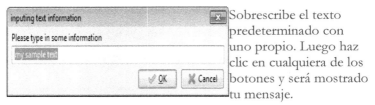

Sobrescribe el texto predeterminado con uno propio. Luego haz clic en cualquiera de los botones y será mostrado tu mensaje.

Esta caja de entrada (*ACaption,Aprompt,Adefault*) pausará la ejecución de tu programa hasta que hagas clic en uno de sus botones. En otras palabras, espera por la entrada del usuario.

Considera lo siguiente:

```
procedure TForm1.Button1Click(Sender: TObject);
var
   QryResult: boolean;
   userStr:string;
begin
   if InputQuery ('Question', 'Please type your question', TRUE,
userStr)
   then ShowMessage (userStr)
   else
   begin
     InputQuery ('Incorrect', 'Please try again', userStr);
     ShowMessage (userStr)
   end
end;
```

La función *InputQuery* es semejante a la función *inputbox* excepto que te permite comprobar la condición bajo la cual cada botón fue presionado, y también (con la operación de bandera TRUE/FALSE) dónde la caja de texto de entrada muestra la información que el usuario está digitando.

La unidad *Dialogs* tiene muchas más clases de entrada. Se recomienda que consultes el archivo de ayuda de Lazarus para descubrir otras. Puedes obtener el archivo de información resaltando primero la declaración *InputQuery* desde el editor de fuente y presionado luego la tecla de función F1 en tu teclado para luego seleccionar la primera entrada en la lista de la ventana de dialogo. Por ejemplo:

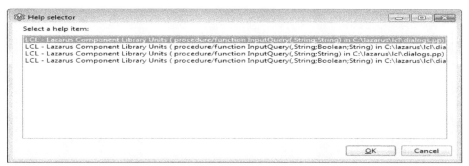

Presiona 'ok' y verás la información de ayuda. Sin embargo, en el lado derecho verás un esquema de árbol de las clases padre y así sucesivamente, es decir:

Puedes ver las otras funciones que pertenecen a la clase *Dialogs*.

Existen muchas otras maneras de colocar información en la computadora. Considera lo siguiente:

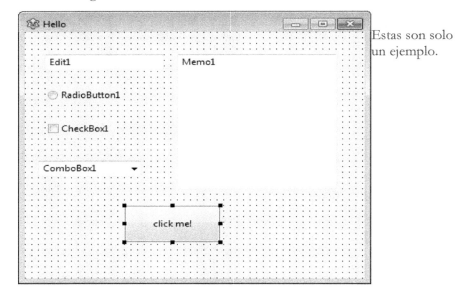

Estas son solo un ejemplo.

Salidas en tiempo de ejecución

Hasta ahora nos hemos cruzado con una salida, que es el método **sendmessage.** Pero existen otras salidas como sonido, etiquetas, gráficos, impresiones. Vamos a considerar una por ahora: el componente etiqueta (*label*).

Agrega un ícono de etiqueta y un icono de editar texto a tu formulario como se muestra a continuación:

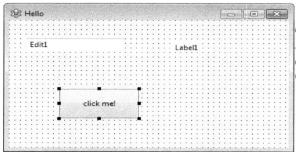

Haz clic en la caja de texto *edit1* para resaltarla. En el *Object Inspector* haz clic en la pestaña *event* y haz clic en el icono *OnChange* [...], es decir:

Esto te llevará al editor fuente con el procedimiento *edit1.onchange* listo para editar, es decir:

```
procedure
  TForm1.Edit1Change(Sender:
  TObject);
begin
```

```
end;
```

Agrega la siguiente línea:

```
        Label1.Caption:= Edit1.Text;
```

Ahora debería leerse:

```
procedure TForm1.Edit1Change(Sender: TObject);
begin
      Label1.Caption:= Edit1.Text;
end;
```

Vuelve a la vista de formulario y elimina el botón '**click Me!**' seleccionándolo y luego borrando ya sea utilizando la tecla suprimir o haciendo clic derecho con el ratón en el botón *'click Me!'* y haciendo clic en la opción *Delete*. Guarda los cambios y ejecuta el programa. Nota que puedes eliminarlo también desde el *Object Inspector* lo que removerá al mismo tiempo el método clase, pero no el código implementado.

Comienza por escribir en tu caja de texto y notarás que mostrará en la etiqueta de componentes,

Ejemplo

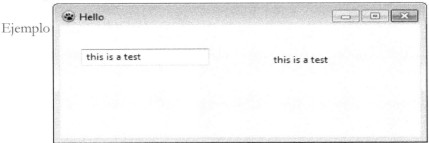

Los componentes que usamos para crear nuestro efecto visual pertenecen a la biblioteca de componentes de Lazarus (LCL). Esta es una biblioteca de componentes de software virtual para el IDE de Lazarus. Hablaremos más acerca de LCL en el capítulo 14.

Enlazar códigos a eventos

Puedes haber notado que borrar el botón '*click Me*!' no elimina el código de eventos **Button1Click.** Al inicio esto puede parecer un descuido de Lazarus, pero en realidad no lo es, y de hecho es algo bueno. La razón de que esto suceda es que puedes enlazar cualquier componente visual a un evento. Esto se torna útil si necesitas continuar con la misma tarea en varios componentes. No necesitas ni duplicar el código ni configurar un arreglo de componentes. El lado negativo es que puedes realmente querer eliminar el componente y todo el código asociado, en cuyo caso no hay otra alternativa sino hacerlo de manera manual.

Agregar más componentes

La siguiente tarea pretende que te familiarices más con el entorno y te diviertas un poco al mismo tiempo.

Lleva a cabo los siguientes pasos:

Remueve el código fuente del botón '*click Me*!' que eliminaste previamente y guarda los cambios.

Elimina este código
```
procedure TForm1.Button1Click(Sender: TObject);
var
   QryResult: boolean;
   userStr:string;
begin
   if InputQuery ('Question', 'Please type your question', TRUE,
userStr)
   then ShowMessage (userStr)
   else
   begin
     InputQuery ('Incorrect', 'Please try again', userStr);
     ShowMessage (userStr)
   end
end;
```

1. Haz clic en el menú *file* y selecciona **new form**
2. En el *object inspector*, en la pestaña de propiedades, encuentra la propiedad **Name** y cámbiale el nombre de **Form2** a **frmMessage** y guárdalo.
3. Guarda la unidad como *message.pas*
4. Cambia al editor de fuente, selecciona el código fuente '*Hello, world*' y cámbialo a su vista de formulario.

5. Agrega un botón a *Form1*, es decir:

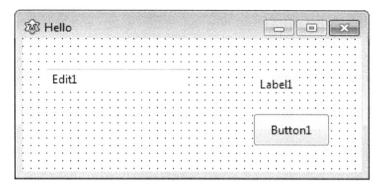

6. Vuelve a su código fuente y agrega lo siguiente:

7. Agrega un miembro de método a la clase *form* `procedure Test(Sender: Tobject)` Esto es:

```
TForm1 = class(TForm)
      Button1: TButton;
      Edit1: TEdit;
      Label1: TLabel;
      procedure Test(Sender: Tobject);   // Added line
      procedure Edit1Change(Sender: TObject);
    private
      { private declarations }
    public
      { public declarations }
    end;
```

Y enlazarlo al evento Button1 OnClick

8. Agrega una unidad de mensaje a la unidad ***helloworld*** usando *uses*, es decir:

```
      uses
  Classes, SysUtils, FileUtil, Forms, Controls, Graphics,
Dialogs, StdCtrls, message;
```

9. Implementa el método y guarda los cambios:

```
procedure TForm1.Test(Sender: TObject);
begin
     frmMessage.Show;
end;
```

10. Cambia al formulario *frmMessage*, agrega una etiqueta y a continuación edita las siguientes propiedades:

- color = clLime
- AutoSize = False
- caption = Message
- fontsize = 24
- font = showcard Gothic
- font = Bold

11. Desde la paleta LCL selecciona la pestaña *system* y agrega el componente *TTimer* en el formulario

12. Agrega cuatro botones en el formulario:
Deberías tener ahora la siguiente:

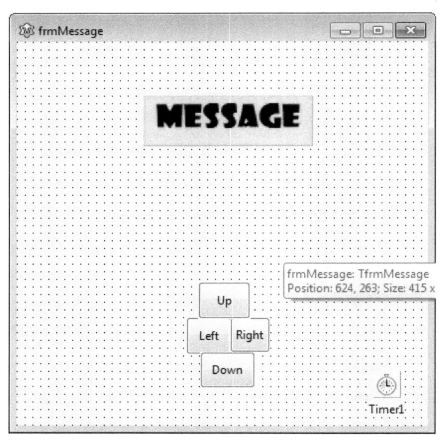

13. Dentro de la sección de interfaz debajo de la clase *form* agrega el siguiente tipo de datos de registro:

```
type
TArrowStar= Record
  ArrowLeftPressed: Boolean;
  ArrowUpPressed: Boolean;
  ArrowRightPressed: Boolean;
  ArrowDownPressed: Boolean;
end
```

14. Dentro de la clase *form* agrega el siguiente miembro de método:

```
procedure Initial;
```

Agrega esta implementación:

```
procedure TfrmMessage.Initial;
begin
     StoredShift.ArrowDownPressed:=False;
     StoredShift.ArrowLeftPressed:=False;
     StoredShift.ArrowRightPressed:=False;
     StoredShift.ArrowUpPressed:=False;
end;
```

15. Agrega la siguiente variable de interfaz `StoredShift: TarrowStar;` es decir

```
var
frmMessage: TfrmMessage;
StoredShift: TarrowStar;
```

16. Para el botón *Up* ve a sus eventos de propiedad y selecciona **OnMouseDown** [..] y agrega el siguiente código:

```
Initial;
StoredShift.ArrowUpPressed:=True;
Timer1.Enabled := true;
```

17. Para el botón *Down* **OnMouseDown** *event* agrega:

```
Initial;
StoredShift.ArrowDownPressed := True;
Timer1.Enabled := true;
```

18. Para el botón *Left* **OnMouseDown** *event* agrega:

```
Initial;
StoredShift.ArrowLeftPressed:=True;
Timer1.Enabled := true;
```

19. Para el botón *Right* **OnMouseDown** *event* agrega:

```
Initial;
    StoredShift.ArrowRightPressed:=True;
    Timer1.Enabled := true;
```

20. Ahora selecciona el temporizador en el formulario y haz clic en la propiedad de eventos *OnTimer* y agrega el siguiente código:

```
if StoredShift.ArrowDownPressed then Label1.Top:=Label1.Top+2;
    if StoredShift.ArrowUpPressed then Label1.Top:=Label1.Top-
2;
    if StoredShift.ArrowLeftPressed then
Label1.Left:=Label1.Left-2;
    if StoredShift.ArrowRightPressed then
Label1.Left:=Label1.Left+2;
```

21. Selecciona la pestaña *timer property* y cambia el intervalo (**interval**) a 100 (100 milisegundos)

22. Ahora guarda los cambios y ejecuta el programa.

Lo que encontrarás es que cuando haces clic en *button1* desde el primer formulario, el segundo formulario aparecerá encima. Al hacer clic en cualquiera de los botones, la etiqueta de mensaje será enviada en diferentes direcciones. Una vez que comienza no parará. Nota que el temporizador no se muestra en el formulario en tiempo de ejecución. Hay algunos componentes que solo son visibles en tiempo de diseño.

Los métodos **OnMouseDown** de los botones desencadenan una acción (evento) cuando el botón del ratón es presionado.

El **Timer** ejecutará su código cada 100 milisegundos.

Cosas para probar

1. En el primer *Form1* agrega una Etiqueta – renómbralo *lblHello*, cambia su título a *Hello, world*

2. Modifica los eventos *edit1 OnChange* para que se refleje todo lo que digites; esto será mostrado en *lblHello* en orden inverso.

3. Agrega un botón *onClick* que iniciaría/detendría el mensaje. (N.B. el mensaje debe estar en movimiento primero).
   (pista *Timer.Enable*).

4. Modifica el programa para que una vez que quites tu dedo de cada uno de los botones del ratón el mensaje detenga el movimiento.
   (pista *OnMouseUp* event)

10 **POO** en acción

En los capítulos anteriores hemos visto muchas de las cosas que Lazarus y Free Pascal pueden hacer. Sin embargo, solo hemos arañado la superficie –siempre muy ligeramente – en lo que se refiere a programación orientada a objetos.

En este capítulo echaremos un vistazo más profundo a las técnicas de orientación aplicada a objetos en nuestro desarrollo de aplicación.

El ejemplo '*Hello, world*' en nuestros capítulos anteriores utiliza, de hecho, técnicas OO. Cuando implementamos nuestros propios eventos *OnClick* y *OnMouseDown* estamos sobrescribiendo los métodos de clase *button* pertenecientes a la biblioteca de clases LCL.

Este capítulo se basará en la idea y volverá a examinar lo siguiente:

- Herencia de clase
- Crear subclases para reutilizar: extensión, especialización, generalización.
- Sobrescritura de métodos heredados
- Encapsulamiento
- *Visual Form Inheritance* (VFI).

En este capítulo veremos los objetos como entidades derivadas usando una de las características de RAD Lazarus llamada *Visual Form Inheritance* (VFI). En Lazarus, esto significa simplemente que los formularios pueden ser heredados de otros formularios. VFI no aplica solo a *TForm*, sino también a *TDataModule*, *TFrame* y cualquier clase de diseñador de base registrada. Así que aquí usaremos VFI para reutilizar un formulario existente, luego extenderemos sus características para permitirnos interactuar con él.

Comencemos

Usaremos VIF para crear la estructura que se muestra a continuación:

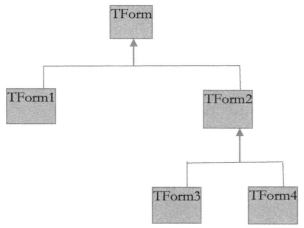

Inicia una nueva Aplicación haciendo clic en el menú principal ***Project → New Project ->Application***

Redimensiona el formulario para que sea alrededor de ¾ de tu pantalla y céntralo. Este será nuestro ***Formulario Maestro (también conocido como formulario base para subformularios).***

Necesitamos crear ahora un **Formulario base para TForm 3 y 4.** Desde el menú principal haz clic en **File** y luego **New Form.**

Ahora, desde la paleta LCL selecciona un botón estándar y agrégalo al formulario.

Ahora selecciona el botón y en la pestaña *'events properties'* haz clic en el botón *OnClick* […] y agrega la siguiente línea al *OnClick*:

showmessage('click me!' + (sender as Tbutton).Caption);

por lo tanto debías tener lo siguiente:

```
procedure TForm2.Button1Click(Sender: TObject);
begin
    showmessage('buttom' + (sender as Tbutton).Caption + ' was
clicked');
end;
```

A continuación, con referencia al diagrama anterior, tanto *TForm3* como *TForm4* heredarán este método de *TForm2.*. El parámetro de envío será usado para identificar el título del botón presionado.

Para crear *TForm3* selecciona **new** desde el menú principal… debería aparecer lo siguiente:

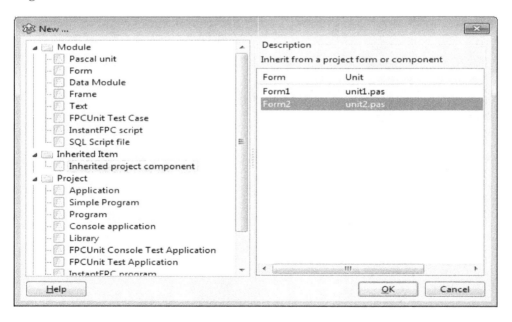

Selecciona desde el panel izquierdo *Inherited project component* y luego desde el panel derecho selecciona *Form2,* luego haz clic en *ok.*

Al hacer clic en el botón 'ok', *unit3* y un tercer formulario son añadidos al proyecto. *Form2* es el componente base para *Form3*, por lo que *Form3* será derivado de *TForm2*, mientras que *Form1* y *Form2* son formularios derivados de *TForm*. Al observar la fuente a continuación puedes notar que para que *unit2* utilice cualquiera de los atributos de *unit2* (propiedades y métodos) tiene que incluirlos en la interfaz, es decir, declaración *uses ...,Unit2.*

```
unit Unit3;

{$mode objfpc}{$H+}

interface

uses
  Classes, SysUtils, FileUtil, Forms, Controls, Graphics, Dialogs,
Unit2;

type
  TForm3 = class(TForm2)
  private
    { private declarations }
  public
    { public declarations }
  end;

var
  Form3: TForm3;

implementation

{$R *.lfm}

end.
```

En el *object inspector* cambia el título de propiedad de botón para leer '*From3Btn*'.

Ahora crearemos otro formulario heredado basado en *TForm2*, por lo tanto, desde el menú principal selecciona *New...* luego desde la ventana emergente selecciona en el panel izquierdo *Inherited project component*, luego desde el panel derecho selecciona *TForm2* y luego presiona *ok.*

Aparecerá ahora *Form4,* la cual heredará también todos los atributos de *TForm2.*
Form3 y *Form4*, al ser formularios heredados que fueron creados usando características de Lazarus RAD, heredarán también todos los valores predeterminados de *TForm2*.

Recuerda editar los títulos *Form3* y *Form4* para reflejar el título correcto del formulario. Actualmente están diciendo *form2*.

Ahora tenemos una estructura heredada parecida a la que fue mostrada en el diagrama anterior. Sin embargo, tal y como está, la estructura hace muy poco. Necesitamos mostrar *Form3* y *Form4* desde *Form1*.

También deberíamos actualizar nuestro diagrama para reflejar este comportamiento.

Nota el Comportamiento y qué lo acciona.

también la Herencia y desde dónde ocurre

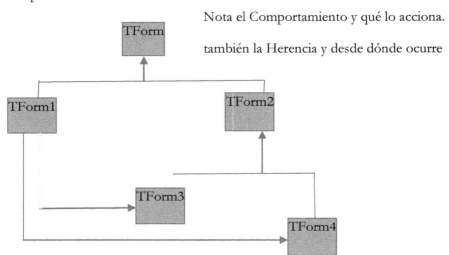

Para lograr este cambio de comportamiento debemos realizar los siguiente: desde *source editor* selecciona **unit1** y **toggle** en su pantalla de diseño de formulario y agrega un botón a **Form1.** Agrega un evento *OnClick* y adiciona las declaraciones **orm3.Show;** y **Form4.Show;** Antes de poder utilizarlos, necesitamos incluir *Form1*, por lo tanto, agrega *unit3* y *unit4* a la declaración **use** en la interfaz, es decir, **use unit3, unit4;**

Por lo tanto, deberías tener algo parecido al código *unit1* que se muestra a continuación:

```
unit Unit1;

{$mode objfpc}{$H+}

interface

uses
    Classes, SysUtils, FileUtil, Forms, Controls, Graphics,
Dialogs, StdCtrls, Unit3, Unit4;

type

  { TForm1 }
```

```
TForm1 = class(TForm)
  Button1: TButton;
  procedure Button1Click(Sender: TObject);
private
  { private declarations }
public
  { public declarations }
end;

var
  Form1: TForm1;

implementation

{$R *.lfm}

{ TForm1 }

procedure TForm1.Button1Click(Sender: TObject);
begin
  Form3.Show;
  Form4.Show;
end;

end.
```

Guarda los cambios y ejecuta el programa. Deberías ver *form1* representado con un botón. Haz clic en el botón que debería hacer que *Form3* y *Form4* aparezcan con un botón en cada formulario pero con diferentes títulos.

Al hacer clic en el botón de *Form3* y luego *Form4* debería ser llamado el mensaje heredado de *Form2*, mostrando un mensaje que identifique el formulario de llamada.

Nota que al haber heredado las propiedades y métodos de *Form2*, *Form3* y *Form4* no necesitan tener ningún código para sus botones **OnClick**.

Form3 y *4* no han implementado aún ninguno de sus métodos o datos propios. Todo lo que hemos alcanzado hasta ahora es para demostrar cómo se consigue la Herencia y la comunicación entre clases usando características Lazarus RAD VFI. Así que VFI es una ilustración útil de orientación a objetos, herencia y la manera en que la subclasificación puede promover el reúso.

Extensión de las subclases

Hasta ahora las subclases han estado utilizando los métodos de la clase base para su funcionalidad.

La siguiente tarea para nosotros es ampliar las subclases, agregando características propias adicionalmente a aquellas que han heredado.

Agregar un *togglebutton* a *Form3* y una declaración **OnClick** como a continuación:

```
if ToggleBox1.Checked then Form4.Top:=10;
```

Acuérdate de incluir *use ...,Unit4;*

Form3 ahora ha extendido sus características al agregar componentes y código específico para *Form3* junto con los atributos heredados de *Form2*. Solemos referirnos a esto como especialización.

¿Qué hacer si queremos sobrescribir la implementación *OnClick* heredada?

Sobrescribir métodos heredados

A menudo, cuando empleamos herencias conjuntamente con la extensión de las características de la nueva clase, necesitamos cambiar la funcionalidad de algunos o todos los métodos heredados. Podemos hacer esto sobrescribiendo el método.

En Lazarus llevamos a cabo lo siguiente, por ejemplo:

Paso 1- agrega la siguiente declaración de método de clase: `procedure Button1Click(Sender: TObject);`

Paso 2 – agrega su procedimiento de implementación como se muestra a continuación:

```
procedure TForm3.Button1Click(Sender: TObject);
begin
  inherited;
  ShowMessage ('Another msg from ' + (Sender as
TButton).Caption);
end;
```

Paso 3 – Ejecuta el programa.

Puedes haber notado que cuando haces clic al botón *Form3* primero se muestra un mensaje heredado, seguido inmediatamente por el nuevo botón de mensaje específico.

Paso 4 – Comenta la línea `inherited;` y luego vuelve a ejecutar el programa, es decir

```
procedure TForm3.Button1Click(Sender: TObject);
begin
  // inherited;
  ShowMessage ('Another msg from ' + (Sender as
TButton).Caption);
end;
```

Esta vez solo se muestra el mensaje nuevo y específico y no el heredado.

La declaración **inherited;** instruye al programa para que primero ejecute el método heredado y luego la siguiente declaración. ¿Qué crees que pasará si ubicamos la declaración inherited; debajo de la declaración Showmessage(...)? Es decir:

```
procedure TForm3.Button1Click(Sender: TObject);
begin
  ShowMessage ('Another msg from ' + (Sender as
Tbutton).Caption);
  inherited;
end;
```

¡Lo has adivinado! La declaración ***ShowMessage (...)*** será ejecutada primero seguida de la declaración heredada.

◇ Unas palabras de advertencia: debemos ir con cuidado aquí, cuando modificamos superclases, porque podemos afectar subclases asociadas. Debes tener cautelosa consideración cuando modificas superclases, especialmente cuando se trabaja con polimorfismo.

 Cosas para probar
1.   Agrega algún componente a *Form4* y algunos eventos.
2.   Agrega un subformulario que herede de *Form4*.
3.   Sobrescribe alguno de los métodos heredados.

11 Usar constructores y destructores

Constructor

En el capítulo 3 nos encontramos por primera vez un constructor en nuestro **SimpleObjectPascalProgram** y su clase **THelloWorld.** Habíamos emitido un **constructor call** al escribir lo siguiente:

```
HelloWorld := THelloWorld.Create;
```

Nota que el método de clase *THello World* no tiene un método declarado llamado *Create* o *Free* (hablaremos del método *free* más adelanta). A pesar de todo, debemos llamarlo para crear una instancia de objeto para la clase. El programa **SimpleObjectPascalProgram** se encuentra reimpreso a continuación como un recordatorio.

```
program SimpleObjectPascalProgram;

{$mode objfpc}{$H+}

type
  THelloWorld = class
    procedure WriteOut;
  end;

procedure THelloWorld.WriteOut;
begin
  Writeln('Hello, World!');
end;

var
  HelloWorld: THelloWorld;   // this is an implicit pointer

begin
  HelloWorld := THelloWorld.Create;
  // constructor returns a pointer to an object of type THelloWorld
  HelloWorld.WriteOut;
  HelloWorld.Free;
   { this line deallocates the THelloWorld object pointed to by HelloWorld }
end.
```

¿A qué se debe esto? Para explicar los constructores, debemos retomar nuestra analogía del arquitecto y el plano de diseño. Vamos a volver a evaluar a que nos referimos con una clase. Como fue mencionado anteriormente, cuando declaramos una clase en nuestro código estamos creando un modelo o un plano, es decir, una plantilla para un objeto que llevará a cabo una tarea predeterminada para la clase. Escribir una clase puede ser considerado semejante a dibujar el plano de una casa. El plano especifica ciertas cosas acerca de la casa, tal como el número de habitaciones, tamaño de las habitaciones, posición de las ventanas, perspectiva del tejado, material a ser utilizado, etc.

Los dibujos del arquitecto son las especificaciones para construir la casa; **no** son la casa física en sí. De la misma manera, una clase **no** es un objeto, pero actúa como instrucciones para la computadora, indicándole información acerca del objeto.

Ya sabemos que una clase es inútil sin datos y métodos para trabajar en los datos.
Pero existe una pieza de información extra que la computadora necesita antes de poder llevar a cabo esta tarea. Esta información es cómo Crear el objeto (una instancia) de la clase. Este es el trabajo del constructor.

Un constructor es una especie de método especial que le indica a la computadora como construir la clase. Ni siempre es esencial declarar uno, pero usar un constructor garantiza que la clase es construida exactamente como se requiere. Esto es especialmente importante si van a ser creadas nuevas instancias de la clase. (Consulta tu programa *Inheritance.pas* en el capítulo 7).

Antes que volvamos al programa presentado en el capítulo 7, hay un par de puntos que valen la pena mencionar cuando estamos lidiando con constructores/destructores en Free Pascal.

- El constructor debe ser llamado *Create*.
- El destructor debe ser llamado *Destroy* y no puede tener parámetros.
- La clase constructor/destructor es llamada independientemente del uso de la clase: los constructores y destructores son llamados de cualquier manera, aún si una clase nunca se utiliza.

Ahora vamos a echar un vistazo más de cerca a los constructores en nuestro programa *Inheritance.pas* que escribimos en el capítulo 7. Aquí se encuentra listado nuevamente para mayor comodidad.

```pascal
program Inheritance;

{$mode objfpc}{$H+}

type
  Player = Class
  protected
    model : String;
    price: real;
  public
    constructor Create(m : String; p: real); //default constructor
    procedure setmodel(m : String); //sets model for a player
    function getmodel() : String; //retrieves model
    procedure setPrice(p : real); //sets price for a player
    function getPrice() : real; //retrieves price
    procedure Display(); virtual; // display details of a player
end;

(* Creating a derived class *)
type
  Tape = Class(Player)
  private
    manufacture: String;
  public
    constructor Create(m: String); overload;
    constructor Create(f: String; m: String; p: real); overload;
    procedure setmanufacture(f: String); // sets manufacture for a player
    function getmanufacture(): String; // retrieves manufacture name
    procedure Display(); override;
end;

var
  p1, p2: Tape;
//default constructor
constructor Player.Create(m : String; p: real);
begin
  model := m;
  price := p;
end;

procedure Player.setmodel(m : String); //sets model for a player
begin
  model := m;
end;

function Player.getmodel() : String; //retrieves model
begin
  getmodel := model;
end;

procedure Player.setPrice(p : real); //sets price for a player
begin
  price := p;
end;

function Player.getPrice() : real; //retrieves price
```

```
begin
  getPrice:= price;
end;

procedure Player.Display();
begin
  writeln('model: ', model);
  writeln('Price: ', price);
end;

(* Now the derived class methods  *)
constructor Tape.Create(m: String);
begin
  inherited Create(m, 0.0);
end;

constructor Tape.Create(f: String; m: String; p: real);
begin
  inherited Create(m, p);
  manufacture:= f;
end;

procedure Tape.setmanufacture(f : String); //sets manufacture for a player
begin
  manufacture := f;
end;

function Tape.getmanufacture() : String; //retrieves manufacture
begin
  getmanufacture := manufacture;
end;

procedure Tape.Display();
begin
  writeln('model: ', model);
  writeln('Price: ', price:5:2);
  writeln('manufacture: ', manufacture);
end;

begin
  p1 := Tape.Create('Sony VCR');
  p2 := Tape.Create('Tashiba','DVR20 DVD-VCR', 437.75);
  p1.setmanufacture('Sony');
  p1.setPrice(475.99);
  p1.Display;
  p2.Display;
end.
```

El programa anterior está basado en nuestro Reproductor de Música y tiene una superclase (llamada *Player*) y actualmente una subclase (llamada *Tape*). La clase *Tape* hereda los datos y métodos de la clase *Player*.

La clase *Player* tiene un constructor por defecto que acepta dos entradas: m= modelo de tipo cadena y p= precio de tipo real. La clase *player* también tiene 2 variables protegidas de modelo de tipo cadena y precio de tipo real, es decir:

```
type
   Player = Class
   protected
      model : String;
      price: real;
   public
      constructor Create(m : String; p: real); //default constructor
      …........
      …........
end;
```

El constructor de la clase *Player* implementa su método asignando su entrada *m* a la variable de clase *model* y la entrada *p* a la variable de clase *Price.*, es decir:

```
//default constructor
constructor Player.Create(m : String; p: real);
begin
   model := m;
   price := p;
end;
```

Ahora, al observar nuestra subclase *Tape* vemos que tiene una variable de datos llamada *manifacture* del tipo cadena, y que esta debe tener dos constructores. En Free Pascal decimos a la computadora que estos constructores son para sobrecargar el constructor superclase.

```
type
   Tape = Class(Player)
   private
      manufacture: String;
   public
      constructor Create(m: String); overload;
      constructor Create(f: String; m: String; p: real);
overload;
      ….
      ….
      ...
end;
```

Recuerda, el uso de Sobrecarga es cuando defines dos métodos con el mismo nombre en la misma clase, distinguido por su firma (es decir, sus números de entrada de parámetro deben ser diferentes) y que son resueltos en tiempo de compilación.

Cabe destacar que la clase *Tape* también hereda el constructor predeterminado de la clase *Player*.

Considera la implementación de los constructores de *Tape:*

```
(* Ahora los métodos de clases derivadas  *)
constructor Tape.Create(m: String);
```

```
    begin
        inherited Create(m, 0.0);
    end;
```

Nota que simplemente llamamos el constructor heredado desde la clase *Player* y le pasamos los dos parámetros esperados *m* y *p*.

Y:

```
constructor Tape.Create(f: String; m: String; p: real);
begin
    inherited Create(m, p);
    manufacture:= f;
end;
```

Esta vez volvemos a llamar el constructor heredado desde la clase *Player* y le pasamos los dos parámetros esperados, así como también asignamos un valor a la variable específica de datos *manufacture*.

En el cuerpo principal del programa podemos hacer ahora lo siguiente:

```
    p1, p2: Tape;

begin
    p1 := Tape.Create('Sony VCR');  // overloaded constructor
    p2 := Tape.Create('Tashiba','DVR20 DVD-VCR', 437.75);  // overloaded
constructor

    p1.setmanufacture('Sony');
    p1.setPrice(475.99);

    p1.Display;
    writeln;
    p2.Display;

    p1.Free;
    p2.Free;
end.
```

La salida debería ser:

```
model: Sony VCR
Price: 475.99
manufacture: Sony

model: DVR20 DVD-VCR
Price: 437.75
manufacture: Tashiba
```

Ahora llamamos al constructor heredado directamente, es decir:

```
var
    p1, p2: Tape;

begin
    p1 := Tape.Create('Sony VCR');  // overloaded constructor
```

```
    p2 := Tape.Create('MyOwnModel', 437.75);  // Inherited constructor

    p1.setmanufacture('Sony');
    p1.setPrice(475.99);

    p1.Display;
    writeln;
    p2.Display;

    p1.Free;
    p2.Free;
end.
```

La salida debería ser:

```
model: Sony VCR
Price: 475.99
manufacture: Sony

model:  MyOwnModel
Price: 437.75
manufacture:
```

Nota que *manifacture* se encuentra vacío, porque no introdujimos uno. Esta vez llamamos el constructor heredado directamente:
```
p2 := Tape.Create('MyOwnModel', 437.75);  // Inherited constructor.
```

Resumen sobre constructores
A pesar de que un **constructor** puede parecer similar a un **método**, varían de manera significativa.
Puedes haber notado que una diferencia importante es que los constructores son la primera línea de cualquier programa, si es utilizado.

Aquí hay un resumen de las diferencias entre un **constructor** y un **método.**

Tema	Constructor	Método
Propósito	Crea una instancia de una clase	Agrupa las declaraciones de Free Pascal juntas
Tipo de retorno	No retorna nada	Puede ser una función que contiene un tipo de retorno o procedimiento que no tiene un tipo de retorno
Nombre	Debe ser usado el nombre *Create* y generalmente tiene la primera letra mayúscula.	Puede ser cualquier nombre excepto nombres de clases clave. Es normal que tenga la

		primera letra mayúscula.
El compilador abastece automáticamente un constructor predeterminado	Si la clase no tiene constructor, es abastecido automáticamente un constructor 'sin argumentos'	No se aplica.
El compilador abastece automáticamente una llamada predefinida al constructor superclase	Si el constructor no llama a *Create*, es hecha un llamada 'sin argumentos' para *Create*.	No se aplica
Create	Llama al constructor de clase Padre. Si se usa, debe ser la primera línea del constructor.	Llama un método sobrescrito en la clase Padre.

En resumen, los constructores son un tipo especial de método para construir nuevas instancias de clase y esto es todo lo que deberían hacer. Para todos los otros tipos de acciones –diferentes de declaración de variables- deberías intentar utilizar 'métodos'.

Destructor

El destructor puede ser considerado lo opuesto del constructor. Libera cualquier recurso que se encuentre alocado en la instancia objeto. Generalmente, en POO, un destructor es un método que es llamado automáticamente cuando el objeto es destruido. Esto puede ocurrir bajo diversas circunstancias, como por ejemplo:
- cuando el objeto ya no es necesario y su destructor es llamado; o
- cuando es creado otro objeto cuya tiempo de vida ha terminado; o
- cuando se encuentra alocado dinámicamente y es liberado.

El objetivo principal es limpiar la memoria asignada de la instancia. Las subclases deben sobrescribir el comando '*destroy*' si quieren hacer una limpieza adicional. No debe ser implementado ningún otro destructor.

Puedes haber notado la línea: `p1.Free;` en nuestro programa de ejemplo. En Free Pascal se considera llamar directamente *Destroy* como un mala práctica de programación. Es mejor llamar el 'método' **Free,** ya que éste verificará primero si **Self** es diferente de **Nil.**

Cabe destacar que cuando implementas el destructor siempre implementas *Destroy*, nunca cambia **Free**, es decir la clase declarada como **destructor** *Destroy;* **override;**

Esto puede ser demostrado como a continuación:

Modifica la clase *Tape* para incluir la línea: **destructor** *Destroy;* **override;** esto es:

```
type
   Tape = Class(Player)
   private
      manufacture: String;
   public
      constructor Create(m: String); overload;
      constructor Create(f: String; m: String; p: real); overload;

      destructor Destroy; override;

      procedure setmanufacture(f: String); // sets manufacture for a
player
      function getmanufacture(): String; // retrieves manufacture name
      procedure Display(); override;
end;
```

Ahora, dentro de la sección de implementación agrega el siguiente código:

```
destructor Tape.Destroy;
begin
      writeln;
      writeln('I''m Freeeee!');
end;
```

A continuación, al final del cuerpo principal del programa, agrega el siguiente código:

```
   p1.Free;
   p2.Free;
```

Por lo tanto deberías tener:

```
var
   p1, p2: Tape;

begin
   p1 := Tape.Create('Sony VCR');
   p2 := Tape.Create('Tashiba','DVR20 DVD-VCR', 437.75);

   p1.setmanufacture('Sony');
   p1.setPrice(475.99);
   p1.Display;
   writeln;
   p2.Display;

   p1.Free;
   p2.Free;
```

```
end.
```

Cuando compiles y ejecutes el programa, deberías obtener la siguiente salida:

```
model: Sony VCR
Price: 475.99
manufacture: Sony

model: DVR20 DVD-VCR
Price: 437.75
manufacture: Tashiba

I'm Freeee!

I'm Freeee!
```

Incluso cuando sobrescribimos el destructor *Destroy*, lo invocamos haciendo una llama al 'método' **Free** y no llamamos *Destroy* directamente.

Nota la línea `writeln('I''m Freeeee');` porque las comillas simples (') son usadas por la declaración *writeln*, ya que necesitamos decirle que pretendemos usar las comillas simples como parte de la cadena. Por lo tanto, Free Pascal requiere que proporciones otras comilla simple (llamada un carácter de escape) para señalar esto.

⌨ *Cosas para probar*

1. Con el conocimiento obtenido del programa de línea de comando en este capítulo, vuelve a tu programa GUI *project1* y modifica *Unit3* para incluir el destructor, es decir:

```
destructor Destroy; override; // Hint this must be declared
publicly
```

- implementa el método *destroy* para mostrar el mensaje

'I'm Free' (pista: no olvides incluir la declaración heredada). Nota lo que está a ser realmente llamado.

Resumen de los capítulos 6 al 11

Free Pascal soporta tanto arreglos estáticos como arreglos dinámicos, al mismo tiempo que arreglos multidimensionales.

Un **arreglo** es un tipo que agrupa un número de variables del mismo tipo. Algunos ejemplos serían un arreglo de *char*, entero, real o cualquier otro tipo, incluyendo tipos definidos por usuarios. Diferentes tipos de variables no pueden ser agrupadas en un arreglo. Los datos contenidos en un arreglo son accedidos a través de su número de índice. Los arreglos Multidimensionales permiten mayor profundidad, pero aun así están limitados a contener solo el mismo tipo de datos. Para contener datos pertenecientes a diferentes tipos necesitamos Registros de tipos de datos.

Un Registro es un tipo que puede agrupar una cantidad de variables al mismo tiempo. Cosas como *char, entero, real* o cualquier otro tipo, incluyendo tipos definidos por usuarios o hasta otro tipo de Registro o arreglo.

Cuando usamos tipos de Arreglo y Registro juntos, obtenemos una gran funcionalidad en la capacidad para contener arreglos de conjuntos de registros, ya que los registros se consideran como tipos de datos altamente estructurados.

El objetivo principal de los programas orientados a objetos es – *incrementar la comprensión* entre el desarrollador y el usuario final, a través del enfoque en el dominio del cliente en vez de en los datos y códigos para manipularlos, lo que quiere decir, a través de la reducción de la brecha semántica entre desarrollador y usuario. Otro objetivo es – la *facilidad de manutención* a través del encapsulamiento de cada objeto en una implementación auto contenida de ocultamiento de la unidad. Esto significa que cada objeto puede ser trabajado aisladamente del resto del proyecto y que cuando se conecte de nuevo al proyecto no interferirá con ningún otro objeto en el sistema. Otro objetivo de POO es – la *Facilidad de evolución,* a través de la herencia y el polimorfismo una aplicación puede evolucionar naturalmente dentro del entorno para el cual fue creado. A medida que los requerimientos de usuario cambian con el tiempo, la herencia y el polimorfismo son ideales para soportar este crecimiento orgánico.

En el mundo que nos encontramos, las necesidades de los negocios y los requerimientos de los usuarios cambian siempre muy rápidamente. La competencia lleva a los negocios a adaptarse a los constantes cambios del ambiente. Para que los desarrolladores consigan acompañar el ritmo, necesitan herramientas rápidas y confiables que puedan soportar desarrollo de aplicaciones. Lazarus encaja muy bien en esto. Lazarus IDE es una herramienta de Desarrollo Rápido de Aplicaciones (RAD) adecuado para este escenario. Posee una comunidad amplia y energética de colaboradores. Las características de Lazarus IDE incluyen cosas como:

- Su suporte multiplataforma que influencia a los desarrolladores a dirigir sus aplicaciones a sistemas operativos Windows, Linux, Mac, dispositivos Android, Raspberry Pi, y muchos más.

- Arrastrar y soltar componentes gráficos

- Un ambiente único (o programación integrada).

- Construir en un lenguaje sólido y estable en Free Pascal.

- Cuando se desarrollan aplicaciones, Lazarus permite al desarrollador y usuarios la habilidad para replicar un prototipo frontal que cumpla los requerimientos del usuario, por lo que reduce posteriores brechas semánticas entre usuario y desarrollador a través de la validación y verificación en el momento.

- Y mucho más

Lazarus IDE soporta tanto programación estructurada como POO. Sus habilidades de POO fueron demostradas usando *Visual Form Inheritance* (VFI), mostrando como podemos sobrescribir y sobrecargar métodos. A través de la Biblioteca de Componentes de Lazarus (LCL), los usuarios obtienen una mejor interacción visual con la aplicación.

Un constructor es una clase especial de método que le indica a la computadora como construir la clase. Declarar uno no siempre es esencial, sin embargo, usar constructores garantiza que las clases serán construidas exactamente como fueron requeridas. Esto es especialmente importante si van a ser creadas nuevas instancias de la clase. El trabajo de un Constructor es crear instancias (objetos) de una clase y llevar a cabo cualquier tarea específica en el constructor.

El trabajo de un Destructor es liberar cualquier recurso alocado en el objeto, una vez que ha terminado con él.

12 Lidiar con Errores y Manejo de Excepciones

Como cualquier programador experimentado puede decirte, te sentirás impulsado a encontrar un programa que no haya tenido errores en él antes de su lanzamiento. Todos cometemos errores, y ¡los programadores no son la excepción! Cuando algo va mal, el compilador Free Pascal te lo hará saber. A veces, te dará un aviso (por ejemplo, que no has iniciado algo), otras veces arrojará un montón de mensajes de error y se negará a avanzar ¡a menos que corrijas tus errores!

Los errores pueden acontecer en una de las dos etapas. Pueden acontecer cuando intentas compilar tu programa, conocidos como errores en tiempo de compilación, o pueden acontecer al momento que el programa está ejecutando, conocidos como errores en tiempo de ejecución.

Errores en tiempo de compilación

Estos errores acontecen normalmente debido a que existe un error de sintaxis en el código. En otras palabras, alguna parte de la declaración de tu código está incorrecta.

Considera el siguiente código. Ve si puede identificar el problema antes de introducirlo en la computadora.

```
program DataFiles;
type
  StudentRecord = Record
    s_name: String;
    s_addr: string;
    s_batchcode: String;
  end;
var
  Student: StudenRecord;
  f: file of StudentRecord;
begin
  Assign(f,'students.dat');
  Rewrite(f);
```

```
Student.s_name := 'John Smith';
Student.s_addr := 'United States of America';
Student.s_batchcode := 'Computer Science's';
Write(f,Student);
Close(f);
end.
```

Hay <u>dos</u> errores de compilación en el ejemplo anterior. Ahora, sin reparar el código, compílalo (asumiré que copiaste el código exactamente como se muestra anteriormente).

Cuando compiles deberías obtener la siguiente salida.

El compilador reporta dónde encontró los errores. El primer problema (error) que reportó fue:

- **(10,25) Error Identifier not found "StudenRecord"**. Lo que esto nos indica es que en la línea 10 de nuestro código fuente, y en la columna 25 cerca del final de *StudenRecord*, el compilador no puedo encontrar la declaración para *'StudenRecord'*.
- La siguiente línea reporta el tipo de error en la misma línea, **Error in type definition**

Esto es una indicación de error de que *StudenRecord* no ha sido declarado o ha sido digitado incorrectamente.

Si verificamos el código fuente veremos que la variable **StudentRecord** ha sido declarada pero no **StudenRecord** esto es un error de tipografía, es decir, falta la *t*.

Por ahora solo corrige este error, guarda y compila.

Esta vez cuando vuelvas a compilar obtendrás el error de compilación:

```
Administrator: Command Prompt

E:\test_prog\example6>fpc datafiles.pas
Free Pascal Compiler version 2.6.4 [2014/04/18] for i386
Copyright (c) 1993-2014 by Florian Klaempfl and others
Target OS: Win32 for i386
Compiling datafiles.pas
datafiles.pas(18,45) Fatal: Syntax error, ";" expected but "identifier S" found
Fatal: Compilation aborted
Error: C:\lazarus\fpc\2.6.4\bin\i386-win32\ppc386.exe returned an error exitcode
(normal if you did not specify a source file to be compiled)

E:\test_prog\example6>
```

- **(18,45)** El compilador reporta que la línea 18, columna 45, tiene un error fatal de sintaxis. Esperaba ";" pero en cambio obtuvo S'.

Ahora si analizamos el código fuente una vez más, esta vez veremos un error típico en la columna 45: la comilla simple es utilizada por Free Pascal para delimitar literales de cadenas, si requieres que una comilla simple sea parte de tu literal de cadena, entonces debes suministrar otra comilla simple, es decir

```
Student.s_batchcode := 'Computer Science''s';
```

Los desarrolladores utilizan activamente los mensajes de errores de compilación para ayudar a depurar sus códigos fuentes de posibles errores.

Mensajes de Advertencia de Compilación

A pesar de que las advertencias del compilador no son algo lo suficientemente grave para evitar que tu programa continúe compilando, no es aconsejable que las ignores. Generalmente, las advertencias del compilador son una indicación de que algo puede ir mal en tiempo de ejecución.

Vamos a examinar nuevamente el programa *dayinworks4.pas* que se encuentra listado nuevamente a continuación. Esta vez, comenta la línea
// DayInWords1:=TDayInWords.Create;

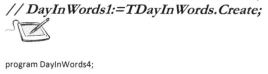

```
program DayInWords4;

{$mode objfpc}{$H+}

uses
  SysUtils, Classes;

  type
    TDayInWords=class
      dow : array of string;
      procedure initial;
```

```
        procedure findDayInWords(i:integer; sw:string);
    end;

procedure TDayInWords.initial;
begin
  SetLength(dow,7);

  dow[1] := 'Sunday';
  dow[2] := 'Monday';
  dow[3] := 'Tuesday';
  dow[4] := 'Wednesday';
  dow[5] := 'Thursday';
  dow[6] := 'Friday';
  dow[7] := 'Saturday';
end;

procedure TDayInWords.findDayInWords(i:integer; sw:string);
begin

  if (i>=1) And (i<=7) then
  begin
    if UpperCase(sw)=UpperCase('Full') then
      writeln('The day in words is: '+dow[i])
    else
      writeln('The day in words is: '+LeftStr(dow[i],3));
    end
  else
    Writeln('Wrong entry');
end;

var
  DayInWords1:TDayInWords;
begin
  // DayInWords1:=TDayInWords.Create;  // This line not commented out
  DayInWords1.initial;
  DayInWords1.findDayInWords(StrToInt(ParamStr(1)),ParamStr(2));
  DayInWords1.Free;
end.
```

Compila el código. Deberías obtener el siguiente mensaje de advertencia de compilación:

```
E:\test_prog\example6>fpc dayinwords4.pas
Free Pascal Compiler version 2.6.4 [2014/04/18] for i386
Copyright (c) 1993-2014 by Florian Klaempfl and others
Target OS: Win32 for i386
Compiling dayinwords4.pas
dayinwords4.pas(46,2) Warning: Variable "DayInWords1" does not seem to be initia
lized
Linking dayinwords4.exe
48 lines compiled, 0.2 sec , 136592 bytes code, 27676 bytes data
1 warning(s) issued

E:\test_prog\example6>
```

Ahora ejecuta el programa con la entrada *parameter 1 full*. Deberías obtener un mensaje de error en tiempo de ejecución como se muestra a continuación:

```
E:\test_prog\example6>dayinwords4 1 full
An unhandled exception occurred at $00406C34 :
EAccessViolation : Access violation
    $00406C34
    $0040154F
    $00401810


E:\test_prog\example6>_
```

Es parecido al mensaje de advertencia que obtuvimos antes, pero que decidimos ignorar, lo que resultó en un error en tiempo de ejecución al momento de ejecutar el programa. Es probable que la advertencia sea lo suficientemente clara para que identifiquemos la falla y la arreglemos al mismo tiempo. En este ejemplo en particular en la línea 46 estamos usando **DayInWords1** el cual no ha sido alocado a ningún recurso aún.

Errores en tiempo de ejecución

En nuestro ejemplo anterior de error en tiempo de ejecución, tuvimos la suerte de haber sido advertidos (de que un posible error en tiempo de ejecución podía ocurrir) ya que así tuvimos alguna idea de dónde buscar una solución.

Si observas el ejemplo anterior de error en tiempo de ejecución, por sí mismo no es muy claro –'*sino para nada claro*'– de donde debemos buscar este error. ¿Qué opciones tenemos si no tenemos una advertencia en tiempo de compilación, y el programa aparentemente compila sin ningún error?

Puedes tener un programa que trabaje impecablemente durante años y luego un día simplemente ¡deja de trabajar!
Esta situación sucedió en millones de sistemas alrededor del mundo en el cambio de siglo, de 1999 para 2000.

Fue apodado como el *Bug* (error de software) del Milenio. Cuando las computadoras fueron construidas por primera vez, eran grandes físicamente y sus memorias venían como un agregado. Para ahorrar espacio de memoria de almacenamiento era común almacenar datos como dd/mm/aa donde aa era un valor comprendido entre 70 y 99, por lo que si naciste en el año 1919 tu fecha de nacimiento debía estar almacenada como dd/mm/19, lo que hacía que tu edad fuera 80 años (en 1999).

Sin embargo, cuando la fecha cambió a 2000 ¡tu edad calculada se convertía en 19! Desafortunadamente esto no es una máquina del tiempo, fue un *bug* latente en muchos sistemas de computadores antiguos.

Existen numerosas maneras en que podemos intentar y capturar tantos errores como nos sea posible, utilizando una variedad de enfoques: técnicas de captura de error, manejo de excepciones, prueba unitaria, pruebas de caja blanca, pruebas de caja negra y pruebas de sistema. Una vez son pasadas estas pruebas, los candidatos de lanzamiento de prueba alfa y beta proporcionan mayor información sobre captura de error antes del lanzamiento general. Incluso en ese momento, todas estas pruebas y balances no garantizan que hayas producido un sistema implacable. Bien puedes apreciar que las pruebas de error pueden ser un libro entero por sí mismo. Sin embargo, debías estar consciente de las técnicas que los desarrolladores tienen a su disposición para convertir la experiencia del usuario en placentera.

Volvamos a nuestro programa ***dayinwords4.pas***; corrige el error, es decir, remueve la línea comentada. Vuelve a compilar el código y luego ejecútalo, esta vez con el parámetro ***z full,*** por ejemplo, en la ventana de símbolo del sistema escribe ***dayinwords.exe z full***

Esto debería mostrar un mensaje de error en tiempo de ejecución (conocido como un ***mensaje de rastreo de ruptura***) como a continuación:

```
Administrator: Command Prompt
E:\test_prog\example6>dayinwords4 z full
An unhandled exception occurred at $0040D631 :
EConvertError : "z" is an invalid integer
  $0040D631
  $00401867

E:\test_prog\example6>_
```

Captura de error

La captura de error no siempre es fácil de identificar. Sin embargo, como regla general, si un usuario tiene una mano libre al introducir cualquier cosa, entonces podrían aparecer. Aquí necesitamos filtrar la entrada del usuario para permitir solo la entrada correcta y capturar todo el resto.

Como una nota aparte, han existido numerosos debates acalorados sobre si una captura de error y un manejo de excepción son la misma cosa. Sin agregar más leña al fuego, consideraremos la captura de error como los errores en la ejecución del programa y errores que tienden a ocurrir de manera imprevisible.

El manejo de excepción, desde nuestra perspectiva, son errores que son probables que ocurran (es decir, son predecibles). Un ejemplo podría ser una solicitud de la base de datos o algún tipo de solicitud de Entrada/Salida (*Input/Output* – *I/O*). La captura de errores no significa que los errores no puedan ser manejados utilizando técnica de manejo de errores. Significa que no todo manejo de errores lo necesita. Veremos el manejo de excepción y aumento de excepción brevemente. También volveremos a retomar (más adelante en el capítulo 21) el tema de errores (*bugs*) en el programa y como Lazarus puede ayudar a depurar nuestro programa.

Por ahora, veamos cómo podemos atrapar los errores que ocurren en nuestro programa **dayinwords4.**

Una técnica sencilla

Primero necesitamos saber dónde está ocurriendo el error. Necesitamos identificar rápidamente su ubicación. Una técnica sería establecer **puntos de prueba** (puntos marcados en el programa donde podemos eliminar y/o confirmar donde no se encuentra el error). A pesar de nuestro ejemplo **dayinwords4** ser bastante sencillo, continua a ser un buen ejemplo.

Modifica el programa como a continuación:

```
var
        DayInWords1:TDayInWords;
begin
        writeln('TP1');
        DayInWords1:=TDayInWords.Create;
        writeln('TP2');
        DayInWords1.initial;
        writeln('TP3');
        DayInWords1.findDayInWords(StrToInt(ParamStr(1)),ParamStr(2));
        writeln('TP4');
        DayInWords1.Free;
        writeln('TP5');
end.
```

Compila y ejecuta el programa con las entradas correctas, ejemplo '**z full**'. Debes obtener la siguiente salida:

De inmediato podemos ver donde comienza nuestra búsqueda. Esto significa que esperamos que *punto de prueba1* (TP1) sea ejecutado sin problema, pero esto podría haber sido una unidad de inicio y queremos saber si ha sido llamada correctamente. A continuación fue impreso TP2, por lo que no hay problema con el constructor *create*. TP3 fue mostrado también, por lo que nuestro procedimiento inicial no produjo ningún error.

Sin embargo TP4 no fue mostrado, por lo tanto, podemos dirigir nuestra investigación al procedimiento **findDayInWords.**

A continuación, elimina los TPs del cuerpo principal del programa.

Ahora modifica el procedimiento **findDayInWords** como se indica a continuación; compílalo y ejecútalo.

```
procedure TDayInWords.findDayInWords(i:integer; sw:string);
begin
  writeln('TP1');
  if (i>=1) And (i<=7) then
  begin
    writeln('TP2');
    if UpperCase(sw)=UpperCase('Full')  then
        writeln('The day in words is: '+dow[i])
    else
        writeln('The day in words is: '+LeftStr(dow[i],3));

        writeln('TP3');

    end
  else
    Writeln('Wrong entry');
end;
```

Tu salida debía ser semejante a la que se muestra a continuación:

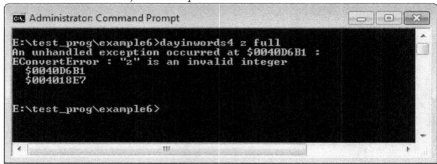

Esta vez notarás que no solo TP1 funciona… Nos dice inmediatamente que la falla es de la entrada, donde se localiza el problema. El problema es que el usuario estuvo enviando una cadena de valores como primer parámetro, y el procedimiento espera un entero como se muestra anteriormente.

Ahora que sabes cuál es el problema, necesitamos identificar la manera más efectiva y eficiente de resolverlo. Resolver problemas, es decir, escoger la mejor estrategia, es un asunto complica en sí y se encuentra nuevamente fuera del ámbito de este libro; sin embargo, para nuestros fines, consideráremos tres opciones y adoptaremos una de ellas.

1. *Levantar una excepción y manejar el problema de esta manera.* Discutiremos manejo de excepciones en breve.
2. *Establecer clases separadas* para manejar la entrada.
3. *Modificar el programa para dejar entrar el error* y manejarlo desde allí.

Existen diversas maneras de atrapar y manejar errores, pero siempre vale la pena entender el error desde la perspectiva del usuario final. Por ejemplo:

- ¿Cuál es la probabilidad de que los usuarios finales hagan este tipo de error tipográfico continuamente?
- ¿Cómo respondería el usuario final a este mensaje de error? (¿qué comportamiento correctivo seguiría?)

Echa un vistazo al error generado por el sistema anterior. Para el usuario promedio, esto es algarabía, es decir, para el usuario final no tiene sentido y por lo tanto él o ella pueden pensar lo peor: *"¿Rompí algo?* o peor: *"¿Perdí ese registro importante de expediente/paciente?"*
Cuando manejamos errores siempre es una buena práctica hacer que la mente del usuario final se relaje.
Un abordaje más fácil para el usuario sería algo del estilo de:

"Si aparece que una de las entradas del programa es incorrecta. El formato correcto es número –
Espacio – seguido por a] la palabra completa o b] parte de la palabra o dejar en blanco"

Tal abordaje primero relaja la mente de los usuarios, y luego les permite corregir la falla.

¿Cómo lidiamos con nuestros problemas?

Los errores tipográficos son bastante comunes, por lo que la probabilidad de que el error ocurra es alta. La opción más simple y fácil sería la opción 3.

Todos los caracteres digitados en el teclado son básicamente tipos de cadenas, por lo tanto, deja la cadena entrar en el programa para manejarlo desde allí. Haz lo siguiente (ahora que sabemos cuál es el problema) y elimina los puntos de prueba (TP).

Cambia la definición de la clase método para ahora hacer 'i' del tipo cadena así como su implementación, es decir

```
procedure findDayInWords(i:string;
sw:string);

procedure
TDayInWords.findDayInWords(i:string;
sw:string);
begin
```

```
            ... . .
            ... .
       end;
```

Edita la declaración que está siendo llamada para que lea:

```
DayInWords1.findDayInWords(ParamStr(1),Pa
ramStr(2));
```

agrega StrUtils a la interfaz *uses*.

¡Eso es todo! Ahora podemos manejar el error.

Para este ejemplo (como es un error rudimentario) vamos a usar el método ***AnsiIndexStr***.

Para nuestro primer borrador, modifica nuestro programa ***DayInWords4.pas*** como se indica:

```
program DayInWords4;
{$mode objfpc}{$H+}

uses
  SysUtils, Classes, StrUtils;

  type
     TDayInWords=class
        dow : array of string;
        procedure initial;
        procedure findDayInWords(i:string; sw:string);
     end;

procedure TDayInWords.initial;
begin
  SetLength(dow,7);

  dow[1] := 'Sunday';
  dow[2] := 'Monday';
  dow[3] := 'Tuesday';
  dow[4] := 'Wednesday';
  dow[5] := 'Thursday';
  dow[6] := 'Friday';
  dow[7] := 'Saturday';
end;

procedure TDayInWords.findDayInWords(i:string; sw:string);
var
  s:array[1..7] of string = ('1','2','3','4','5','6','7');
  x:integer;
```

```
begin
  x:=AnsiIndexStr(i,s);

  if (x >= 0) then
  begin
    x:= StrToInt(i);

    if UpperCase(sw)=UpperCase('Full')  then
      writeln('The day in words is: '+dow[x])
    else
      writeln('The day in words is: '+LeftStr(dow[x],3));

  end
  else
    Writeln('Wrong entry');
end;

var
  DayInWords1:TDayInWords;
begin
  DayInWords1:=TDayInWords.Create;
  DayInWords1.initial;
  DayInWords1.findDayInWords(ParamStr(1),ParamStr(2));
  DayInWords1.Free;
end.
```

Primero estableceremos un arreglo que contenga todos los primeros parámetros aceptables en la declaración:

```
s:array[1..7] of string = ('1','2','3','4','5','6','7');
```

Ahora usaremos la función práctica `AnsiIndexStr` . Esta función busca, en caso de observación, una cadena en un arreglo de cadenas. Por haber cambiado la cadena de parámetros de entrada, el usuario ahora puede digitar caracteres del 1 al 200 como primer parámetro – no importa, no se averiará. Ahora si la cadena no está en el arreglo **AnsiIndexStr** el resultado indicará que no fueron encontradas coincidencias. Podemos simplemente probar esto e informar al usuario final de su error.

Con este abordaje modificamos el programa para tener en cuenta que los humanos probablemente cometan errores, por lo que al incluirlo desde el inicio, permitimos que el usuario sea capaz de cometer un error y luego la respuesta del programa lo manejará de la manera apropiada.

Sin embargo, hay ocasiones cuando no debemos manejar los errores desde dentro del programa, sino permitir al sistema reportar el error. Tales errores pueden ser *'sin memoria'* o *'sin espacio en el disco'* o *'poco espacio en el disco'*. Errores de esos tipos no deben ser manejados por tu aplicación.

Manejo de excepciones

Una vez discutidos los errores tipográficos, podemos decir que esta técnica es una forma de manejo de excepción del comportamiento habitual del programa, pero el sentido original de la expresión *manejo de excepciones* es más que la técnica mostrada anteriormente.

Free Pascal utiliza el ***event handling approach*** para manejar errores. Los errores son (la mayoría de las veces) tratados como excepciones, lo que causa que las operaciones del programa se suspendan y salten al manejador de excepciones más cercano. Si no tienes uno, será el manejador predefinido de Free Pascal – éste reportará el error y terminará tu programa.

Lo más probable es que quieras manejar el error y continuar programando. Por ejemplo, imagina que el usuario envía un comando de imprimir a la impresora pero la impresora no tiene papel. Vas a querer manejar esto y que el programa no se cierre mientras el usuario carga la impresora con papel, ni tampoco vas a querer que el programa suspenda el PC, lo cual previene a otros programas de ser ejecutados, tal como tu programa de cliente de email. El programa levantará un alerta de excepción al usuario y continuará a funcionar.

La técnica utilizada por Free Pascal es simplemente envolver el código en manejo de excepción. Cuando acontece una excepción en tú código envuelto, el código saltará a la parte de manejo de excepción del código envuelto. Sensiblemente, solo necesitarás envolver el código en esas áreas donde es más probable que ocurra el error. Tales áreas son, por ejemplo: sincronización de *hardware* (acceso a páginas de internet, impresoras, bases de datos, archivos, etc.) estas áreas que no siempre puedes predecir; si una excepción va a ocurrir en tu programa, entonces lo más probable es que ocurra aquí.

Veamos un ejemplo donde intencionalmente generamos un error de excepción. Uno común sería ejecutar un cálculo que divida entre cero.

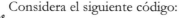 Considera el siguiente código:

```
program dividebyzero;

{$mode objfpc}{$H+}

uses
        Classes, SysUtils;

var
  number1, number0 : Integer;
begin
  number0 := 0;
```

```
                    number1 := 1;
                    number1 := number1 div number0;
                    writeln('1 / 0 = '+IntToStr(number1));
                 end.
```

Cuando ejecutamos este código obtenemos el siguiente error en tiempo de ejecución:

Free Pascal reporta nuevamente que una excepción no manejada ha ocurrido. Para manejar esta excepción debemos hacer lo siguiente:

```
program dividebyzero;

{$mode objfpc}{$H+}

uses
       Classes, SysUtils;

var
   number1, number0 : Integer;
 begin
   try
     number0 := 0;
     number1 := 1;
     number1 := number1 div number0;
     writeln('1 / 0 = '+IntToStr(number1));

   except
     on E : Exception do
     begin
       writeln('Exception class name = '+E.ClassName);
       writeln('Exception message = '+E.Message);
     end;

   end;
```

Cuando ejecutémos ahora nuestro código obtendremos lo siguiente:

Al examinar el código vemos que la primera línea del programa intenta ejecutar el código; si un error ocurre, saltará a la parte de excepción del código y ejecutará esa sección.

Ahora consideremos el escenario donde, en vez de atrapar el error en el sitio que acontece, quieras manejar el error a un nivel más alto, es decir, una captura global. Pero tu código puede haber creado objetos, memoria asignada, apuntadores, etc. que ya no son referenciados. No deberías dejar ninguna de estas asignaciones sueltas – puede ser peligroso.

Free Pascal proporciona un soporte adicional para el manejo de excepciones llamado cláusula **Final.**
En vez de llamar inmediatamente a una excepción cuando ocurre un error, la cláusula **final** siempre es llamada <u>después</u> de que alguna o todas las cláusulas *Try* son ejecutadas. Esto le permite al programa liberar recursos alocados. Sin embargo, nota que esto no atrapa el error. El manejo de excepciones siguiente más alto que debía ser anidado (**try**) –sección del código –es localizado y ejecutado.

Considera el siguiente código:

```
program dividebyzero;

{$mode objfpc}{$H+}

uses
        Classes, SysUtils;

var
    number1, number0 : Integer;
 begin
 try
    try
      number0 := 0;
      number1 := 1;
      number1 := number1 div number0;
      writeln('1 / 0 = '+IntToStr(number1));

    except
      on E : Exception do
      begin
        writeln('Exception class name = '+E.ClassName);
        writeln('Exception message = '+E.Message);
      end;
    end;

    finally
    begin
      writeln('Number was not assigned a value - using default');
      number1 := 0;
    end;
  end;
 end.
```

La ejecución de este código producirá la siguiente salida:

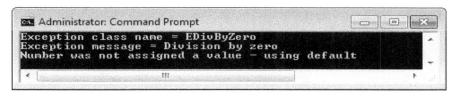

```
Exception class name = EDivByZero
Exception message = Division by zero
Number was not assigned a value - using default
```

La excepción se eleva y luego la cláusula *final* es ejecutada.

Elevar una excepción
Existe un área más que necesita discusión y esta es la habilidad de elevar una excepción.
Free Pascal soporta la elevación de excepciones sin problemas, pero también crea clases de excepciones para manejarlas. Esto se utiliza normalmente para manejar aplicaciones extensas con numerosos módulos extensos. Éstas pueden generar sus propios tipos especiales de excepciones.

Cuando usar excepciones
Gracias a los ejemplos dados anteriormente podemos ver que las excepciones nos proporcionan una manera elegante de atrapar errores en tiempo de ejecución sin prevenir que nuestro programa continúe a trabajar y sin declaraciones condicionales incómodas. A pesar de no haber nada que te prevenga de envolver cada parte de tus bloques de código con declaraciones de manejo de excepciones, esto no sería algo práctico de hacer. El manejo de excepciones debería ser reservado para situaciones especiales.

El manejo de excepciones es más apropiado para errores donde, a pesar de la probabilidad de ocurrir es baja o difícil de evaluar, si ocurren los resultados pueden ser catastróficos (por ejemplo, la aplicación colapsa). Para condiciones de errores que son muy complicadas o difíciles para la declaración *if...then*, o cuando *if...then* es necesario para responder a excepciones elevadas por el sistema operativo, utiliza una excepción. Las excepciones son normalmente usadas por el *hardware*, la memoria, entrada/salida ('*Input*'/ '*Output*'), y errores de sistema.

Las declaraciones condicionales generalmente son la mejor manera de probar si hay errores. Como vimos en el programa de ejemplo **DayInWords4.pas** esto evita la sobrecarga de uso de excepciones, así como un uso innecesario.

Terminaremos nuestra discusión sobre manejo de excepciones aquí. Te encontrarás con código de manejo de excepciones a veces durante el resto del libro.

1. Modifica el programa *DayInWords4* para darle una respuesta más adecuada al usuario cuando introduce una entrada incorrecta.

2. Modifica el programa *DayInWords4* para que, en vez de atrapar el error, construya un envoltorio de excepción para manejar un error. Nota que el programa *DayInWords4* corregido no elevará una excepción, ya que evitamos que eso ocurra. Solo necesitamos detectar que la estrada sea correcta. Por lo tanto, puedes necesitar revertir el código a la etapa anterior donde un error de excepción podría acontecer.

13 Paquetes de Lazarus

La primera vez que nos cruzamos con los paquetes fue en el capítulo 8. Necesitábamos acoplar nuestros paneles flotantes, por lo que instalamos el paquete **anchordocking**.

¿Qué es un paquete de Lazarus?

Un paquete de Lazarus es una colección de unidades y componentes, que contienen información acerca de cómo pueden ser compilados y cómo pueden ser usados por proyectos u otros paquetes o por el IDE. El IDE compila automáticamente los paquetes si algunos de sus archivos son modificados. Un paquete de Lazarus se identifica/distingue por el nombre y su versión. Los paquetes son ideales para compartir entre proyectos de códigos.

Aquí hay un esquema típico de nuestro paquete de carpetas *anchordocking* de Lazarus:

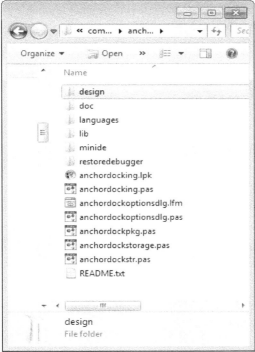

Un paquete de Lazarus solo necesita ser instalado, si contiene componentes de tiempo de diseño, tal como aquellos componentes utilizados por la paleta IDE. Si no necesitas los componentes del paquete en tiempo de diseño, entonces no necesitas instalarlos en el IDE. Si solo quieres usar un paquete en tu proyecto, simplemente utiliza el **project inspector** y agrega un requerimiento.

Cabe destacar, sin embargo, que la instalación de un paquete en IDE **no** significa que ha sido instalado automáticamente en nuestro proyecto.

Para usar un paquete en tu proyecto, utiliza *Project →
Project Inspector -> Add -> New Requirement.*

Los paquetes nuevos son instalados en el IDE utilizando un paquete.

Los siguientes puntos deben ser tenidos en cuenta cuando trabajamos con paquetes;

- Los paquetes de Lazarus no son una biblioteca dinámica. Son utilizados para compartir unidades entre proyectos y para modular grandes proyectos.

- Los paquetes de Lazarus contienen información sobre la versión y los proyectos pueden definir que requieren, por lo menos (o como máximo), una versión específica de un paquete. Lazarus cargará automáticamente la versión correcta.

- Los paquetes de Lazarus están vinculados estáticamente, por lo tanto, cada instalación de paquete (o desinstalación) requiere la reconstrucción del IDE Lazarus.

Paquetes de Lazarus en acción

En el próximo ejemplo crearemos nuestro propio paquete. Esto debería darte una idea de cómo funciona el sistema de paquetes de Lazarus.

Crear un nuevo paquete

Crea una nueva carpeta vacía en tu disco duro, nómbrala *mynewpackage*
Desde el menú principal selecciona *Package ->New Packages*
Esto presentará la ventana *"Save Package NewPackage 0.0(*.lpk)"*, navega por tu carpeta *mypackage* y dale un nombre con la extensión *.lpk* al paquete, por ejemplo *MyFirstPackage.lpk.*

Guarda los cambios haciendo clic en el botón *save.* Una vez hayas guardado, aparecerá la siguiente ventana:

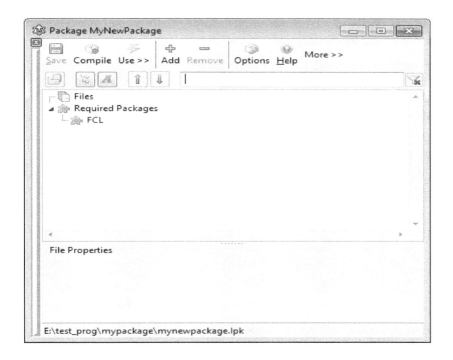

Agregando un nuevo componente

Para agregar un nuevo componente haz clic en el botón *Add* → *New component*.
Esto mostrará la ventana *Add to package*.

Selecciona en la lista desplegable la opción *Ancestor type* (*combobox*) selecciona por
ejemplo la opción *TlistView*.
Cambia la página de *Palette* a *Additional*.

El resto de las opciones serán autocompletadas por ti. Deberías tener una ventana similar a la que se muestra a continuación:

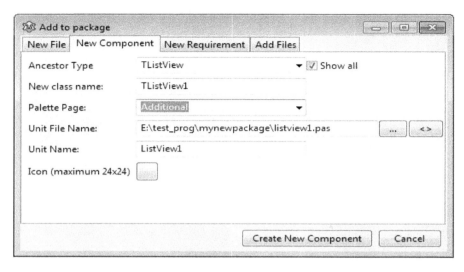

Haz clic en el botón *Create New Component*

El archivo ahora será añadido a tu proyecto actual y te será presentado en el editor de fuente.

Instalar el paquete

Ahora puedes instalar tu paquete, a través de:

Selecciona desde el menú principal *package ->Install/Uninstall packages…* a continuación verás la siguiente ventana:

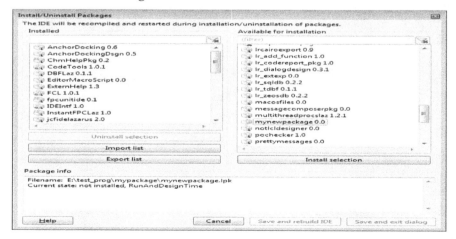

En el panel del lado derecho, desplázate hacia abajo y selecciona *mynewpackage0.0* y haz clic en el botón *Install selection*.

Ahora haz clic en **Save and rebuild IDE** desde la misma ventana *Install/Uninstall packages* y luego haz clic en el botón *continue* (si aparece la ventana de confirmación). Esto puede tardar algunos minutos.

Una vez Lazarus ha sido reiniciado, haz clic en la pestaña *additional palette page:*

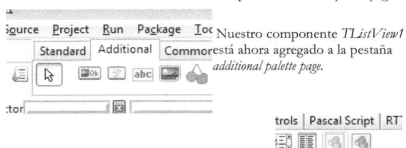 Nuestro componente *TListView1* está ahora agregado a la pestaña *additional palette page.*

Sin embargo, nota que tenemos otro componente con el mismo ícono, pero que **no** es el mismo componente: esto puede ser muy confuso. El IDE de Lazarus te permite la opción de usar tu propio ícono.

Utilizando tu editor de gráficos preferido (si no tienes uno te recomiendo que descargues e instales *Gimp* **http://www.gimp.org/**) crea una imagen png simple, con tamaño 24x24 y nombra la imagen con el nombre de la clase, por ejemplo, *TlistView.png*. Guarda el archivo en tu carpeta de proyecto.

Para crear el archivo lrs en la ventana de símbolo del sistema realiza lo siguiente:
```
type c:
type cd lazarus\tool\
type lazres ...\mynewpackage\TListView1.lrs TlistView.png
```

El archivo *TListView1*.lrs es creado en tu carpeta de proyecto.

En tu unidad, por ejemplo *unit1*, incluye la interfaz *uses...* ,LResources;

Ahora puede que necesites desinstalar y reinstalar el paquete para que los cambios entren en efecto.

Eliminar un paquete

Desde el menú principal selecciona *package → install/Uninstall packages...* en el panel del lado izquierdo desplázate hacia abajo y selecciona el paquete que deseas remover y haz clic en *uninstall selection*. Luego, haz clic en el botón *save and rebuild IDE*; haz clic en el botón *continue* para confirmar la selección.

El gestor de paquetes también te permite crear tu propia paleta personalizada, la cual puedes aumentar con tus propios componentes. En la siguiente sección, discutiremos algunas de las paletas por defecto y algunos de los componentes. Ya hemos utilizado una o dos de las paletas estándar.

14 Biblioteca de Componentes de Lazarus (LCL)

La página de paletas es donde seleccionas la Biblioteca de Componentes de Lazarus (LCL). La versión actual (1.2.2) viene cargada con 16 páginas de paletas de componentes y con más de 238 componentes como estándar. La paleta no incluye esa cantidad de componentes de terceras partes establecidos. Utilizaremos alguno más adelante en este libro, por ejemplo, en el capítulo 19 sobre bases de datos.

La **Biblioteca de Componentes de Lazarus** (LCL) es la biblioteca de componente del software visual para el IDE de Lazarus.

LCL es una colección de **unidades** que proporciona componentes y clases, especialmente para tareas visuales.
Está basada en las bibliotecas de Free Pascal *Free Pascal Runtime Library* **(RTL)** y *Free Component Library* **(FCL).** Al unir **widgets** de plataforma específica, Lazarus adquiere la habilidad de soportar desarrollos de software para numerosos sistemas operativos, incluyendo Android, Escritorio Linux, Mac OS X y Windows.

Unas palabras acerca de RTL

La biblioteca Free Pascal *Runtime* consiste en una colección de unidades que proporciona componentes y clases para propósitos generales de las tareas de programación. Actúa como una base para la biblioteca Free Pascal *Free Component* (FCL) y la (LCL).

El diagrama a continuación muestra la Interacción de bibliotecas de clases y **widgetsets** en Lazarus y Free Pascal.

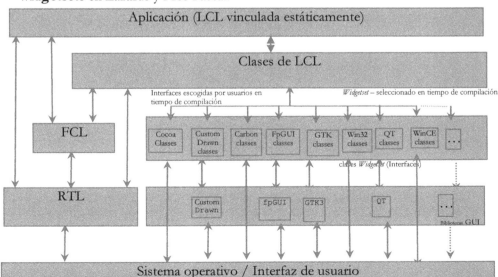

Diagrama cortesía de Jwdietrich2

Como se muestra en el diagrama anterior, cuando usamos los componentes en nuestra aplicación, estamos vinculando estáticamente las clases LCL. LCL es la parte que se desenvuelve de manera independiente y reside en la carpeta **c:\lazarus**\lcl (usuario de Windows) o Lazarus/lcl (para usuarios Linux):

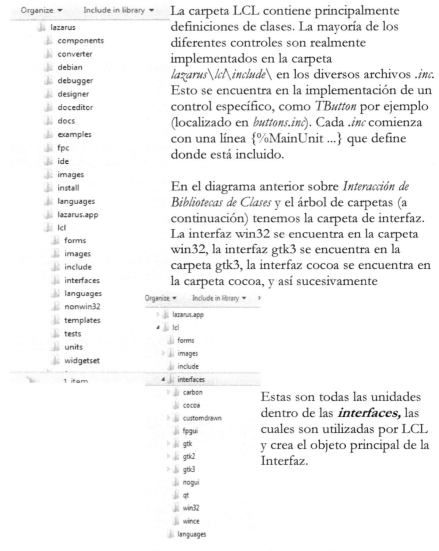

La carpeta LCL contiene principalmente definiciones de clases. La mayoría de los diferentes controles son realmente implementados en la carpeta *lazarus\lcl\include* en los diversos archivos *.inc*. Esto se encuentra en la implementación de un control específico, como *TButton* por ejemplo (localizado en *buttons.inc*). Cada *.inc* comienza con una línea {%MainUnit ...} que define donde está incluido.

En el diagrama anterior sobre *Interacción de Bibliotecas de Clases* y el árbol de carpetas (a continuación) tenemos la carpeta de interfaz. La interfaz win32 se encuentra en la carpeta win32, la interfaz gtk3 se encuentra en la carpeta gtk3, la interfaz cocoa se encuentra en la carpeta cocoa, y así sucesivamente

Estas son todas las unidades dentro de las **interfaces,** las cuales son utilizadas por LCL y crea el objeto principal de la Interfaz.

Como fue representado en el diagrama anterior, cada control tiene una propiedad *WidgetSetClass*, la cual es de la clase 'mirror' (espejo) en el directorio de interfaces, por ejemplo: el *mirror* de *TCustomEdit* es *TWSCustomEdit*, donde sus métodos son implementados por *TWin32WSCustomEdit* en *win32wsstdctrls*.

La comunicación de la interfaz de vuelta a la LCL es hecha mayoritariamente a través del envío de mensajes.

La paleta de componentes

A continuación se encuentra un resumen de las 16 páginas de paletas por defecto:

Página de paleta	Resumen de información
Standard	Los componentes que son más probables de ser usados frecuentemente, tales como etiquetas, botones, cajas de texto, menú, casillas de verificación, memorándum, botón de selección, cajas de listados, *combo box*, etc. serán encontrados aquí.
Additional	Usualmente una adición a la página *standard* con mejoras y cosas nuevas como botones con características de imagen gráficas, cajas de listados de colores, formas, etiquetas y cajas de textos juntas, controles de imagen, barra de desplazamiento mejorada, etc.
Common Controls	*TTrackBar, TProgressBar, TTreeView, TListView, TStatusBar, TToolBar, TUpDown, TPageControl, TTabControl, THeaderControl, TImageList, TPopupNotifier.*
Dialogs	Estos son controles de diálogos que no aparecen en el formulario en tiempo de ejecución, pero que aparecen cuando son llamados, por ejemplo: *TOpenDialog, TSaveDiaLog, TcalendarDiaLog, TPrinterSetupDiaLog. etc*

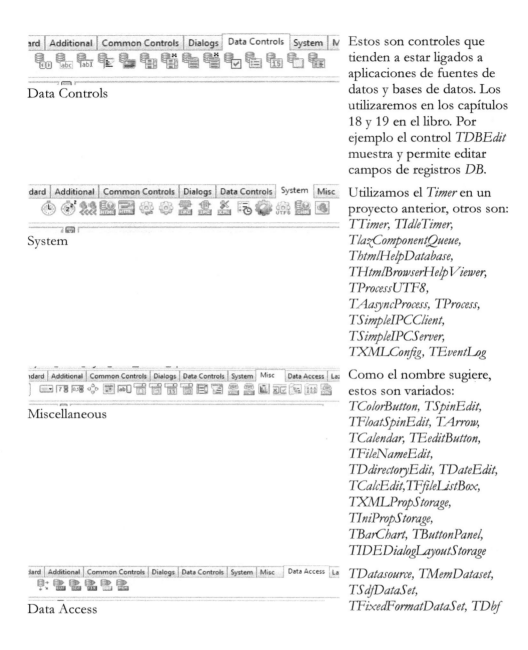

Data Controls

Estos son controles que tienden a estar ligados a aplicaciones de fuentes de datos y bases de datos. Los utilizaremos en los capítulos 18 y 19 en el libro. Por ejemplo el control *TDBEdit* muestra y permite editar campos de registros *DB*.

System

Utilizamos el *Timer* en un proyecto anterior, otros son: *TTimer, TIdleTimer, TlazComponentQueue, ThtmlHelpDatabase, THtmlBrowserHelpViewer, TProcessUTF8, TAasyncProcess, TProcess, TSimpleIPCClient, TSimpleIPCServer, TXMLConfig, TEventLog*

Miscellaneous

Como el nombre sugiere, estos son variados: *TColorButton, TSpinEdit, TFloatSpinEdit, TArrow, TCalendar, TEeditButton, TFileNameEdit, TDdirectoryEdit, TDateEdit, TCalcEdit,TFfileListBox, TXMLPropStorage, TIniPropStorage, TBarChart, TButtonPanel, TIDEDialogLayoutStorage*

Data Access

TDatasource, TMemDataset, TSdfDataSet, TFixedFormatDataSet, TDbf

LazCont rols

TDividerBevel, TExtendedNotebook, TListFilterEdit, TTreeFilterEdit

Pascal Script

RTTI

SQLdb

SynEdit

Pascal Script es un intérprete compatible con ObjectPascal/Delphi/Lazarus con un compilador *bytecode* que proporciona un entorno de escritura para programas de aplicación. Actualmente funciona en Windows y Linux en un procesador Intel de 32-bit.

Run-Time-Type-Information-Controls [controles de información de tipos (de datos) en tiempo de ejecución]. Los controles RTTI amplían muchos controles LCL a través de la habilidad de conectar directamente a las propiedades publicadas de las clases. Reducen satisfactoriamente el tener que escribir código aburrido al cargar/guardar automáticamente datos entres controles LCL y propiedades publicadas.

El paquete *SQLdb* contiene unidades FPC para acceder a varias bases de datos de SQL. Es "empaquetado" como *sqldblaz.lpk* en Lazarus y los componentes pueden ser encontrados en la pestaña "SQLdb".

SynEdit es una sintaxis que resalta el control de editor con soporte para numerosos lenguajes/sintaxis. El paquete contiene un componente de editor fuente llamado *TSynEdit*,

177

varios resaltadores y otros componentes utilizados por la edición de fuente.

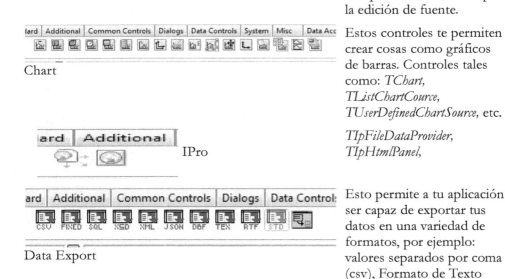

Chart

IPro

Data Export

Estos controles te permiten crear cosas como gráficos de barras. Controles tales como: *TChart*, *TListChartCource*, *TUserDefinedChartSource*, etc.

TIpFileDataProvider, *TIpHtmlPanel*,

Esto permite a tu aplicación ser capaz de exportar tus datos en una variedad de formatos, por ejemplo: valores separados por coma (csv), Formato de Texto Enriquecido (RTF),

Esto no significa la lista completa y se te incita a que explores el enlace a continuación:

http://wiki.lazarus.freepascal.org/Components_and_Code_examples

En esta página encontrarás los componentes que cubren áreas como Multimedia, Gráficos, Gráficos 2D y 3D, *Networking*, Hardware, y toda una serie de otros componente, y mucho, mucho más..

15 Construir una aplicación con LCL

En los capítulos anteriores vimos la Biblioteca de Componentes de Lazarus y como se integra en el IDE de Lazarus. Ahora veremos como la biblioteca puede ser utilizada en aplicaciones simples. Visitaremos nuevamente nuestro programa *NameList2* (capítulo 6) y le daremos una Interfaz Gráfica de Usuario (GUI).

Recapitulación
Como recapitulación, la interfaz de la línea de comando era de la siguiente manera;

Consideraciones de Funcionalidad
Como mínimo, el usuario debe ser capaz de:

- Mostrar la lista de manera tabular.
- Ordenar la lista por nombre.
- Insertar una entrada en cualquier lugar de la lista.
- Eliminar cualquier entrada.
- Agregar una entrada al final de la lista.
- Guardar la lista en el disco.
- Cargar una lista desde el disco.

Consideraciones de Diseño
Nos gustaría utilizar tanto del código existente como sea posible. No queremos hacer una nueva escritura en estos momentos. Las siguientes consideraciones de componentes de LCL deberían ser empleadas.

- La pantalla debería utilizar un componente de tipo *grid*.
- Cajas de texto para entrada de datos.
- Etiquetas para información.
- Botones para tareas de acción.

Existen numerosos componentes LCL de tipo *grid* que Lazarus soporta. Para este ejemplo utilizaremos simplemente el control **TStringGrid.**

Diseño de la Interfaz de Usuario

Ejecuta el IDE de Lazarus e inicia un nuevo proyecto, nombrándolo **NameList3.lpr**

En la pestaña *Additional component palette* selecciona **TstringGrid** y sitúalo en el formulario.

Estructura el formulario como se sugiere a continuación:

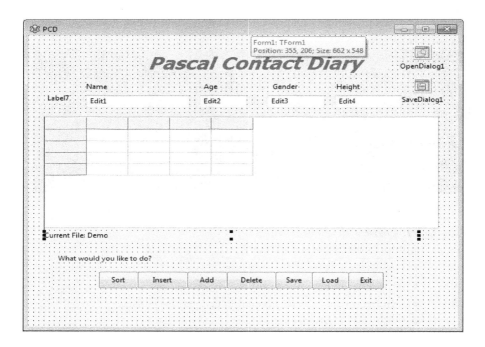

En el editor de código fuente incluye *Crt* liberary,*Dialogs, LCLType*;
Agrega las clase *TNames* y el tipo de registro *TPerson*, es decir:

```
type
    TPerson = record
    Name: string[20];
    Age:Integer;
    Gender:string[10];
    Height: string[10];
end;

type
  TNames=class
  names : array of TPerson;
  count: integer;
  procedure initial;
```

```
  procedure sort;
  procedure insert;
  procedure add;
  procedure delete;
  procedure displayNames;
  procedure savedata;
  procedure loaddata;
end;
```

Por ahora, aplica los métodos de clase *TName* de *Shell* vacía, por ejemplo:

```
procedure TNames.initial; // set default names
begin

end;
```

Haz lo mismo para los otros métodos, es decir: **ordenar, insertar, agregar, eliminar, mostrar el nombre, guardar los datos, cargar los datos.** (*sort, insert, add, delete, displayNames, savedata, loaddata.*)

Una vez lo hayas hecho, ejecuta el programa para verificar que no te has olvidado de nada y que aparece tu ventana de diseño. Si todo va bien ¡entonces genial! Ahora cierra el programa y vuelve al editor fuente.

Para el método **initial** realiza lo siguiente:
Reemplaza la *Shell* **initial** con el código completo **initial** desde el programa **Namelist2.** (*es decir, simplemente copia y pega el código*).

En el método *sort* realiza lo siguiente:
Reemplaza la *Shell* **sort** con el código completo **sort** desde el programa **NameList2.** (*simplemente copia y pega el código*).

Agrega *Names1* y Variable *selection* al programa principal, es decir:

```
var
  Form1: TForm1;
  Names1:TNames;
  Selection: Char;
  idx:Integer;
  myFile: String;
```

Modifica el método **insert** como se indica a continuación:

```
procedure TNames.insert; // insert a new entry at a specified location
var
  x:integer;
begin
  count:= count+1;
  SetLength(names,count+1); //resize array

  for x:=count downto idx do begin
    names[x].Name:=names[x-1].Name;
```

```
      names[x].Age:=names[x-1].Age;
      names[x].Gender:=names[x-1].Gender;
      names[x].Height:=names[x-1].Height;
   end;

   names[idx].Name:=Form1.Edit1.Text;
   names[idx].Age:=StrToInt(Form1.Edit2.Text);
   names[idx].Gender:=Form1.Edit3.Text;
   names[idx].Height:=Form1.Edit4.Text;

   ShowMessage(Form1.Edit1.Text+' Person now inserted into list');
end;
```

Ahora modifica el método ***add*** de la siguiente manera:

```
procedure TNames.add; // add a new entry on the end of the list
begin
   count:= count+1;
   SetLength(names,count);  //resize array

   names[count-1].Name:=Form1.Edit1.Text;
   names[count-1].Age:=StrToInt(Form1.Edit2.Text);
   names[count-1].Gender:=Form1.Edit3.Text;
   names[count-1].Height:=Form1.Edit4.Text;

   ShowMessage(Form1.Edit1.Text+' Now added to list');
end;
```

A continuación, modifica el método ***delete:***

```
procedure TNames.delete; // delete an entry at a specified location
var
   Reply, BoxStyle: Integer;
   x:integer;
begin
   BoxStyle := MB_ICONQUESTION + MB_YESNO;
   Reply := Application.MessageBox('Are you sure?', 'Delete Name', BoxStyle);
   if Reply <> IDYES then Exit;

   for x:=idx to count-1 do begin
      names[x].Name:=names[x+1].Name;
      names[x].Age:=names[x+1].Age;
      names[x].Gender:=names[x+1].Gender;
      names[x].Height:=names[x+1].Height;
   end;

   count:=count-1;
   SetLength(names,count);  //resize array
end;
```

Agrega los siguientes métodos de implementación de la clase *TForm*:

```
procedure TForm1.FormCreate(Sender: TObject);
begin
 Edit1.Text:='';
 Edit2.Text:='';
 Edit3.Text:='';
 Edit4.Text:='';
 label7.Caption:='';
 Names1:=TNames.Create;
 Names1.initial;
 Names1.displayNames;
end;

procedure TForm1.Button5Click(Sender: TObject);
begin
 Names.savedata;
 ShowMessage ('Save Successfully');
end;

procedure TForm1.Button1Click(Sender: Tobject); // Sort Btn
begin
 Names1.sort;
 frmInit;
end;

procedure TForm1.Button3Click(Sender: TObject);  // Add Btn
begin
 if Form1.IsDataCheckOk = 0 then exit;
 Names1.add;
 frmInit;
end;

function TForm1.IsDataCheckOk : Integer;
var
 flg:Integer;
begin
 flg:=0;
 if (Form1.Edit1.Text='') Or (Form1.Edit2.Text='') Or (Form1.Edit3.Text='') or (Form1.Edit4.Text='') Then
    ShowMessage('Please enter all information')
 else
   flg:=1;

 IsDataCheckOk:=flg;
end;

procedure TForm1.Button7Click(Sender: TObject); // Exit Btn
begin
 Form1.Close;
end;

procedure TForm1.StringGrid1Click(Sender: TObject);
begin
```

```
  Label7.Caption:= IntToStr(StringGrid1.Row);
  idx:= StringGrid1.Row;
end;


procedure TForm1.Button2Click(Sender: TObject);  // Insert Btn
begin
  if Form1.IsDataCheckOk = 0 then exit;
  if idx=0 then
  begin
    showmessage('Please Select a position to insert entry');
    exit;
  end;
  Names1.insert;
  idx:=0;
  Label7.Caption:='';
  frmInit;
end;


procedure TForm1.Button4Click(Sender: Tobject); // Delete Btn
begin
    if idx=0 then
  begin
    showmessage('Please Select the record you wish to delete');
    exit;
  end;
  Names1.delete;
  idx:=0;
  Label7.Caption:='';
  frmInit;
end;


procedure TForm1.frmInit;
begin
  Edit1.Text:='';
  Edit2.Text:='';
  Edit3.Text:='';
  Edit4.Text:='';
  label7.Caption:='';
  Names1.displayNames;
  idx:=0;
end;
```

Modifica el método *loaddata* así:

```
procedure TNames.loaddata;
var
  f : file of TPerson;
  l: Integer;
  myFile: String;
begin
  if Form1.OpenDialog1.Execute then
    myFile:= Form1.OpenDialog1.FileName;
  l:=1;
  FillChar(names,sizeof(names), #0);
  SetLength(names,count+1);
```

```
{$i-}
AssignFile(f, myFile);
Reset(f); // Open file for read
{$i+}
try
   BlockRead(f,names[0], SizeOf(names[0]));
   count := names[0].Age;   // Retrieve Count
   SetLength(names,count+1);

   while not eof(f) do
         begin
             BlockRead(f,names[I], SizeOf(names[I]));
             count:=I;
             I:=I+1;
             end;
   finally
       CloseFile(f);
   end;
   Form1.Label6.Caption:='Current file: '+myFile;
end;
```

Modifica el método *displayNames:*

```
procedure TNames.displayNames; // display the list
var
  i : Integer;
begin
  Form1.StringGrid1.RowCount:=Names1.count;
  Form1.StringGrid1.Cells[0,0]:='Index';
  Form1.StringGrid1.Cells[1,0]:='Name';
  Form1.StringGrid1.Cells[2,0]:='Age';
  Form1.StringGrid1.Cells[3,0]:='Gender';
  Form1.StringGrid1.Cells[4,0]:='Height';

  for i:=1 to Names1.count-1 do begin
    with Form1.StringGrid1 do begin
      cells[0,i]:=IntToStr(i);
      cells[1,i]:=names[i].Name;
      cells[2,i]:=IntToStr(names[i].Age);
      cells[3,i]:=names[i].Gender;
      cells[4,i]:=names[i].Height;
    end;
  end;
end;
```

Modifica *savedate* como a continuación, nota que solo cambia `AssignFile(f, myFile);`

```
procedure TNames.savedata;
var
  f : file of TPerson;
```

```
    I: Integer;
    myFile: String;
Begin
if Form1.SaveDialog1.Execute then
    myFile:=Form1.SaveDialog1.FileName;
    names[0].Age := count;   // Store count

    {$i-}
    AssignFile(f, myFile);
    Rewrite(f);
    {$i+}
    try
    For I:=0 to count do
        BlockWrite(f,names[I], SizeOf(names[I]));

    finally
        CloseFile(f);
    end;
end;
```

Al final de *Unit1* agrega lo siguiente:

```
begin

end.
```

(La declaración `end.` debería encontrase ya al final de la unidad, de manera que no es necesario agregarla).

Ahora ejecuta el programa. Deberías tener una pantalla similar (demostración por defecto):

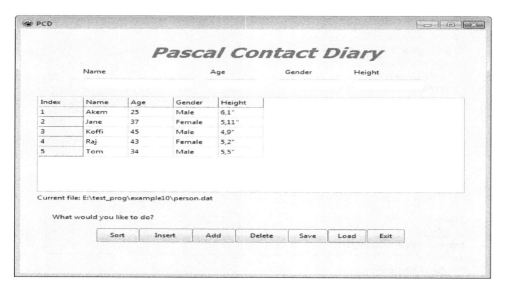

Puedes haber notado que fuimos capaces de utilizar por lo menos 80% del código original y aun así ofrecer al usuario una experiencia mucho mejor. A medida que avanzamos en los otros capítulos, veremos características tales como el conjunto de datos y el poder de las bases de datos.

Este capítulo se enfoca en la facilidad de convertir nuestra aplicación de línea de comandos en una aplicación más agradable para el usuario.

 Cosas para probar

1. Tstring tiene una amplia cantidad de funciones incorporadas. Agrega una función para ordenar la lista mostrada por Edad. No hay necesidad de usar arreglos.

2. Agrega otro botón de Guardado y utiliza ***StringGrid1.SaveToCSVFile(....)***
Nota: La extensión del fichero debe ser .csv

3. Agrega otro botón de Carga y utiliza ***StringGrid1.LoadFromCSVFile(...)***
Nota: La extensión del fichero debe ser .csv

4. Ajusta el tamaño de la celda.

5. Modificar Tanto el Guardar y métodos de carga de manera que si el usuario decide no guardar o cargar los datos a mitad de camino y haga clic en el botón de cancelar el programa no se bloquee.

Sugerencia ... myFile prueba entonces se cumple con la condición de salida.

16 Gráficos, 2D, 3D y Animación

Una descripción... wiki

En el mundo actual sería muy difícil no ver algún formato de material gráfico utilizado para transmitir información de un tipo u otro. Una pequeña sinopsis de Wikipedia lo resume mejor:

"Los gráficos son imágenes visuales o diseños en algunas superficies, tales como una pared, lienzo, pantalla, papel o piedra, para informar, ilustrar o entretener. En uso actual incluyen representaciones ilustrada de datos, como en diseños asistidos por computadoras o manufactura, en composición tipográfica y las artes gráficas, así como en software educacionales y recreativos. Las imágenes que son generadas por una computadora son llamadas gráficos por ordenador.

Algunos ejemplos serían fotografías, dibujos, Arte de Línea, gráficos, diagramas, tipografía, números, símbolos, diseños geométricos, mapas, diseños de ingeniería u otras imágenes. A menudo, los gráficos combinan textos, ilustraciones y colores. El diseño gráfico puede consistir en la selección deliberada, creación o arreglo de solo tipografía, como en un folleto, volante, poster, página web o libro sin ningún otro elemento.

El objetivo puede ser la claridad o comunicación efectiva, así como puede ser buscada la asociación con otros elementos culturales, o simplemente, la creación de un estilo distintivo. Los gráficos pueden ser funcionales o artísticos. Estos últimos pueden ser una versión grabada, tal como una fotografía, o una interpretación de un científico para resaltar las características esenciales, o un artista, en cuyo caso la distinción con los gráficos imaginarios puede ser borrosa.

Cada vez más, nos hemos vuelto dependientes de imágenes para transmitir información de manera rápida y clara y de que los datos sean capaces de interactuar con estas imágenes.

En los capítulos anteriores creamos una Interfaz Gráfica de Usuario (GUI) para nuestra aplicación, de manera que el usuario final pudiera interactuar gráficamente con la aplicación.

Lazarus, sin embargo, va más allá de simples cajas de texto y *grids*. Con Lazarus puedes desarrollar aplicaciones que te puedan traer tus imágenes a la vida (no el tipo de vida de bombear sangre, ¡pero si animarlas!). Los desarrolladores han utilizado Lazarus para construir aplicaciones desde software de juegos interactivos en 3D hasta sistemas de escaneo de imágenes interactivas 3D MRI.

En este capítulo exploraremos algunas de las bases de las imágenes, gráficos 2D y Animación.
Echemos un vistazo rápido a los gráficos 3D.

Módulo de Gráficos de Lazarus dentro de LCL – Introducción

El módulo de gráficos LCL tiene dos clases **drawing.** Allí se encuentra la clase tradicional *drawing* conocida como la clase 'gráfico nativo' y también se encuentran las clases complementarias 'no nativas'.

La clases nativas son encontradas principalmente en la unidad **Graphics** de la LCL. Aquí es donde encuentras clases tales como *TBitmap, TCancas, TFont, TBrush, TPen,* etc.

De la misma manera que un artista utilizaría un lienzo para dibujar encima, Lazarus proporciona un **TCanvas** en el cual puedes ubicar tu trabajo artístico. La clase **TCanvas** se utiliza principalmente para elaborar tus dibujos. Sin embargo, no puede existir sola y, por lo tanto, debe encontrarse unida a un componente visible, por ejemplo: una subclase de control visual, digamos **Tcontrol,** o puede encontrarse unida a un búfer no visual desde un subclase *TrasterImage, TBitmat* (un área de memoria reservada para gráficos de dibujos). *Tfont, Tbrush* y *Tpen* describen la manera en que *TCanvas* realiza las diversas tareas. Así como estas clases de dibujos nativas, existen clases de dibujos no nativas que se encuentran asignadas en las unidades *graphtype (TRawImage), intfgraphics (TLazIntfImage)* y *lazcanvas.*

TRawImages es el almacenamiento y descripción de un área que contiene una imagen. *TLazIntfImage* es una imagen que se une a si misma con *TRawImage* y se encarga de la conversión entre *TFPColor* y el formato de píxeles reales de *TRawImage. TLazCanvas* es un *Canvas* no nativo que puede dibujar una imagen en *TLazIntfImage.*

Los detalles de cómo todo esto trabaja con la plataforma subyacente no son relevantes para el propósito de este libro. Sin embargo, cabe destacar que en el conjunto de *widget* LCL-CustomDrawn las clases nativas son implementadas utilizando clases no nativas.
A medida que avanzamos a través del resto del capítulo, se tornará más claro un mejor entendimiento de estas clases.

Trabajar con Tcanvas

Lleve a cabo las siguientes tareas:

1. Lanza el IDE de Lazarus e inicia un nuevo proyecto.

2. Ubica un botón estándar en el formulario.

Diseñar líneas

Diseñar líneas es uno de los requerimientos más esenciales cuando dibujamos en la pantalla.
Haz doble clic en el botón (asumiendo que tiene por nombre *button1*) y agrega el siguiente código:

```
procedure TForm1.Button1Click(Sender: TObject);
begin
 canvas.Line(0,0, form1.Width,form1.Height);
 canvas.Line(0,form1.height,form1.width,0);
end;
```

Guarda y ejecuta el programa.

Al hacer clic en el botón, este ejemplo debería dibujar dos líneas diagonales desde cada esquina del formulario.

La declaración `canvas.Line(0,0, form1.Width,form1.Height);` dibuja una línea en el *Canvas* desde las coordenadas x1,y1 hasta x2,y2 con el color de pincel por defecto.

El método *line* toma cuatro parámetros de entrada. Los primeros dos x1,y1 marcan el inicio de la línea y x2,y2 marca el final de la línea. Por defecto, el color del pincel es negro, por lo tanto, las líneas deberían ser dibujadas en color negro.

Modifica el código como a continuación:

```
procedure TForm1.Button1Click(Sender: TObject);
begin
 canvas.Pen.color:= clred;
 canvas.Line(0,0, form1.Width,form1.Height);
 canvas.Pen.color:= clgreen;
 canvas.Line(0,form1.height,form1.width,0);
end;
```

Este ejemplo de arriba dibuja las mismas dos líneas diagonales, pero esta vez en dos colores diferentes.

Nota que si deseas que ambas líneas sean de un solo color solo necesitas establecer el color del pincel una vez.

Modifica el código como a continuación:

```
procedure TForm1.Button1Click(Sender: TObject);
var
 x : Integer;
begin
 canvas.Pen.color:= clred;
 canvas.Line(0,0, form1.Width,form1.Height);
 canvas.Pen.color:= clgreen;
 canvas.Line(0,form1.height,form1.width,0);
 canvas.Pen.color:= clpurple;

 for x:=100 to 105 do
   canvas.Line(x,50,x+250,200);

 canvas.Pen.Color:=clBlue;
 canvas.Line(100,150,350,200);
 end;
```

Deberías ver la siguiente pantalla:

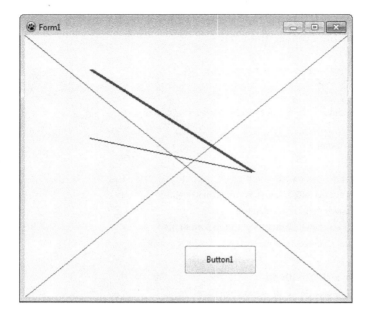

Puedes haber notado que si redimensionas la pantalla, las líneas desaparecerán dejando apenas el botón. Esto se debe a que cada vez que la pantalla cambia, por ejemplo se redimensiona, se vuelve a pintar. Para evitar que esto acontezca haz lo siguiente:

selecciona **Form1** en el inspector de objeto; haz clic en la pestaña *Event*, selecciona *OnPaint dropdown* y finalmente selecciona

Button1Click, es decir:

Guarda los cambios y ejecuta el programa. Cuando redimensiones la ventana, las líneas permanecerán en la pantalla. Nota también que esta vez las líneas aparecen sin la necesidad de hacer clic en el botón.

El *OnPaint* llamará al método *Button1Click* cada vez que vuelva a pintar el formulario.

Dibujar rectángulos

Dibujar rectángulos no es muy diferente que dibujar líneas. Modifica el código para dibujar ahora rectángulos y luego ejecútalo:

```
procedure TForm1.Button1Click(Sender: TObject);
begin
 canvas.Pen.color:= clmaroon;
 Canvas.Rectangle (30,30,100,150);
end;
```

La salida debería ser como se muestra a continuación:

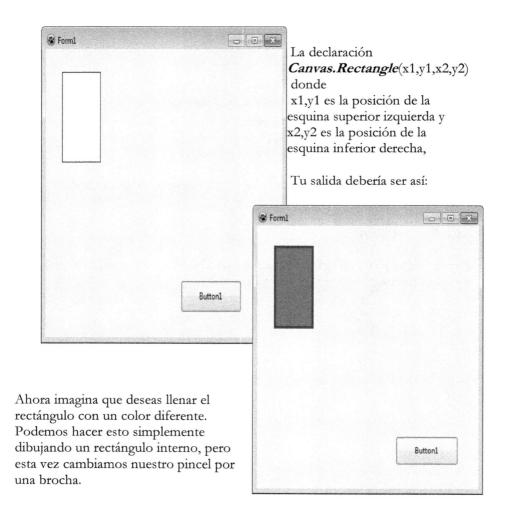

La declaración
Canvas.Rectangle(x1,y1,x2,y2)
donde
x1,y1 es la posición de la esquina superior izquierda y x2,y2 es la posición de la esquina inferior derecha,

Tu salida debería ser así:

Ahora imagina que deseas llenar el rectángulo con un color diferente. Podemos hacer esto simplemente dibujando un rectángulo interno, pero esta vez cambiamos nuestro pincel por una brocha.

Modifica el código de la siguiente manera:

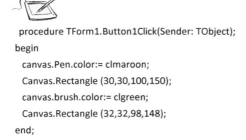

```
procedure TForm1.Button1Click(Sender: TObject);
begin
  canvas.Pen.color:= clmaroon;
  Canvas.Rectangle (30,30,100,150);
  canvas.brush.color:= clgreen;
  Canvas.Rectangle (32,32,98,148);
end;
```

La declaración ***canvas.brush.color*** llena el rectángulo, en nuestro caso, con el color verde.

Dibujar círculos y elipses

Para dibujar círculos y elipses utilizamos el método ***single ellips.*** Modifica el código de la siguiente manera:

```
procedure TForm1.Button1Click(Sender: TObject);
begin
  canvas.Pen.color:= clmaroon;
  Canvas.Rectangle (30,30,100,150);

  canvas.brush.color:= clgreen;
  Canvas.Rectangle (32,32,98,148);

  canvas.brush.color:=$906050;
  canvas.Ellipse(34,34,96,146);

end;
```

Debería aparecer lo siguiente:

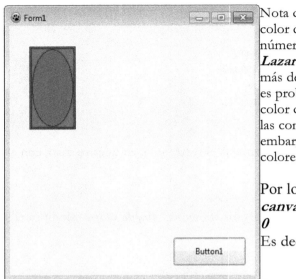

Nota que esta vez asignamos el color de la brocha utilizando números. Actualmente la clase **Lazarus Tcolor** soporta poco más de 50 colores. Por lo tanto, es probable que necesites un color que no esté soportado por las contantes **Tcolor**. Sin embargo, puedes utilizar los colores RGB.

Por lo tanto tenemos **canvas.brush.color:=$906050**
Es decir $bbggrr

donde bb = el rango de color Azul, gg = el rango de color Verde y rr = el rango de color Rojo.

La declaración *canvas.Ellipse* (x1,y1,w,h) te permite dibujar círculos y elipses a través de cuatro parámetros de entrada.

La coordenada (x1,y1) marca la ubicación de inicio en la esquina superior izquierda (como una coordinada de rectángulo)
Donde 'w' es la anchura (diámetro horizontal) del círculo/elipse y 'h' es la altura (diámetro vertical) del círculo/elipse.

El siguiente ejemplo añade una elipsis al ejemplo anterior.

Modifica el código añadiendo la siguiente declaración y ejecuta el código.

```
canvas.brush.color:=clblue;
canvas.Ellipse(100,50,240,240);
```

Este código dibuja un círculo azul de 240 píxeles de diámetro en la localización x(100) y y(50).

Dibujar polígonos

La habilidad de dibujar polígonos es extremamente útil para crear gráficos atractivos.
Aquí utilizaremos **Polígonos** para dibujar una forma cerrada de varios lados en el *Canvas*.

Los parámetros de entrada del polígono son ligeramente diferentes.
Definidos como a continuación:

```
Public procedure TCanvas.Polygon(
  Const Points: array of TPoint;
  Winding: Boolean;
  StartIndex: Integer = 0;
  NumPts: Integer = -1
);

procedure TCanvas.Polygon(
  Points: Point;
  NumPts: Integer;
  Winding: Boolean = false
); virtual;

procedure TCanvas.Polygon(
  Const Points: array of TPoint
);
```

Descripción

Method: TCanvas.Polygon
Params: Points: array of TPoint; Winding: Boolean = False; StartIndex: Integer = 0; NumPts: Integer = -1
Returns: Nothing

Utiliza *Polygon* para dibujar una forma cerrada de varios lados en el *Canvas* utilizando el valor del pincel. Después de dibujar la forma completa, *Polygon* llena la forma utilizando el valor de la Brocha.

El parámetro *Points* es un arreglo de puntos que proporciona las vértices del polígono. *Winding* determina como el polígono es rellenado. Cuando *Winding* es *True*, *Polygon* llena la forma utilizando el algoritmo *Winding fill*.

Cuando *Winding* es *False*, *Polygon* utiliza el algoritmo *even-odd (alternative) fill..*
StartIndex proporciona el índice del primer punto en el arreglo para utilizar.
Todos los puntos posteriores a éste son ignorados.
NumPts indica el número de puntos a utilizar, comenzando con *StartIndex*. Si
NumPts es -1 (por defecto), *Polygon* utiliza todos los puntos desde *StartIndex* hasta
el final del arreglo.
El primer punto siempre está conectado con el último punto.

Sin embargo nota que para dibujar un polígono en el *Canvas* sin llenarlo, utiliza
el método **Polyline,** especificando el primer punto una segunda vez al final.

El siguiente ejemplo demuestra cómo los polígonos pueden ser utilizados para
crear imágenes decorativas. (Esto es una versión pascal del programa de ejemplo
Owen Bishop Java - *Getting started in java)*
Modifica el código para realizar lo siguiente:

1. Esconde el botón en el formulario.
2. Escribe el siguiente código y ejecútalo:

```
procedure TForm1.Button1Click(Sender: TObject);
begin
  Form1.Color:=clSkyBlue;
  Form1.Height:=495;

  canvas.Brush.Color:=clBlue;
  canvas.Rectangle (0, 310,form1.Width,form1.Height);

  Canvas.Pen.Color := clRed;
  Canvas.Brush.Color := clYellow;

  //  Utilizing open array construct and Point record.
  Canvas.Polygon([Point(180,60), Point(180,380), Point(340,380)]);

  Canvas.Polygon([Point(180,60),Point(145,120),Point(120,180),Point(105,240),Point(110
  ,300),Point(120,340),

  Point(145,375),Point(175,380),Point(160,340),Point(145,300),Point(140,240),Point(150,
  180),Point(160,120)]);

  Canvas.Brush.Color:=clred;
  Canvas.Polygon([Point(80,395),Point(130,420),Point(360,420),Point(380,400)]);

  Canvas.Polygon([Point(180,40),Point(180,60),Point(220,50)]);
```

```
            Canvas.Rectangle(180,40,178,420);
        end;
```
Debería aparecer la siguiente salida:

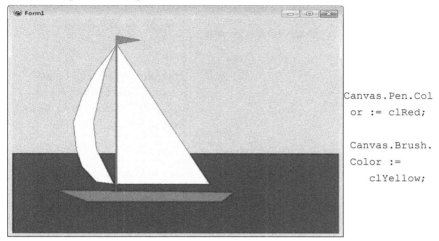

```
Canvas.Pen.Col
  or := clRed;

Canvas.Brush.
Color :=
    clYellow;
```

Al colocar estos dos –uno inmediatamente a seguir del otro- obtienes la línea roja encerrando las velas amarillas.

Trabajar con texto

El ejemplo a continuación demuestra cómo mostrar texto gráfico en la pantalla. Ahora comenta el código anterior y agrega el siguiente código al final:

```
canvas.brush.color:=clCream;
canvas.Font.Color:=clBlack;
canvas.Font.Size:=18;
canvas.TextOut(300,50,'Graphics with Lazarus');

canvas.Font.Color:=clGreen;
canvas.Font.Size:=12;
canvas.TextRect(Rect(10,10,100,100),10,10,'Hello
world!');
Canvas.Brush.Color := clRed;
Canvas.FrameRect(Rect(10,10,100,100));
```

Debería aparecer la siguiente salida:

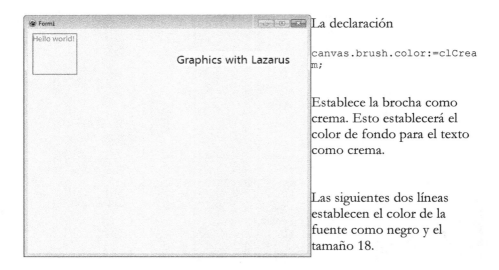

La declaración

```
canvas.brush.color:=clCrea
m;
```

Establece la brocha como crema. Esto establecerá el color de fondo para el texto como crema.

Las siguientes dos líneas establecen el color de la fuente como negro y el tamaño 18.

Esta declaración `canvas.TextOut(300,50, 'Graphics with Lazarus');` coloca el texto en sí en la pantalla, en las coordenadas de pantalla 300 pixeles horizontal desde la esquina izquierda del *Canvas* y 50 píxeles abajo desde la parte superior del *Canvas*.

El siguiente conjunto de códigos muestra la prueba *"Hello World!"* en un rectángulo definido por las coordenadas (10,10) y (100,100). Después de mostrar el texto con el método **TextRect,** el código dibuja un fotograma rojo alrededor del rectángulo.

A continuación, descomenta el código *boat* que comentaste anteriormente. Guarda y ejecuta. Deberías tener el código *polygon* y el código *text* mostrados en pantalla (es decir, *boat* y ambos textos gráficos).

Animación

La animación es ampliamente utilizada en los programas gráficos de computadores hoy en día. El siguiente ejemplo, a pesar de ser bastante sencillo y rudimentario, ilustra algunos aspectos básicos y cómo Lazarus los supera utilizando su soporte de gráficos 2D y 3D avanzado.

Modifica el código actual de la siguiente manera:

- Agrega los siguientes métodos a la clase **TForm** y agrega la implementación de código que se muestra a continuación

```
procedure TForm1.MoveText1(x:integer;sw:Boolean);
begin
 canvas.brush.color:=clSkyBlue;
 if sw then canvas.Font.Color:=clBlack else canvas.Font.Color:=clSkyBlue;
 canvas.Font.Size:=18;
 canvas.TextOut(x,50,'Graphics with Lazarus');
end;


procedure TForm1.MoveText2(x:integer;sw:Boolean);
begin
 if sw then canvas.Font.Color:=clGreen else canvas.Font.Color:=clSkyBlue;
 canvas.Font.Size:=12;
 canvas.TextRect(Rect(x+10,10,x+100,100),x+10,10,'Hello world!');
 if sw then Canvas.Brush.Color:=clRed else Canvas.Brush.Color:=clSkyBlue;
 Canvas.FrameRect(Rect(x+10,10,x+100,100));
end;
```

- Coloca un **TTimer** en el formulario y establece el intervalo a 100.

- Agrega un evento **OnTimer** y agrega el siguiente código:

```
procedure TForm1.Timer1Timer(Sender: TObject);
begin
 MoveText1(x,false);
 MoveText2(x,false);
 x:=(x+10) Mod 495;
 MoveText1(x,true);
 MoveText2(x,true);
 Button1Click(Sender);
```

end;

A continuación comienza en el final de la unidad y establece x:=-290, es decir

begin

x:=-290;

end.

Modifica *Button1click* de la siguiente manera:

```
procedure TForm1.Button1Click(Sender: TObject);
begin
 Form1.Color:=clSkyBlue;
 Form1.Height:=495;
 canvas.Brush.Color:=clBlue;
 canvas.Rectangle (0, 310,form1.Width,form1.Height);

 Canvas.Pen.Color := clRed;
 Canvas.Brush.Color := clYellow;

 //  Utilizing open array construct and Point record.
 Canvas.Polygon([Point(180,60), Point(180,380), Point(340,380)]);


 Canvas.Polygon([Point(180,60),Point(145,120),Point(120,180),Point(105,240),Point(110
 ,300),Point(120,340),

 Point(145,375),Point(175,380),Point(160,340),Point(145,300),Point(140,240),Point(150,
 180),Point(160,120)]);

 Canvas.Brush.Color:=clred;
 Canvas.Polygon([Point(80,395),Point(130,420),Point(360,420),Point(380,400)]);

 Canvas.Polygon([Point(180,40),Point(180,60),Point(220,50)]);
 Canvas.Rectangle(180,40,178,420);
end;
```

Guarda los cambios y ejecuta el código. Deberías ver el barco polígono aparecer y los dos –gráfico y texto – parpadeando a través de la pantalla.

Formato de ventanas de Lazarus

Los gráficos de imagen son ubicados en una ventana rectangular típica, sin embargo Lazarus también te permite cambiar su forma.

Para demostrar haz lo siguiente;
1. Coloca un botón **ToggleBox** en el formulario.
2. Haz doble clic en el botón para edita sus eventos **ToggleBox1Change.**
3. Agrega el siguiente código a los eventos.

```
procedure TForm1.ToggleBox1Change(Sender: TObject);
    var
      Bitmap1: TBitmap;
    begin
      if not ToggleBox1.Checked then form1.Close;

      BorderStyle:=bsNone;  // Hide the titlebar
      Bitmap1 := TBitmap.Create;
      Bitmap1.Monochrome := True;
      Bitmap1.Width := Form1.Width;
      Bitmap1.Height := Form1.Height;

      // make form ellipse
      Bitmap1.Canvas.Ellipse(0, 0, Form1.Width, Form1.Height);
      SetShape(Bitmap1);
      Bitmap1.Free;
    end;
```

Al hacer clic en el botón, la forma elipse (como se muestra) debería aparecer. Al hacer clic en el botón nuevamente el programa debería terminar.

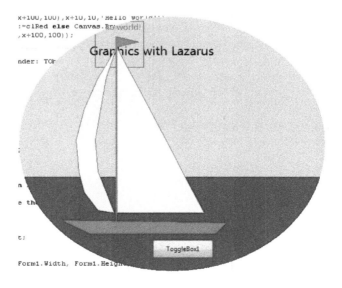

Guardar la imagen

Ahora que has creado tu obra maestra, sería agradable guardarla para la posteridad, así que eso es exactamente lo que haremos. Realiza la siguiente tarea:

1. Coloca un botón en el formulario.
2. Introduce el siguiente código, guárdalo y ejecuta el programa,

```
procedure TForm1.Button2Click(Sender: TObject);
var
  Bitmap1: TBitmap;
begin
  BorderStyle:=bsNone;  // Hide the titlebar
  Bitmap1 := TBitmap.Create;
  Bitmap1.Width := Form1.Width;
  Bitmap1.Height := Form1.Height;
  bitmap1.Canvas.CopyRect(Rect(0,0,Width,Height),canvas,Rect(0,0,Width,Height));

  try
  Bitmap1.SaveToFile('myImg.bmp');

  finally
   Bitmap1.Free;
  end;
end;
```

La declaración anterior:

```
bitmap1.Canvas.CopyRect(Rect(0,0,Width,Height),canvas,Rect(0,0,
Width,Height));
```

simplemente copia la imagen del *Canvas* del formulario para el *Canvas* del mapa de bits de manera que consigues guardar tu imagen.

El ejemplo guarda la imagen en la carpeta actual con el nombre ***myImg.bmp***

Cargar una imagen desde el disco

Una vez guardada la imagen en el disco, podemos, en algún momento posterior, querer recuperar la imagen para verla, o cualquier otra imagen. Lazarus ofrece varias maneras de hacer esto. Aquí está una de ellas:

- Para demostrar esto, haz lo siguiente:
- Agrega otro formulario al proyecto.
- Desde la paleta *additional* añade un componente **TImage** y dimensiónalo a 450x312.
- Agrega un botón estándar al formulario (es decir, form2).
- Agrega desde la paleta *Dialog* el componente **TopenDialig.**
- Haz doble clic en el Botón para crear una *Shell* vacía de tipo **OnClick** event.
- Modifica el evento del botón como a continuación:

```
procedure TForm2.Button1Click(Sender: TObject);
var
  myFile:String;
begin
 image1.Stretch:=true;
 if OpenDialog1.Execute then   myFile:= OpenDialog1.FileName;

 try
   image1.Picture.LoadFromFile(myFile);
 finally
   if myFile = '' then showmessage('File not found');
 end;
end;
```

Form2 debería ser de la siguiente manera:

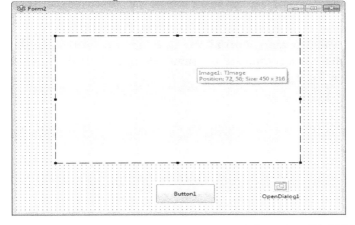

- Ahora ve a *Form1* y agrega un botón estándar al formulario (es decir, *button3*)
- Haz doble clic en el botón y agrega la siguiente declaración a su evento **OnClick** events **Form2.show;**
  - procedure TForm1.Button3Click(Sender: TObject);
  - begin
  - Form2.Show;
  - end;
- Incluye **Unit2** en la sección *Use.*

Guarda los cambios y ejecuta el programa.

En el primer formulario haz clic en *button3*. Debería aparecer una segunda ventana con un único botón en el formulario; haz clic en el botón (por ahora, selecciona la imagen **myImg.bmp** como si esta fuera la imagen *hard-coded* almacenada en tu disco duro por el programa).

Hay un par de puntos interesantes que vale la pena mencionar aquí:

1. En vez de ubicar la imagen directamente en los *Canvas* del formulario, las ubicamos en un componente de imagen. Esta es una técnica normalmente preferida para colocar imágenes en formularios.

2. La declaración *image1.Stretch:=true*; asegura que la imagen cabe dentro del cuadro de imagen. Si está línea estuviera comentada, entonces la imagen sería o muy grande (y solo una parte de la imagen sería mostrada) o muy pequeña (dejando un borde alrededor de la imagen).

Cabe destacar que este programa solo soporta imágenes de formato .bmp. Sin embargo, por regla general, Lazarus puede soportar considerablemente más formatos.

Una vez ejecutes tu programa, **Form2** debería aparecer de manera similar a la imagen que se muestra a continuación (asumiendo que lo guardaste de esta manera en primer lugar):

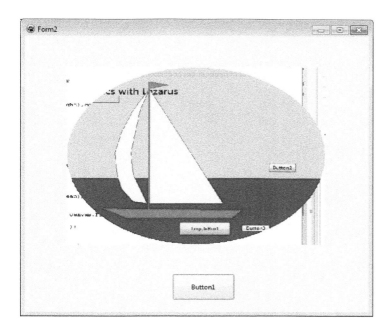

Diseño a mano alzada

El siguiente ejemplo demuestra cómo puedes utilizar los píxeles para realizar un dibujo a mano alzada.

Para realizar esta tarea haz lo siguiente:

Agrega otro formulario al proyecto, y estructúralo de la siguiente manera:

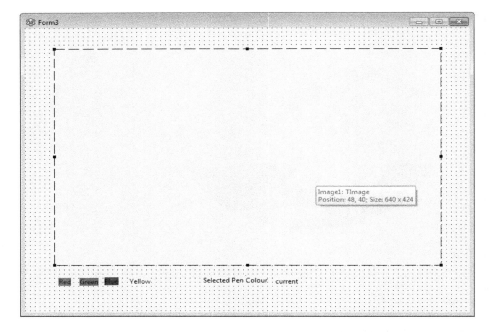

Coloca un botón en **Form2** e introduce un evento **OnClick**, y luego añade **Form3.show;** acuérdate de incluir el comando **use ...., unit3;** en el código fuente *unit2*.

Tu clase *TForm3* debería ser de la siguiente manera y la variable *flg* debería ser añadida:

```
TForm3 = class(TForm)
    Image1: TImage;
    Label1: TLabel;
    Label2: TLabel;
    Label3: TLabel;
    Label4: TLabel;
    Label5: TLabel;
    Label6: TLabel;
    procedure FormCreate(Sender: TObject);
    procedure Image1MouseDown(Sender: TObject; Button: TMouseButton;
        Shift: TShiftState; X, Y: Integer);
    procedure Image1MouseMove(Sender: TObject; Shift: TShiftState;
X, Y: Integer
        );
    procedure Image1MouseUp(Sender: TObject; Button: TMouseButton;
        Shift: TShiftState; X, Y: Integer);
    procedure Label1Click(Sender: TObject);
```

```
  procedure Label2Click(Sender: TObject);
  procedure Label3Click(Sender: TObject);
  procedure Label4Click(Sender: TObject);
private
  { private declarations }
public
  { public declarations }
end;


var
  Form3: TForm3;
  flg:boolean;
```

La implementación es la siguiente:

```
procedure TForm3.Image1MouseMove(Sender: TObject; Shift:
TShiftState; X,
  Y: Integer);
begin
    if flg then Image1.Canvas.Pixels[X,Y]:=label6.Color;
end;


procedure TForm3.Image1MouseUp(Sender: TObject; Button:
TMouseButton;
  Shift: TShiftState; X, Y: Integer);
begin
  flg:=false;
end;


procedure TForm3.Label1Click(Sender: TObject);
begin
  label6.Color:=label1.Color;
end;


procedure TForm3.Label2Click(Sender: TObject);
begin
  label6.Color:=label2.color;
end;


procedure TForm3.Label3Click(Sender: TObject);
begin
  label6.Color:=label3.color;
end;
```

```
procedure TForm3.Label4Click(Sender: TObject);
begin
   label6.Color:=label4.color;
end;

procedure TForm3.Image1MouseDown(Sender: TObject; Button:
TMouseButton;
   Shift: TShiftState; X, Y: Integer);
begin
     flg:=true;
end;

procedure TForm3.FormCreate(Sender: TObject);
begin
   Form3.Color:=clSkyBlue;
   image1.Canvas.Rectangle(0,0,image1.Width,image1.Height);
   image1.Canvas.Brush.Color:=clWhite;
end;
```

Guarda y ejecuta el programa. Ahora navega hasta **Form3,** selecciona un color y simplemente dibuja tu pieza maestra con el ratón.

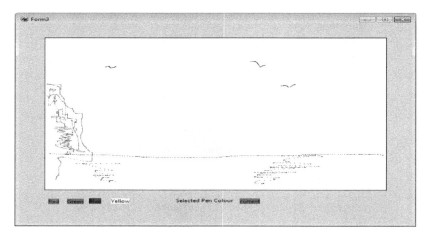

La técnica utilizada aquí dibuja pixeles a medida que el ratón se mueve. Si presionas el botón del ratón aparecerá una bandera.

```
procedure TForm3.Image1MouseMove(Sender: TObject; Shift:
TShiftState; X,
  Y: Integer);
begin
    if flg then Image1.Canvas.Pixels[X,Y]:=label6.Color;
end;
```

Los métodos de evento *MouseUp* y *MouseDown* establecen la bandera (flg) para *'true'* si el botón del ratón es presionado (MouseDown) y *'false'* si no es presionado (MouseUp)

```
procedure TForm3.Image1MouseUp(Sender: TObject; Button:
TMouseButton;
  Shift: TShiftState; X, Y: Integer);
begin
  flg:=false;
end;


procedure TForm3.Image1MouseDown(Sender: TObject; Button:
TMouseButton;
  Shift: TShiftState; X, Y: Integer);
begin
    flg:=true;
end;
```

Un rápido vistazo general hasta ahora

Método / Propiedad	Descripción
Procedure Arc	Dibuja un arco utilizando el Pincel
Procedure CopyRect	Copia una parte de otro *Canvas*
Procedure Draw	Dibuja una clase de imagen (tal como *Tbitmap)* en el *Canvas*
Procedure StretchDraw	Dibuja una version escalada de una imagen
Procedure Ellipse	Dibuja un esbozo de elipse utilizando el pincel
Procedure FloodFill	Rellena la superficie de píxeles conectados con un color
Procedure Line	Dibuja una línea única utilizando el pincel
Procedure Polygon	Dibuja un esbozo de polígono utilizando el pincel
Procedure Polyline	Dibuja una secuencia de líneas conectadas utilizando el pincel
Procedure Rectangle	Dibuja un fotograma de rectángulo utilizando el pincel y rellena su contenido utilizando la brocha
Procedure TextOut	Dibuja texto utilizando la herramienta de fuente
Procedure TextRect	Dibuja texto dentro de un rectángulo específico
Function TextExtent	Devuelve el tamaño total de un texto específico
Function TextHeight	Devuelve la altura de un texto específico
Function TextWidth	Devuelve la anchura de un texto especifico
Property Pixels: Tcolor [read/write]	Cada píxel individual de la imagen puede ser establecido con esta propiedad. Dibuja un punto (el equivalente a dibujar un *TPoint).*

Colores

Constante	Número Hex	Descripción
clBlack	Tcolor ($000000)	Negro
clMaroon	Tcolor ($000080)	Granate
clGreen	Tcolor ($008000)	Verde
clOlive	Tcolor ($008080)	Oliva
clNavy	Tcolor ($800000)	Azul marino
clPurple	Tcolor ($800080)	Morado
clTeal	Tcolor ($808000)	Verde azulado
clGray	Tcolor ($808080)	Gris
clSilver	Tcolor ($C0C0C0)	Plata
clRed	Tcolor ($0000FF)	Rojo
clLime	Tcolor ($00FF00)	Lima
clYellow	Tcolor ($00FFFF)	Amarillo

clBlue	Tcolor ($FF0000)	Azul
clFuchsia	Tcolor ($FF00FF)	Fucsia
clAqua	Tcolor ($FFFF00)	Cian
clLtGray	Tcolor ($C0C0C0)	Plata y Gris
clDkGray	Tcolor ($808080)	Gris y Gis oscuro
clWhite	Tcolor ($FFFFFF)	Blanco
clMoneyGreen	Tcolor ($C0DCC0)	Una nota brillante
clSkyBlue	Tcolor ($F0CAA6)	Azul cielo
clCream	Tcolor ($F0FBFF)	Gris muy claro
clMedGray	Tcolor ($A4A0A0)	Otro gris medio

Gráficos 2D y 3D

Hasta ahora hemos cubiertos temas básicos. Para sacar lo mejor de nuestro hardware gráfico de computadora necesitaremos algo con un poco más de poder. Para este poder veremos el *OpenGL* (**Open G**raphics **L**ibrary).

OpenGL

A pesar de los gráficos avanzados 2D y 3D para juegos encontrarse fuera del ámbito de este libro, aun así podemos ver algunas de las ideas y técnicas con ejemplos simples de codificación.

OpenGL es una interfaz de programación de aplicaciones (API) multiplataforma y de lenguaje múltiple para renderizar gráficos de vectores 2D y 3D. La API es usualmente utilizada para interactuar con una unidad de procesamiento de gráficos (GPU), con el fin de alcanzar la renderización acelerada del hardware.

OpenGL ha transformado la industria estándar y ha permitido que miles de aplicaciones sean desarrolladas para una amplia variedad de plataformas de computadoras. Con *OpenGL*, los desarrolladores pueden proporcionar una aplicación de alta calidad y rendimiento, desarrollada en un tiempo mínimo. *OpenGL* es gestionada por el grupo de consorcio tecnológico sin fines de lucros Khronos (http://www.khronos.org/).

OpenGL ha sido utilizada para desarrollar cualquier cosa, desde animaciones de alto rendimiento 3D hasta diseño asistido por computadora (CAD), imágenes médicas y realidad virtual, por nombrar algunos.

Las ventajas del *OpenGL* son:

- Al ser manejado por un consorcio sin fines de lucros, *OpenGL* se convierte en vendedor-neutral. Su multiplataforma se ve reflejada en su amplio apoyo por parte de la industria. La especificación *OpenGL* es guiada por la Junta de Revisión de la Arquitectura de *OpenGL*. *OpenGL* es visto como la industria estándar.

- *OpenGL* ha existido durante varios años, encontrando millares de aplicaciones; cada nueva revisión se asegura que es compatible hacía atrás, lo que lo convierte en un estándar muy estable.

- A pesar de sistemas operativos o sistemas de ventanas, los creadores de hardware son compiladores API *OpenGL*. Por lo tanto, todas las aplicaciones *OpenGL* producen resultados consistentes de pantallas visuales, garantizando que sus aplicaciones son confiables de la misma manera que son portables.

- Debido a su constante actualización, *OpenGL* también se encuentra en constante evolución. *OpenGL* permite todas las innovaciones de nuevos hardware para ser accesibles a través de API, vía la extensión mecánica de *OpenGL*.

- La escalabilidad de *OpenGL* significa que las aplicaciones *OpenGL* basadas en API pueden correr en sistemas operativos que van desde electrónicos de consumo hasta PCs, puestos de trabajo y súper-computadores. Como resultado, las aplicaciones pueden escalar a cualquier tipo de máquina que el desarrollador escoja como objetivo.

- *OpenGL* está bien estructurada, con un diseño intuitivo y comandos lógicos, lo que hace que su uso sea fácil. *OpenGL* encapsula su código y sus *drivers*, liberando, de esta manera, a los desarrolladores de aplicaciones de tener que diseñar características de hardware específicas.

- Busca en internet y encontrarás una variedad de libros baratos y fáciles de obtener, documentación y ejemplos de código acerca de *OpenGL*.

Tubería de programación de visualización de *OpenGL*
Camino del tratamento de imágenes

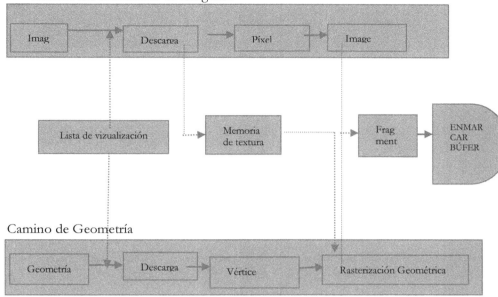

OpenGL opera en datos de imágenes así como en primitivos geométricos.

A pesar de que una discusión completa sobre Desarrollo de Aplicaciones con *OpenGL* se encuentra fuera del ámbito de este libro, sería agradable ver cuáles son los soportes que tiene Lazarus. De hecho, Lazarus viene con *OpenGL* como paquete de componente estándar.

El próximo ejemplo lo realizaremos con *OpenGL*.

Lazarus incluye **TOpenGLControl** – Un control LCL con un contexto *OpenGL*. El paquete **LazOpenGLContext** puede ser encontrado en las siguientes rutas:

Windows
C:\lazarus\components\opengl\lazopenglcontext.lpk el ejemplo se encuentra en:
C:\lazarus\components\opengl\example\testopenglcontext1.lpr

Linux...
/usr/local/share/lazarus/components/opengl/lazopenglcontext.lpk. Un ejemplo puede ser encontrado en:
/usr/local/share/lazarus/components/opengl/examples/testopenglcontext1.lpr

Mac OS X...

/Developer/lazarus//components/opengl/lazopenglcontext.lpk y el ejemplo puede ser encontrado en:
/Developer/lazarus/components/opengl/examples/testopenglcontext1.lpr

Ejecutar el ejemplo

Paso 1 – instala el paquete
c:\lazarus\components\opengl\lazopenglcontext.lpk *(No es necesario para el programa de ejemplo que viene con el instalador de Lazarus)*

Paso 2 – Crea una nueva carpeta y nómbrala **myopenlgl** a la que puedas acceder. Copia la carpeta de ejemplo en ella, es decir;

c:\lazarus\components\opengl\example a **myopengl**

Paso 3 – Encuentra en tu carpeta de ejemplo **testopenglcontext1.lpr** y haz doble clic en el lanzador del IDE de Lazarus y carga el programa.

Paso 4 – Ejecuta el programa. Al ejecutar el programa deberías ver un cubo giratorio como se muestra a continuación.

Familiarízate con el código.

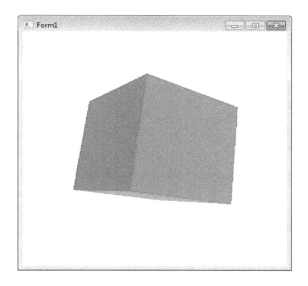

Ahora es tiempo para escribir tu propio código.

Realiza la siguiente tarea:

- Inicia un nuevo proyecto.
- Desde la pestaña *OpenGL* en la paleta LCL coloca el control **TOpenGLControl** en el centro del formulario y ajusta su tamaño a 328 x 328.
- Ve a la paleta de sistema y coloca el control *Ttimer* en el formulario y establece el intervalo a 100.
- Haz clic en el control **TOpenGLControl** y haz clic en la pestaña *events*.
- Para la clase **Form1** bajo *public declaration* agrega lo siguiente:
  ```
  Shape_rotationx: GLFloat;
  Shape_rotationy: GLFloat;
  Shape_rotationz: GLFloat;
  ```
- La clase debería ser como a continuación:
  ```
  TForm1 = class(TForm)
      OpenGLControl1: TOpenGLControl;
      Timer1: TTimer;
      procedure OpenGLControl1Paint(Sender: TObject);
      procedure Timer1Timer(Sender: TObject);
  ```

```
private
  { private declarations }
public
  { public declarations }
  Shape_rotationx: GLFloat;
  Shape_rotationy: GLFloat;
  Shape_rotationz: GLFloat;
end;
```

Ahora modifica el procedimiento *TForm1.OpenGLControl1Paint(Sender: TObject);* como se indica:

```
var
 Speed: Double;
begin
 glClearColor(1.0, 1.0, 1.0, 1.0);
 glClear(GL_COLOR_BUFFER_BIT or GL_DEPTH_BUFFER_BIT);
 glEnable(GL_DEPTH_TEST);

 glMatrixMode(GL_PROJECTION);
 glLoadIdentity();
 gluPerspective(20.0, double(width) / height, 0.1, 100.0);
 glMatrixMode(GL_MODELVIEW);
 glLoadIdentity();

 glTranslatef(0.0, 0.0,-6.0);
 glRotatef(shape_rotationx, shape_rotationy, shape_rotationz, 0.0);

 glClear(GL_COLOR_BUFFER_BIT or GL_DEPTH_BUFFER_BIT);
 glBegin(GL_QUADS);
   glColor3f(0.5, 0.0, 1.0); // make this vertex purple
   glVertex2f(-0.75, 0.75);
   glColor3f(1.0, 0.0, 0.0); // make this vertex red
   glVertex2f(-0.75, -0.75);
   glColor3f(0.0, 1.0, 0.0); // make this vertex green
   glVertex2f(0.75, -0.75);
   glColor3f(1.0, 1.0, 0.0); // make this vertex yellow
   glVertex2f(0.75, 0.75);
 glEnd();

 Speed := double(OpenGLControl1.FrameDiffTimeInMSecs)/100;
 Shape_rotationx += 5.15 * Speed;
```

```
        Shape_rotationy += 5.15 * Speed;
        Shape_rotationz += 20.0 * Speed;


    OpenGLControl1.SwapBuffers;
    OpenGLControl1.Invalidate;
end;
```

Haz clic en el *Timer* y crea ***OnTimer*** *events* y declara
`OpenGLControl1Paint(Sender);`

El código debería ser como a continuación:

```
procedure TForm1.Timer1Timer(Sender: TObject);
begin
  OpenGLControl1Paint(Sender);
end;
```

Guarda los cambios y ejecuta el programa. Deberías ver una forma cuadrada multicolorida y plana girando alrededor de un eje diagonal. La forma debería ser de la siguiente manera:

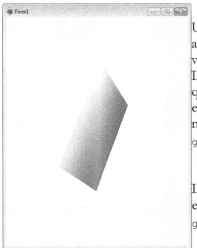

Utilizar glColor3f() requiere 3 argumentos: los componentes rojo, verde y azul del color que quieres. Después que utilizas glColor3f, todo lo que dibujes estará en ese color. Por ejemplo, considera esta función de muestra:
`glColor3f(0.5, 0.0, 1.0); //`
` make this vertex purple`

Luego, llamamos al vértice para dibujar el vértice morado:
`glVertex2f(-0.75, 0.75);`

Nota que ***glColor3f*** puede ser utilizado entre ***glBegin*** y ***glEnd***

La declaración `glutSwapBuffers` realiza un cambio de la capa con el ventana actual.

Apenas hemos arañado la superficie pero hicimos un buen comienzo. Échale un vistazo a *nxPascal* encontrado en ***http://code.google.com/p/nxpascal/***. También, échale un vistazo a algunas de las demostraciones.

Si estás interesado en crear sonido, entonces visita ***http://fredvs.github.io/uos/*** o ***http://www.libsdl.org/*** No cubriremos audio en este libro, pero los sitios mencionados son un buen lugar para comenzar.

d i y *Cosas para probar… continuación*

- En el dibujo a mano alzada agrega algunos colores extra de donde escoger.
- Modifica la imagen guardada en el programa *polygon* añadiendo un diálogo para escoger tu propio archivo para guardar.
- Juega con las formas 3D giratorias, ve si puedes cambiar su tamaño.

Resumen de los capítulos 12 al 16

Manejo de errores

Los errores en tiempo de compilación normalmente son el resultado de errores de entrada por parte de los humanos al momento de digitar o deletrear. Estos errores pueden detener por completo el compilador en su rumbo y el programa no continuará a menos que corrijas estos errores. Otras fuentes de error son los errores en tiempo de ejecución. Estos errores internos del programa acontecen una vez que el programa se encuentra en funcionamiento o cuando está a punto de comenzar. Estos errores pueden ser cosas como una instrucción para 'dividir entre cero', o la referencia a un arreglo fuera da rango. Cuando acontecen errores, necesitan ser manejados. Los errores de tipografía y manejo de excepción son las dos técnicas más comúnmente utilizadas.

Paquetes de Lazarus

Un paquete de Lazarus es una colección de unidades y componentes que contienen:
- Información diferente y como debe ser compilada; y
- Cómo la información puede ser utilizada por proyectos, otros paquetes o el IDE; (el IDE compila automáticamente los paquetes si algunos de sus archivos son modificados).

Un paquete de Lazarus se identifica/distingue por su nombre y su versión. Los paquetes son ideales para compartir códigos entre proyectos.

Biblioteca de Componentes de Lazarus (LCL)

La **Biblioteca de Componentes de Lazarus** (LCL) es la biblioteca de componente de software visual para el IDE de Lazarus.

LCL es una colección de **unidades** que proporciona componentes y clases especialmente para tareas visuales.
Está basada en la bibliotecas de Free Pascal *Free Pascal Runtime* (**RTL**) y *Free Component* (**FCL**). Al unir **widgets** de plataforma específica, permite a Lazarus la habilidad de soportar desarrollo de software para diversos sistemas operativos, incluyendo Android, Escritorio Linux, Mac OS X y Windows.

Gráficos, 2D, 3D y Animación

El módulo de gráficos LCL tiene dos clases de dibujos. Existe la clase de dibujo tradicional, conocida como *clase de gráfico nativa*, y existe la *clase no nativa* complementaria.

Las clases nativas son principalmente encontradas en la unidad **Graphics** de la LCL y aquí es donde encuentras clases como *TBitmap, TCancas, TFont, TBrush, TPen,* etc.

El módulo te da la posibilidad de dibujar varias formas y colores en el *Canvas* así como realizar la manipulación del mismo. Sin embargo, para crear animaciones realmente estupendas, necesitarás un API que soporte tu hardware. Lazarus viene con soporte **OpenGL,** un estándar reconocido. **OpenGL** (Biblioteca de gráficos abierta – **Open** *Graphics* **Library***)* es un interfaz de programación de aplicaciones multiplataforma y multilenguaje (API) para la renderización de gráficos de vectores 2D y 3D. API se utiliza habitualmente para interactuar con una unidad de procesamiento de gráficos (GPU), para conseguir la renderización acelerada del hardware.

17 Manejo de archivos

Todos los programas tienen que lidiar con archivos de una manera o de otra.
Lazarus ofrece numerosas maneras para manejar archivos. En capítulos
anteriores mencionamos brevemente guardar y cargar archivos.
Este capítulo ahondará aún más en el manejo de archivos, primero
recapitulando y luego extendiendo los métodos tradicionales, para
posteriormente echar un vistazo a los métodos modernos (Estilo de objetos,
como es referido a veces).

Diálogos de Archivos LCL
En capítulos anteriores fuiste introducido a los componentes **TOpenDialog** y
TSaveDialog.
Lazarus proporciona maneras de plataformas independientes para abrir y
guardar archivos, al hacer uso de controles desde cada conjunto de plataforma
de *widget*.

Si observamos la pestaña de componente *Palette Dialogs*, descubriremos que los
siguientes componentes adicionales vienen juntamente con los *widgets*
TOpenDialog y **TsaveDialog**:
TselectDirectoryDialog, TopenPictureDialog, TsavePictureDialog.

-   Los nombres describen el objetivo del componente.

Para tener una idea de cómo funcionan, realiza lo siguiente:

1. Inicia un nuevo proyecto
2. Agrega al formulario los siguientes controles de Diálogo:
    TSelectDirectoryDialog, TopenPictureDialog,TopenPictureDialog **y**
    TsavePictureDialog.
3. Agrega una etiqueta estándar al formulario y establece su propiedad de
    AutoSize como *False* y ajusta el tamaño.
4. Agrega tres botones estándares donde el título de Button1 =
    'Directory', Button2 es Open Pic y Button3 es Save Pic.
5. Introduce los siguientes eventos de botón *OnClick*.

```
procedure TForm1.Button1Click(Sender: TObject);
begin
    if SelectDirectoryDialog1.Execute then
        Label1.Caption:=SelectDirectoryDialog1.FileName;
```

```
                   // do some work ........
            end;
            procedure TForm1.Button2Click(Sender: TObject);
            begin
                if OpenPictureDialog1.Execute then
                    label1.Caption:=OpenPictureDialog1.FileName;

                   // do some work ........
            end;

            procedure TForm1.Button3Click(Sender: TObject);
            begin
                if SavePictureDialog1.Execute then
                    label1.Caption:=SavePictureDialog1.FileName;

                   // do some work ........
            end;
```

La declaración general para notar aquí es *if .....Dialogx.Execute then...* Esta declaración lanzará el diálogo necesario y devolverá los resultados requeridos.

Experimenta con algunos de los otros controles de diálogos.

Manejo de archivos tradicional (clásico)
El enfoque tradicional para manejo de archivos soporta la consola, lo cual cubrimos en capítulos anteriores, es decir, *write, writeln, read, readln* todos ellos redireccionan a entrada/salida de archivos. Los tipos de archivos tradicionales son texto o binario.

Recapitulación

```
procedure TNames.loaddata;
var
    f : file of TPerson;
    I: Integer;
    myFile: String;
begin
    I:=1;
    FillChar(names,sizeof(names), #0);
    SetLength(names,count);
    if Form1.OpenDialog1.Execute then
    begin
         myFile:= Form1.OpenDialog1.FileName;
    end;
    {$i-}
    AssignFile(f, myFile);
    Reset(f); // Open file for read
    {$i+}
    try
```

```
    while not eof(f) do
    begin
         BlockRead(f,names[I], SizeOf(names[I]));
         count:=I;
         I:=I+1;
    end;
finally
         CloseFile(f);
end;
Form1.Label6.Caption:='Current file: '+myFile;
```
end;

Acceder a archivos

Lazarus soporta una cantidad de operaciones básicas para el manejo tanto de archivos de texto como de binarios (nota: binario puede incluir valores de datos no caracteres).

Con referencia al código anterior, primero debemos manejar nuestro archivo binario que es *f de tipo file,* (para texto sería tipo ***TextFile***)

```
var
     f : file of TPerson;
     myFile: String
begin
     AssignFile(f, myFile);
```

Le pedimos a Lazarus que asigne un manejo de archivo para un archivo que tendrá su nombre contenido en una variable *myFile*, la cual obtendremos desde ***TopenDialog***.

A continuación debemos abrir el archivo para lectura. Podemos hacer esto en cualquiera de las siguientes tres maneras;

1. Reset(f); - abre el archivo con acceso a lectura y escritura.
2. ReWrite(f); - abre el archivo como nuevo – descarta contenidos existentes si el archivo existe.
3. Append(f); - abre un archivo para anexar al final (como un historial).

Ahora podemos leer o escribir nuestros datos de varias maneras:
1. Blockread (f, buffer, sizeof(buffer)); - lee datos desde un archivo sin tipo en la memoria.
2. Blockwrite (f, buffer, sizeof(buffer)); - escribe datos desde la memoria hasta un archivo sin tipo.

Si el archivo fue de tipo *textfile* podíamos también incluir lo siguiente:

1. Read(f,c) donde c= tipo de *char* – lee uno o más valores desde un archivo ,f, y los almacena en c.
2. Readln (f,c) – lee uno o más valores desde un archivo ,f, y los almacena en c. Después va a la siguiente línea.
3. Write(f, myfile); - escribe los contenidos de las variables del archivo *f.*
4. Writeln(f,myfile); - escribe los contenidos de las variables del archivo *f* y luego va a la siguiente línea.

A continuación se muestra un resumen corto acerca de las funciones tradicionales para manejo de archivos referentes a la entrada/salida para y desde archivos.

Nombre	Descripción
Append	Abre un archivo en modo anexo
Assign	Asigna un nombre a un archivo
Blockread	Lee datos desde un archivo a la memoria
Blockwrite	Escribe datos desde la memoria a un archivo
Close	Cierra un archivo
Eof	Verifica el final del archivo
Eoln	Verifica el final de la línea
Erase	Elimina archivos desde el disco
Filepos	Posición en archivo
Filesize	Tamaño del archivo
Flush	Escribe búferes de archivo al disco
IOresult	Devuelve resultados de la última operación IO.
Read	Lee desde un archivo a una variable
Readln	Lee desde un archivo a una variable y va a la siguiente línea
Rename	Renombra el archivo en el disco
Reset	Abre archivos para lectura
Rewrite	Abre archivos para escritura
Seek	Establece la posición del archivo
SeekEof	Establece la posición al final del archivo
SeekEoln	Establece la posición al final de la línea
SetTextBuf	Establece el tamaño del búfer de archivo
Truncate	Trunca el archivo en posición
Write	Escribe variable al archivo
WriteLn	Escribe variable al archivo y anexa un nueva línea

Juntamente con la lectura y escritura de datos para y desde un archivo, Lazarus también soporta manipulación de nombre de archivos. A continuación se muestra un resumen de las funciones para manejo de nombre de archivos.

Funciones de manipulación de archivos:

Nombre	Descripción
AnsiCompareFileName	Compara 2 nombres de archivo
AnsiLowerCaseFileName	Crea nombres de archivo en minúsculas
AnsiUpperCaseFileName	Crea nombres de archivo en mayúsculas
AddDisk	Agrega un disco a la lista de dispositivos del disco
ChangeFileExt	Cambia la extensión del nombre de archivo
CreateDir	Crea un directorio
DeleteFile	Elimina un archivo
DiskFree	Libera espacio del disco
DiskSize	Tamaño total del disco
ExpandFileName	Crea un archivo de nombre completo
ExpandUNCFileName	Crea un archivo de nombre completo UNC
ExtractFileDir	Extrae parte del dispositivo y directorio del archivo
ExtractFileDrive	Extrae parte del dispositivo del nombre de archivo
ExtractFileExt	Extrae parte de la extensión del nombre de archivo
ExtractFileName	Extrae parte del nombre de archivo
ExtractFilePath	Extrae parte de la ruta del nombre de archivo
ExtractRelativePath	Construye rutas relativas entre dos archivos
FileAge	Devuelve la antigüedad del archivo
FileDateToDateTime	Convierte datos de archivo a datos de sistema
FileExists	Determina si un archivo existe en el disco
FileGetAttr	Obtiene atributos de archivo
FileGetDate	Obtiene fecha de la última modificación del archivo
FileSearch	Busca un archivo en una ruta
FileSetAttr	Obtiene atributos del archivo
FileSetDate	Obtiene fechas del archivo
FindFirst	Comienza localizando un archivo
FindNext	Encuentra el siguiente archivo

GetCurrentDir	Devuelve el directorio actual en funcionamiento
RemoveDir	Elimina un directorio del disco
RenameFile	Renombra un archivo en el disco
SameFileName	Verifica si 2 nombres de archivos son iguales
SetCurrentDir	Establece el directorio actual en funcionamiento
SetDirSeparators	Establece caracteres de separadores de directorio
FindClose	Para de buscar un archivo
DoDirSeparators	Reemplaza los caracteres de separadores de directorio

Estilo de objeto

Hasta ahora hemos discutido en este capítulo las rutinas tradicionales de manejo de archivos. Sin embargo, manteniendo el tono del enfoque orientado a objetos, ha sido desarrollado un método más moderno de almacenamiento de datos. Esto es lo que referimos como enfoque de estilo de objeto.

Este enfoque utiliza el concepto de transmisión de datos a un dispositivo y ofrece al desarrollador un nivel mucho mayor de abstracción, lo que resulta en la necesidad del desarrollador de realizar algunos pasos cuando se trata del manejo de archivos.

En Lazarus, la mayoría de sus clases de manejo de cadenas tienen la habilidad de cargar y guardar contenidos desde/hacia archivos. Estos métodos son normalmente llamados *SaveToFile* y *LoadFromFile*. Nos encontramos con estos métodos en el capítulo 16, cuando guardamos y cargamos nuestra imagen bitmap, es decir **Bitmap1.SaveToFile** y **Bitmap1.LoadFromFile**. Muchos de los otros objetos de Lazarus, como por ejemplo *Grids* e Imágenes, tienen una funcionalidad semejante. Veremos más acerca de esto a medida que avanzamos a través del resto del libro.

Realiza la siguiente tarea:

Inicia un nuevo proyecto y crea el formulario de la siguiente manera:

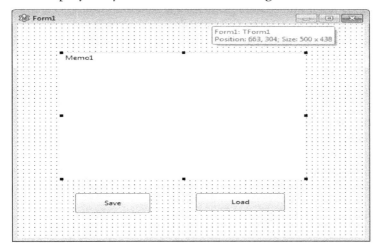

Introduce el siguiente código para *Button1* (Guardar):

```
procedure TForm1.Button1Click(Sender: TObject);
var
  fs : TFileStream;
begin
  fs:=TFileStream.Create('mydata.txt',fmCreate or fmOpenWrite);
  try
    fs.Write(PChar(memo1.text)^, Length(memo1.text));
  finally
    fs.Free;
  end;
end;
```

La primera cosa que notamos es que son necesarias pocas líneas de código para guardar un archivo de cadena.

Nota la declaración

```
fs:=TFileStream.Create('mydata.txt',fmCreate or fmOpenWrite);
```

Esta lee — si el archivo **mydata.txt** todavía existe, entonces abre para escritura; sino existe, entonces créalo. La siguiente declaración de interés es

```
fs.Write(PChar(memo1.text)^, Length(memo1.text));
```

Es importante notar que cuando pasamos a la función *write*, esta es una referencia de apuntador para la dirección de localización de la cadena, es decir, el inicio de la cadena. Sin embargo, también necesitamos convertirlo a un apuntador de carácter, el cuál convertimos en tipo *char*, es decir, PChar(string). *La conversión de tipos es una manera de hacer que una variable de un tipo, tal como un entero, actúe como otro tipo, tal como un char.*

Unas palabras sobre apuntadores

En un mundo de orientación de objetos, puedes preguntar si necesitamos apuntadores. En la mayoría de los casos, estarías justificado de hacer esa pregunta. Sin embargo, existen un par de casos donde aún son necesarios los apuntadores.

Por ejemplo, ejecuta el código anterior; escribe un mensaje en la caja de editor de memo y haz clic en el botón de guardar. A continuación, con tu editor de texto, por ejemplo el Bloc de Notas (si estás utilizando Windows), abre el archivo **mydata.txt.** (deberías encontrarlo en la carpeta actual de tu proyecto.) Notarás que no tienes problema para leer el texto.

Ahora cierra el Bloc de Notas. Edita tu código reemplazando la declaración

```
fs.Write(PChar(memo1.text)^, Length(memo1.text));  con
fs.Write(s, Length(s));
```

"where is memo1.text"

Ahora ejecuta de nuevo el código y repite el paso anterior. Esta vez, cuando abres el archivo **mydata.txt** serás incapaz de leer los datos, es decir, los datos son ilegibles.

Lazarus también soporta tipos como *PExtended* and *Pointer, Pbyte, Pword, Pinteger.*

◈ Atención: ten cuidado cuando utilices el tipo *Pointer,* ya que este no se adhiere a las reglas de tipos de datos ajustados en Lazarus con Free Pascal.

Ahora carguemos el archivo, codifica el evento de carga (*button2*) como a continuación:

```
procedure TForm1.Button2Click(Sender: TObject);
var
```

```
TotalBytesRead, BytesRead : Int64;
Buffer : array [0..4095] of byte;  // or, array [0..4095] of char
fs : TFileStream;
myutf8string : UTF8String;
mySize:Integer;
begin
try
fs:=TFileStream.Create('mydata.txt',fmOpenRead or fmShareDenyWrite);
fs.Position := 0;
TotalBytesRead:=0;
mySize:=fs.size;
while TotalBytesRead < fs.Size do
Begin
  BytesRead := fs.Read(Buffer,sizeof(Buffer));
  inc(TotalBytesRead, BytesRead);
end;
finally
  fs.Free;
end;
  setlength(myutf8string, mySize);
  move(Buffer[0], myutf8string[1],mySize);
  memo1.text:=myutf8string;
end;
```

Aquí establecemos la posición de inicio **fs.postion:=0** para leer desde el inicio del archivo.

Nota que leemos el archivo en un arreglo de bytes. Ya que sabemos que el archivo es una archivo de texto, necesitamos convertirlo en texto (tipo cadena), por lo tanto, podemos simplemente convertir desde bytes de arreglo a cadenas utilizando **move function** es decir, move(Buffer[0], myutf8string[1],mySize).

Los dos ejemplo anteriores utilizan **TfileStream.** *TfileStream* es un *Tstream* descendiente que almacena o lee sus datos desde un archivo llamado desde el sistema de archivos del sistema operativo.

Por lo tanto, algunos de los métodos son sobrescritos en *TStream* y son implementados para el caso de archivos en disco, así como es agregada la propiedad *FileName* a la lista de público.

Tstream también te permite la habilidad de leer archivos enteros desde la memoria, así como la transmisión de datos desde otras localizaciones que no sean archivos, por ejemplo, redes, videos de internet, etc.

¿Por qué utilizar Tstream?

Algunas de las ventajas de utilizar *Tstream* son:

- Las aplicaciones que son desarrolladas utilizando *Tstreams* no serán obligadas a pasar los archivos, en vez de eso, suministra el archivo como una transmisión.

- Un *TfileStream* puede venir en tu aplicación y salir fácilmente como, digamos, un **TtcpipStream** o un **TmemoryStream** para desempeños rápidos de **TblogStream**

- *Tstream* puede ser cualquier formato de datos que pueda ser transmitido en tiempo real (más o menos) desde audio hasta conferencia de video.

⌨ Cosas para probar

1. Vuelve a escribir los dos botones de eventos para usar los métodos **memo1.lines.SaveToFile** y **memo1.lines.LoadFromFile.**

2. Repite (1) pero esta vez utiliza los métodos **memo1.lines.SaveToStream** y **memo1.lines.LoadFromStream**

18 Manejo del Conjunto de Datos

Introducción - ¿A qué nos referimos por un Conjunto de Datos?

Un *Dataset* o Conjunto de Datos representa la recopilación de datos obtenida a través de una Fuente de Datos. Esta Fuente puede provenir, eventualmente, de una base de datos. Generalmente, la recopilación de datos es del mismo tipo o se encuentran relacionados de alguna manera. El conjunto de datos se refiere, por regla general, a los datos obtenidos que se encuentran dispuestos en filas y columnas de manera a ser procesados por el software.

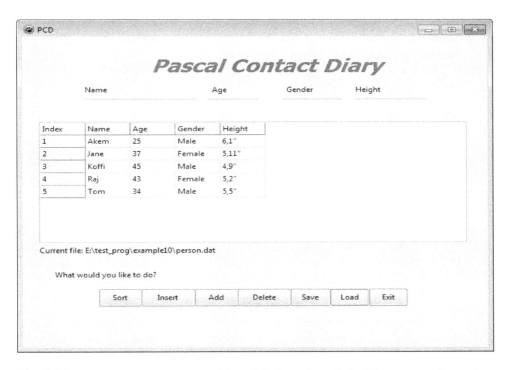

Si volviéramos a nuestro programa NameList2 en el capítulo 15, recuperaríamos los datos como un *Dataset*.

Sin embargo, éste tenía sus limitaciones, como por ejemplo un formato no reconocible (para lo que es requerido un software personalizado para extraer e interpretar los datos.)

En este capítulo veremos el soporte de *Lazarus* para Conjuntos de Datos, especialmente su clase **Tdataset** así como las clases **fpjsondataset** y **fcl-xml**, conjuntamente con algunas fuentes de datos que no se encuentran catalogadas como base de datos, como sería el caso de xml, json y csv, las cuales son los formatos estándares de datos comúnmente reconocidos. (Las Bases de Datos serán discutidas en el próximo capítulo).

Fuente de Datos

La fuente de datos para nuestro conjunto de datos puede provenir de cualquier sitio y puede presentarse en cualquier formato, sin embargo, para que éstas puedan ser intercambiables con otros sistemas, es necesario adoptar algunas estructuras de formatos de datos estándares.

La estandarización permite a los desarrolladores seleccionar clases ya establecidas para la manipulación de datos. En nuestro caso, veremos tres de los formatos de datos más comúnmente utilizados hoy en día: XML, JSON y CSV.

Cabe destacar que existen numerosos estándares reconocidos en uso hoy por hoy. Sin embargo, estos tres son los formatos en los que nos enfocaremos a través de este libro.

XML

El lenguaje de marcas extensible (XML por sus siglas en inglés *eXtensible Markup Language*) es un lenguaje de marcas que define un conjunto de reglas destinadas a la codificación de documentos en un formato que se presente legible tanto para humanos como para máquinas. Producido por el W3C, este lenguaje se encuentra definido en la Especificación XML 1.0 y muchas otras especificaciones relacionadas, todas ellas de estándares abiertos y libres.

Los objetivos establecidos del XML acentúan la simplicidad, generalidad y facilidad de uso a través de Internet. Es un formato de datos textual con un fuerte apoyo a través de *Unicode* para los lenguajes del mundo. A pesar del diseño del XML estar enfocado principalmente en documentos, éste es altamente usado para la representación de estructuras de datos arbitrarias, como son, por ejemplo, los servicios web.

La interfaz de programación de aplicaciones (IPA), abreviada como API (del inglés: *Application Programming Interface*) ha sido desarrollada con la intención de ayudar a desarrolladores de software con el procesamiento de datos XML, y existen numerosos sistemas de esquemas para ayudar en la definición de lenguajes basados en XML." (Fuente: *Wikipedia*).

Un aspecto importante a resaltar es que el XML fue diseñado con la intención de transportar datos, no de exhibirlos. El XML fue creado con la intención de estructurar, almacenar y transportar información.

Una discusión completa acerca de la especialización del XML va más allá del alcance de este libro. Sin embargo, podemos examinar un ejemplo de datos y como *Lazarus* soporta XML.

Considere el siguiente ejemplo:

```xml
<?xml version="1.0" encoding="utf-8"?>
  <DATAPACKET Version="2.0">
    <METADATA>
      <FIELDS>
        <FIELD attrname="id" fieldname="id" fieldtype="i4"/>
        <FIELD width="50" attrname="ptsur" fieldname="ptsur"
               fieldtype="string"/>
        <FIELD width="50" attrname="ptfn" fieldname="ptfn"
                          fieldtype="string"/>
        <FIELD width="1" attrname="sex" fieldname="sex"
                         fieldtype="string"/>
        <FIELD width="20" attrname="ptttl" fieldname="ptttl"
                          fieldtype="string"/>
        <FIELD width="8" attrname="dob" fieldname="dob"
                         fieldtype="string"/>
      </FIELDS>
      <PARAMS/>
    </METADATA>
    <ROWDATA>
      <ROW id="1" ptsur="SMITH" ptfn="JOHN" sex="M" ptttl="MR"
                          dob="19790302"/>
      <ROW id="2" ptsur="BROWN" ptfn="JANE" sex="F" ptttl="MRS"
                          dob="19670302"/>
      <ROW id="3" ptsur="THOMPSON" ptfn="PETER" sex="M" ptttl="MR"
                          dob="19871205"/>
      <ROW id="4" ptsur="JONES" ptfn="AKEM" sex="M" ptttl="MR"
                          dob="20010514"/>
      <ROW id="5" ptsur="CHUNG" ptfn="LI" sex="M" ptttl="MR"
                          dob="19550416"/>
      <ROW id="6" ptsur="ABIOLA" ptfn="AFUREN" sex="M" ptttl="MR"
                          dob="19910323"/>
      <ROW id="7" ptsur="PALMAN" ptfn="DEBBY" sex="M" ptttl="MS"
                          dob="19850313"/>
    </ROWDATA>
  </DATAPACKET>
```

Las reglas para escribir XML son simples.

- La primera línea debe ser <?xml version="1.0"?>

- Las etiquetas son encerradas entre paréntesis angulares.

- Las etiquetas son sensibles a las mayúsculas y minúsculas y cada una debe tener una etiqueta de cierre correspondiente.

- Las etiquetas deben contener atributos en la forma de nombre= "valor". Las comillas alrededor de los valores de atributos son requeridas. Pueden ser utilizadas tanto comillas simples como comillas dobles, sin embargo las comillas deben coincidir entre ellas.

- Las etiquetas deben contener texto, otras etiquetas, o ambas cosas. El *contenido* de la etiqueta se sitúa entre las etiquetas de inicio y cierre.

Existe una excepción a la regla que establece que cada etiqueta debe poseer una etiqueta de cierre correspondiente: puedes escribir etiquetas vacías (aquellas que no poseen contenido) con la barra de cierre al final de la etiqueta, antes del paréntesis angular de cierre. En nuestro ejemplo *PARAMS* no contiene atributos, por lo que puedes escribir:

```
<PARAMS/>
```

Una pregunta evidente sería: "¿Cuándo usar un Conjunto de Datos?" Bien, la respuesta en este caso es: "Eso depende".

Deberías considerar que un conjunto de datos es una recopilación de datos en la memoria de caché. De esta manera, un conjunto de datos es factible de usar cuando:

- Estás trabajando con múltiples tablas separadas o tablas de diferentes fuentes de datos.

- Estás intercambiando datos con otra aplicación, como por ejemplo un Servicio Web.

- Realizas procesamientos prolongados sobre los registros en la base de datos. Si utilizas una consulta SQL cada vez que necesitas cambiar alguna cosa, procesar cada registro puede resultar en la persistencia de la apertura de la conexión, lo que puede afectar el rendimiento.

- Quieres realizar operaciones XML/XSLT en los datos.

El archivo de datos XML arriba presentado contiene fundamentalmente dos secciones: La sección de metadatos, que son datos que describen los datos a ser manejados, y la sección de los datos de la fila (también llamada tupla), que son los datos reales a ser mostrados o comunicados.

Cabe destacar en este apartado que los metadatos sólo fueron necesarios porque queríamos establecer las limitaciones en los distintos campos, así como queríamos establecer la mejor práctica. Si el tamaño del tráfico de datos es un problema, entonces podrías considerarlos como un compromiso y omitir los metadatos.

 Para demostrar como Lazarus soporta XML, haz lo siguiente:

Inicia un nuevo proyecto y crea el siguiente formulario:

Utilizando el bloc de notas, escribe el fichero XML arriba mencionado y guárdalo con el nombre *text.xml.*

 Ejecuta la siguiente tarea: crea un formulario como mostrado abajo:

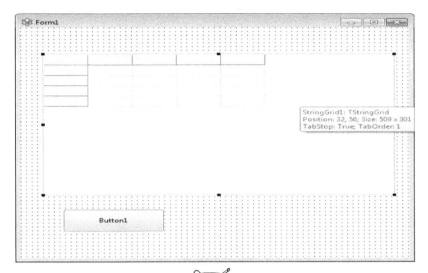

Introduce el siguiente código:

```
unit Unit1;

{$mode objfpc}{$H+}

interface

uses
  Classes, SysUtils, FileUtil, Forms, Controls, Graphics, Dialogs,
  StdCtrls,BufDataset,LCLProc, Grids, XMLDatapacketReader;

type
  { TForm1 }

  TForm1 = class(TForm)
    Button1: TButton;
    StringGrid1: TStringGrid;
    procedure Button1Click(Sender: TObject);
    procedure FormCreate(Sender: TObject);
  private
    { private declarations }
  public
    { public declarations }
  end;
```

```
var
  Form1: TForm1;
  buf: TCustomBufDataset;

implementation

{$R *.lfm}

{ TForm1 }

procedure TForm1.Button1Click(Sender: TObject);
var
  rw: Integer;
  cl:integer;
begin
  try
    buf.LoadFromFile('text.xml',dfXML); // load the xml data from disk to memory
    StringGrid1.RowCount:=buf.RecordCount+1;
    StringGrid1.Colcount:= buf.Fields.Count;

    // setup the column titles on the grid
    for cl:=0 to Pred(buf.Fields.Count) do
      StringGrid1.Cells[cl,0]:= buf.Fields[cl].FieldName;

    cl:=1;
    // display the data in the grid
    while not buf.EOF do
    begin
      for rw := 0 to Pred(buf.Fields.Count) do
        StringGrid1.Cells[rw,cl]:= buf.Fields[rw].Text;

      cl:=cl+1;
      buf.Next;
    end;
  finally
  end;

end;

procedure TForm1.FormCreate(Sender: TObject);
begin
  buf:=TCustomBufDataset.Create(nil);
end;

end.
```

Guarda y ejecuta el código. Debería aparecer el siguiente resultado:

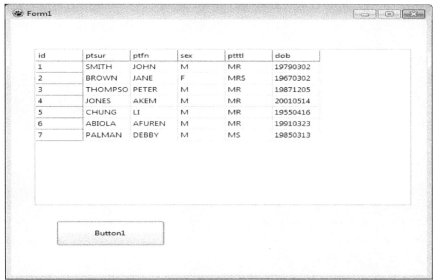

Por favor, nota que la fuente de datos XML puede ser cualquier formato XML que contenga metadatos y filas.

Esta aplicación es basada alrededor de la clase **_TcustomBufDataset_** la línea buf:=TCustomBufDataset.Create(nil); declara una instancia de _TcustomBufDataset_ llamada _buf_

buf.LoadFromFile('text.xml',dfXML); carga el fichero de datos XML en la memoria del Conjunto de Datos.

Dejaremos por aquí nuestra discusión sobre XML y ahora enfocaremos nuestra atención en el formato de datos JSON.

JSON

"JSON (de las siglas en inglés *JavaScript Object Notation*), es un formato estándar abierto que utiliza textos legibles por humanos para transmitir objetos de datos que consisten en pares de atributo-valor. Es usado principalmente para transmitir datos entre un servidor y una aplicación web, como una alternativa al XML.

Aunque originalmente proviene del *JavaScript scripting language*, JSON es un formato de datos de lenguaje independiente. Los códigos para la transmisión y generación de datos JSON son fácilmente accesibles en una amplia variedad de lenguajes de programación" (Fuente: Wikipedia).
JSON permite dos maneras de clasificar datos:

- Arreglo [valor,valor,valor]
- Y Objeto {clave:valor, clave:valor, clave: valor}

De esta manera, si convirtiésemos nuestro XML a JSON obtendríamos lo siguiente:

```
{"version": "2.0",

  "metaData": {"fields": [

    {"attrname":"id","fieldname":"id","fieldtype":"i4"},

    {"width":"50","attrname":"ptsur","fieldname":"ptsur","fieldtype":"string"},

    {"width":"50","attrname":"ptfn","fieldname":"ptfn","fieldtype":"string"},

    {"width":"1","attrname":"sex","fieldname":"sex","fieldtype":"string"},

    {"width":"20","attrname":"ptttl","fieldname":"ptttl","fieldtype": "string"},

    {"width":"8","attrname":"dob","fieldname":"dob","fieldtype":"string"}

    ]

},

"rows": [

{"id":"1","ptsur":"SMITH","ptfn":"JOHN","sex":"M","ptttl":"MR","dob":"19790302"},

{"id":"2","ptsur":"BROWN","ptfn":"JANE","sex":"F","ptttl":"MRS","dob":"19670302"}
,

{"id":"3","ptsur":"THOMPSON","ptfn":"PETER","sex":"M","ptttl":"MR","dob":"1987120
5"},

{"id":"4","ptsur":"JONES","ptfn":"AKEM","sex":"M","ptttl":"MR","dob":"20010514"},

{"id":"5","ptsur":"CHUNG","ptfn":"LI","sex":"M","ptttl":"MR","dob":"19550416"},

{"id":"6","ptsur":"ABIOLA","ptfn":"AFUREN","sex":"M","ptttl":"MR","dob":"19910323
"},

{"id":"7","ptsur":"PALMAN","ptfn":"DEBBY","sex":"M","ptttl":"MS","dob":
"19850313"}

    ]

}
```

Reglas de JSON

Las reglas de JSON son sencillas:

- Los datos se encuentran en pares de nombre/valor (también conocidos como pares clave/valor).

- Los datos son separados por comas.

- Los objetos se sitúan entre llaves.

- Los arreglos se sitúan entre corchetes.

- Las cadenas de caracteres se sitúan entre comillas dobles.

- Las claves se sitúan entre comillas dobles.

- El par clave/valor es separado por dos puntos (:)

JSON es sensible a mayúsculas y minúsculas. Nota que los valores pueden ser:

- Un número (que puede ser entero o flotante)

- Una cadena (que debe estar entre "comillas dobles")

- Un booleano (indicado por 'true' o 'false')

- Un arreglo [que debe estar contenido entre corchetes]

- Un objeto {que debe estar contenido entre llaves}

Ahora veamos como *Lazarus* soporta el Conjunto de Datos base de JSON

Lazarus contiene un número de clases que soportan JSON, que pueden ser encontradas en **fcl-json**. La clase que usaremos será **TExtJSJSONDataSet**.

Realiza la siguiente tarea: crea un formulario como se muestra a continuación:

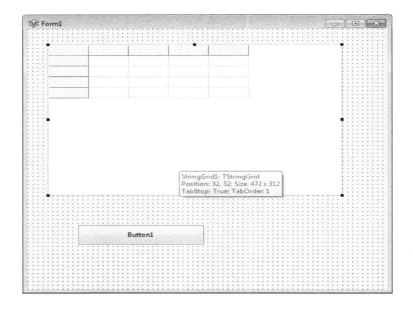

Edita tu código como a continuación:

```
unit Unit1;

{$mode objfpc}{$H+}

interface

uses
  Classes, SysUtils, FileUtil, Forms, Controls, Graphics, Dialogs,
  StdCtrls, fpjsondataset, LCLProc, Grids,fpjson,JSONParser;

type

  { TForm1 }

  TForm1 = class(TForm)
    Button1: TButton;
    StringGrid1: TStringGrid;
    procedure Button1Click(Sender: TObject);
    procedure FormCreate(Sender: TObject);
  private
    { private declarations }
  public
    { public declarations }
  end;


var
  Form1: TForm1;
  jds:TExtJSJSONDataSet;

implementation

{$R *.lfm}

{ TForm1 }

procedure TForm1.FormCreate(Sender: TObject);
begin
  jds:=TExtJSJSONDataSet.Create(nil);
end;

procedure TForm1.Button1Click(Sender: TObject);
var
  cl:integer;
  rw: Integer;
begin

  jds.LoadFromFile('text1.json');
  StringGrid1.RowCount:=jds.Rows.Count+1;
  StringGrid1.Colcount:= jds.MetaData.Items[0].Count;

  for cl:=0 to Pred(jds.MetaData.Items[0].Count) do
    StringGrid1.Cells[cl,0]:=
TJSONObject(jds.MetaData.Items[0].Items[cl]).Find('attrname').AsString;
```

243

```
    for rw:=0 to jds.Rows.Count-1 do begin
     If (jds.Rows.Items[rw].JSONType in [jtArray,jtObject,jtNull]) then
       for cl:=0 to jds.MetaData.Items[0].Count-1 do begin
         StringGrid1.Cells[cl,rw+1]:=jds.Rows.Items[rw].Items[cl].AsString
       end;
     end;

     end;

   end.
```

Guarda el archivo JSON mostrado arriba como **text1.json**. Guarda el código Pascal y ejecuta el programa.

Debería aparece la misma pantalla que apareció anteriormente para XML.

Nota la línea:

```
TJSONObject(jds.MetaData.Items[0].Items[cl]).Fi
nd('attrname').AsString;
```

Find compara los nombres de todos los elementos en el objeto con **attrname** y devuelve el elemento coincidente. Si ninguno de los nombres de los elementos coincide, entonces la función retorna el valor *Nil*. Utilizamos esto para extraer elementos de metadatos.

Recuerda que JSON es sensible a mayúsculas y minúsculas y el elemento que pretendes encontrar <u>debe</u> estar deletreado correctamente y utilizar el mismo caso (mayúscula o minúscula).

Para acceder efectivamente a las filas, itera los elementos de las filas con:

```
         jds.Rows.Items[rw].Items[cl].AsString
```

y rellena los componentes *TstringGrid*.

Como puedes ver, el código para acceder a la fuente de datos JSON es bastante parecido al código CML, pero funciona muy diferente. Como con XML, existen muchas más características dentro de Lazarus que van más allá del ámbito de este capítulo. Volveremos a mencionar nuevamente JSON más adelante en el capítulo 20, cuando hablaremos sobre aplicaciones Web. Por ahora, finalizaremos nuestra discusión sobre JSON aquí y pasaremos a CSV.

CSV

Valores separados por comas (CSV de sus siglas en inglés *Comma Separated Values*) es también llamado *valores de carácter separados,* porque el carácter separador no tiene que ser una coma. *CSV es normalmente* almacenado como un archivo de formato tabular.

Un archivo CSV puede ser de cualquier tamaño de registro, donde cada campo es separado por una coma (o carácter predefinido). Los registros son usualmente separados por un salto de líneas, ejemplo (retorno de carro o avance de línea).

CSV es probablemente el formato más viejo de todos los tipos de formatos. CSV es un formato de archivo relativamente simple, que es ampliamente soportado por clientes, empresas y aplicaciones científicas y es aún, discutiblemente, uno de los formatos de archivos más comúnmente utilizados. Entre sus usos más comunes se encuentra mover datos tabulares entre programas que naturalmente operan en formatos incompatibles (a menudo propietario y/o indocumentado). Esto funciona porque muchos programas soportan alguna variación de CSV, por lo menos como una alternativa de formato de importación/exportación.

Es bastante común tener campos con o sin comillas dobles. Los siguientes ejemplos son válidos:

Sin información de cabecera y sin comillas dobles:
```
1,SMITH,JOHN,M,MR,19790302

2,BROWN,JANE,F,MRS,19670302

3,THOMPSON,PETER,M,MR,19871205

4,JONES,AKEM,M,MR,20010514

5,CHUNG,LI,M,MR,19550416

6,ABIOLA,AFUREN,M,MR,19910323

7,PALMAN,DEBBY,M,MS,19850313
```

Con información de cabecera pero sin comillas dobles:
```
id,ptsur,ptfn,sex,ptttl,dob

1,SMITH,JOHN,M,MR,19790302

2,BROWN,JANE,F,MRS,19670302

3,THOMPSON,PETER,M,MR,19871205

4,JONES,AKEM,M,MR,20010514

5,CHUNG,LI,M,MR,19550416

6,ABIOLA,AFUREN,M,MR,19910323
```

```
7,PALMAN,DEBBY,M,MS,19850313
```

Con información de cabecera y con comillas dobles:

```
id,ptsur,ptfn,sex,ptttl,dob

"1","SMITH","JOHN","M","MR","19790302"

"2","BROWN","JANE","F","MRS","19670302"

"3","THOMPSON","PETER","M","MR","19871205"

"4","JONES","AKEM","M","MR","20010514"

"5","CHUNG","LI","M","MR","19550416"

"6","ABIOLA","AFUREN","M","MR","19910323"

"7","PALMAN","DEBBY","M","MS","19850313"
```

Utilizar comillas dobles viene con cabeceras extra, y por lo tanto, no son utilizadas comúnmente.

Podemos modificar nuestro programa JSON para crear un archivo CSV.

 Realiza la siguiente tarea

Ubica otro botón en el formulario e introduce el siguiente código de evento para *button2*:

```
procedure TForm1.Button2Click(Sender: TObject);

begin

try

  StringGrid1.SaveToCSVFile('text3.csv',',',true,false);

finally

end;

end;
```

¡Eso es todo! Nota que el primer parámetro es el nombre del archivo, el segundo es el carácter que utilizamos para separar los campos, el tercero establecemos como '*true*' solo para columnas visibles.

Guarda los cambios y ejecuta el programa. Ahora, primero haz clic en **button1** para cargar el archivo *text3.json* en el *grid*, luego haz clic en **button2** para guardar los datos de *grid* a un archivo CSV llamado *text3.csv*

Ahora vamos a ampliar nuestra aplicación un poco más. Esta vez vamos a cargar el archivo CSV en el *grid*.

Realiza la siguiente tarea;

Ubica otro botón en el formulario y agrega el siguiente código de evento para button3:

```
procedure TForm1.Button3Click(Sender: TObject);
begin
  try
    StringGrid1.LoadFromCSVFile('text3.csv',',',true);
  finally
  end;
end;
```

Ahora guarda los cambios y ejecuta el programa. Debería aparecer un *grid* en blanco. Ahora haz clic en *button3*. Debería cargar los datos de archivo *text3.csv* dentro del *grid*.

```
StringGrid1.LoadFromCSVFile('text3.csv',',',true);
```

El parámetro *'true'* introducido nuevamente significa que la información de cabecera es incluida.

Vamos a ir un poco más lejos con nuestra discusión sobre CSV y veremos cómo podemos manipular nuestro(s) archivo(s) CSV y datos de consulta.

Trabajar con conjuntos de datos

Hasta ahora, todo lo que hemos hecho es simplemente cargar nuestro formulario desde una fuente de datos, mostrar los datos como conjuntos de datos y guardar nuestros datos en algún formulario u otro. Sería agradable si pudiéramos hacer más que eso, tal como consultas ad-hoc o hasta consultar más que un archivo al mismo tiempo.

Bueno, Lazarus puede soportar esto también, con la base de datos en memoria **zmSQL.**

zmSQL

zmSQL es una base de datos en memoria *TBufDataset* SQL mejorada para FreePascal (FPC), que opera con tablas de texto de valores simples **separadas por punto y coma** como almacenamiento persistente. Lo que esto significa es que puedes almacenar tus datos como archivos, pero conseguir una alta velocidad cuando son cargados en la memoria. Está escrito completamente en Pascal y no depende de bibliotecas externas.

El paquete *zmSQL* consiste en tres componentes:

1. *TZMConection* – describe "base de datos" como un carpeta que contiene archivos CSV y algunas propiedades comunes para todas las bases de datos.

2. *TZMQueryDataset* – una base de datos en memoria (descendiente de *TBufDataset*) capaz de cargar/guardar desde archivos CSV, cargar/ejecutar consultas SQL (a través del motor de base de datos integrado *JanSQL*) y cargar datos desde cualquier otro conjunto de datos. *ZMQueryDatasets* también posee propiedades integradas para facilitar la configuración de la filtración maestro/detalle.

3. *TZMReferentialKey* – componente que describe la relación entre conjuntos de datos maestro/esclavo para la integridad referencial (insertar, actualizar, eliminar).

zmSQL ofrece lo siguiente:

*   Cargar desde y guardar a modelos de tablas de texto simples.

*   Uso de SQL para consultar datos.

*   Copiar datos y esquemas desde otros conjuntos de datos.

*   Opción para predefinir *fielddefs* o crearlos sobre la marcha.

*   Filtrado de maestro/detalle.

*   Integridad referencial.

*   Consultas parametrizadas.

zmSQL no viene como estándar o por defecto con Lazarus, por lo tanto, para que podamos utilizarlo necesitamos descargarlo desde **http://sourceforge.net/projects/lazarus-ccr/files/zmsql/** e instalar el paquete *smSQL*.

Comenzamos haciendo lo siguiente:

- Ve a la página web zmSQL encontrada en:

http://sourceforge.net/projects/lazarus-ccr/files/zmsql/ y descarga TZMSQL-x.x.x.7z , es decir, la última versión (*nosotros utilizaremos TZMSQL-0.1.18.7z*). Extrae el paquete. Puede ser un buen momento para crear nuestra propia carpeta de biblioteca.

Ahora ejecuta Lazarus y selecciona *Package ->Open package file (lpk)* y selecciona *zmsql.lpk*, luego selecciona desde la ventana emergente *use->install*

Si *zmSQL* se ha instalado correctamente, entonces verás la pestaña de componente *zmsql* que ha sido añadida a la pestaña de paletas.

Para esta demostración no utilizaremos el componente visual, pero nos uniremos a *DBGrid* de manera dinámica. Veremos los otros métodos cuando discutamos sobre bases de datos en siguiente capítulo.

La discusión se centrará en la manipulación de conjuntos de datos como base de datos en memoria y sirve como una buena introducción a lenguajes de bases de datos SQL, el lenguaje utilizado para manipular conjuntos de datos relacionados con tablas.

Perspectiva general de zmSQL

El lenguaje de base de datos utilizado por *zmSQL* es *janSQL*, que soporta solo un subconjunto de *SQL* estándar.

◇ Atención: *ZmSQL* está dirigido a la aplicación de escritorio de usuario único y **nunca** debe ser utilizado para aplicaciones de multiusuarios cliente/servidor.

Así como las palabras claves estándar de *SQL*, *janSQL* tiene un par de palabras claves no estándar por sí mismo, que son:

ASSIGN TO
SAVE TABLE
RELEASE TABLE

zmSQL utiliza el concepto de que una ubicación de carpeta actúa como tu base de datos y los archivos csv en la carpeta son las tablas contenidas en la base de datos.

Nota que *zmsql* utiliza punto y coma (;) como divisor de campo, por ejemplo:

```
forename;surname;dob;hieght
```

```
John;Smith;12/12/1970;5.6
```

Comencemos.

 Ejecuta Lazarus y haz lo siguiente:

- Ubica un componente *TMemo* en el formulario.

- Ubica *TDBgrid* en el formulario.

- Ubica un botón en el formulario.

Deberías tener la siguiente pantalla:

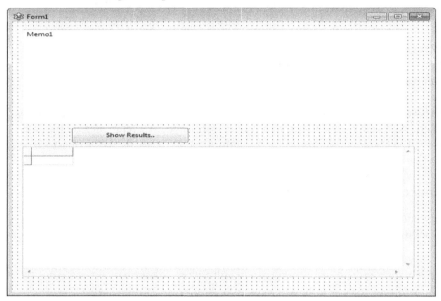

crea un segunda unidad, es decir, selecciona **file->New Unit** e introduce el siguiente código:

```
unit Unit2;

{$mode objfpc}{$H+}

interface

uses
    Classes, SysUtils, FileUtil, Forms, Controls, Graphics, Dialogs,
    DbCtrls, ZMConnection, ZMQueryDataSet, db;
type
 zmconnectiom=class(TObject)
 public
 function zmq(query: string; fldr: string;tbl:string): TDataSet;
 private
    zmc : TZMConnection;
```

```
    zmqu : ZMQueryDataSet.TZMQueryDataSet;
    zmds : TDataSource;
  end;

implementation

function zmconnectiom.zmq(query: string;fldr: string;tbl:string): TDataSet;
begin
  zmc:= TZMConnection.Create(nil);
  zmqu:=ZMQueryDataSet.TZMQueryDataSet.Create(nil);
  zmds:=TDataSource.Create(nil);

  zmqu.ZMConnection:=zmc;
  zmqu.SQL.Text:=query;
  zmqu.QueryExecute;
  zmds.DataSet:=zmqu;

  if zmc.Connected then
  // showmessage('connect')
  else
    showmessage('Connection failed');

  zmq:=zmds.DataSet;
end;

end.
```

Ahora edita la clase formulario como a continuación:

```
TForm1 = class(TForm)
  Button1: TButton;
  DBGrid1: TDBGrid;
  Memo1: TMemo;
  procedure Button1Click(Sender: TObject);
  procedure FormCreate(Sender: TObject);
  procedure showresult(sqltxt:string;fldr:string;fl:string);
  private
  { private declarations }
  p2 : zmconnectiom;
  ds2 : TDataSource;
  public
  { public declarations }
  end;
```

Implementa los tres eventos de la siguiente manera:

```
procedure TForm1.showresult(sqltxt:string;fldr:string;fl:string);
begin
  ds2.DataSet:=p2.zmq(sqltxt,fldr,fl);
  DBGrid1.DataSource:= ds2;
  DBGrid1.AutoFillColumns:=true;
end;


procedure TForm1.Button1Click(Sender: TObject);
```

```
begin

  if (memo1.Text='') then begin
    showmessage('Please enter an sql script and table name');
    exit;
  end;
  showresult(memo1.Text,'dummy','dummy');
end;

procedure TForm1.FormCreate(Sender: TObject);
begin
  memo1.Text:='';
  p2:=zmconnectiom.Create;
  ds2:=TDataSource.Create(nil);
end;
```

El verdadero motor de este programa se encuentra en *unit2*, la función **zmq:**

function zmconnectiom.zmq(query: string;fldr: string;tbl:string): TdataSet;

el procedimiento llamado pasa tres parámetros a *zmq* y recibe a cambio un *Tdataset*.

Las primeras cinco líneas se explican por sí mismas. Sin embargo, antes de poder abrir un archivo, debemos hacer una conexión a la carpeta. Esto se realiza con la declaración **zmqu.ZMConnection:=zmc.**

La consulta es asignada a *zmqu SQL txt* con la declaración **zmqu.SQL.Text:=query** la consulta es ejecutada con la declaración **zmqu.QueryExecute;** la siguiente línea carga el archivo desde el disco, si existe.

Esto es seguido por una declaración, tomando el resultado de la consulta y asignándolo al conjunto de datos zmds, el cual es devuelto al procedimiento llamado con la declaración:

zmq:=zmds.DataSet;

Trabajar con zmSQL

Si todo va bien, deberíamos tener un constructores de consultas donde podemos crear tablas y familiarizarnos con los lenguajes de base de datos (Lenguaje de Consulta Estructurado o en inglés *Structured Query Language*) *SQL*. En este caso el subconjunto *JanSQL* del lenguaje estándar *SQL*. Mencionaremos brevemente este tema, ya que será analizado más en profundidad en el capítulo sobre bases de datos.

A pesar de los modelos de Entidad-Relación y diseño de Base de datos se encuentran fuera del ámbito de este libro, sería difícil desarrollar aplicaciones sin algunas formas de modelado del mundo que queremos capturar.

¿Qué es SQL?

SQL (Lenguaje de Consulta Estructurado o en inglés *Structured Query Language*) es un lenguaje diseñado específicamente para comunicar con bases de datos.

SQL se encuentra diseñado deliberadamente para contener pocas palabras. Es diseñado para hacer una cosa y hacerla bien – proporciona una manera simple y eficaz de leer y escribir datos desde una base de datos.

Ventajas de SQL:

- SQL no es un lenguaje propietario utilizado por vendedores de bases de datos específicas. Casi cada uno de los SGBD (Sistema de Gestión de Bases de Datos) principales soporta *SQL*, así que aprender este único lenguaje te permite interactuar con casi todos los tipos de base de datos sql que te encuentres.

- *SQL* es fácil de aprender. Las declaraciones son todas hechas de palabras descriptivas en inglés, y no hay muchas de ellas.

- A pesar de su aparente simplicidad, *SQL* es realmente un lenguaje poderoso y, al utilizar de manera inteligente los elementos del lenguaje, puedes realizar operaciones de bases de datos complicadas y sofisticadas.

Modelo entidad-relación

Este tutorial modelará el siguiente concepto central –
Los clientes ordenan productos, por lo tanto, podemos expresar esta relación dentro de dos tablas:

Podemos traducir esto a un modelo de datos, tal como,

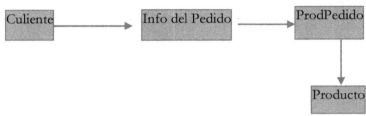

Ejecuta el programa.
Comenzaremos por crear nuestras cuatro tablas (entradas).

Introduce el siguiente comando *sql* en la caja de memo y haz clic en el botón **show result.**

```
REATE TABLE customer (id, name, addr1, addr2, pc, email);

SELECT * FROM customer;
```

Debería aparecer la siguiente salida:

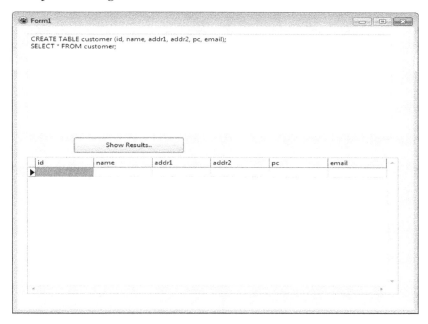

CREAR TABLA

Crea una nueva tabla en la carpeta actual.

Nota: *janSQL* no utiliza tipos de campos. Todo se almacena como texto. Internamente, *janSQL* trata todos los datos como tipos de variantes. Esto significa que en tus consultas *SQL* puedes utilizar campos básicamente de la manera que quieras.

Si ahora vas a tu carpeta verás el archivo **customer.csv,** si abres el archivo utilizando el Bloc de Notas el contenido será:

id;name;addr1;addr2;pc;email

Ahora: vamos a crear las tres tablas restantes. Por cada declaración recuerda también introducir el nombre de la tabla.

```
CREATE TABLE product (id, code, description, unitcost, sellprice,
stkqty);
```

```
CREATE TABLE orderinfo (id, custid, totalcost, discount,
date, orderref,notes);

CREATE TABLE prododered (id, ordid, prodid, orderqty,
totsellprice);
```

Nota que cada tabla tiene un campo *id* (conocido como una *clave primaria*), los datos para esto deberían ser únicos, por regla general un número que identifica de manera única al registro (la fila). Nota que *orderinfo* tiene **custid** (conocido como una **clave foránea, y forma el vínculo entre la tabla de cliente y la tabla orderinfo).** Esto contendrá la id de la tabla del cliente para identificar qué línea de pedido es para qué cliente. De la misma manera que **prodordered** tiene un **prodid,** la id del producto ordenado que identifica los productos que fueron ordenados, así como un **ordid**, es decir, una referencia para el registro de id. Esto quiere decir que *prodordered* tiene dos claves foráneas.

Nota que puedes crear una tabla desde una consulta seleccionada, por ejemplo **create test (select * from table1);**
pero en nuestro caso no tenemos datos en ninguna de nuestras tablas aún.

Vamos a insertar (agregar) datos a las tablas. Para la tabla de clientas introduce lo siguiente en la memo; haz clic en el botón *'show result'*:

```
INSERT INTO customer VALUES(1,'ABC System','12 The
Grove','Parkside','SW1 6RF','abc@mail.com');
INSERT INTO customer VALUES(2,'Delta Read','22 Apple Park','Green
Side','GL1 5HG','delta@hotmail.com');
INSERT INTO customer VALUES(3,'Browns','5 Pear Street','Brown
Road','ZS2 5QG','browns@tmail.com');
INSERT INTO customer VALUES(4,'XYZ Recording','12 Barker
ST','London','E1 6RF','xyz@fivemail.com');
INSERT INTO customer VALUES(5,'Alpha Systems','22 Apple
Park','beddows','BL1 5HT','alpha@gmail.com');
INSERT INTO customer VALUES(6,'Beta','5 Grape Street','Blue
Road','SS2 5QG','grape@tmail.com');
SAVE TABLE customer;
select * from customer;
```

Debería aparecer la siguiente pantalla:

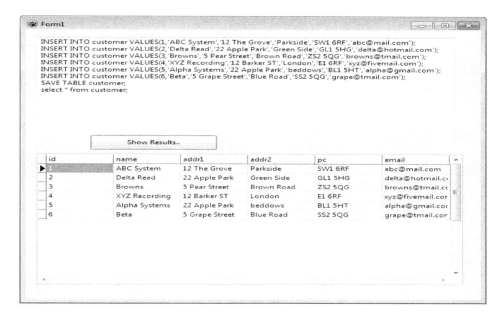

Nota que puedes introducir varias líneas desde que cada línea termine con un punto y coma y la última línea tenga un comando *SAVE TABLE*.

También emitimos un comando *SELECT* para mostrar todos los registros y todos los campos.

El comando *INSERT INTO* te permite insertar tus datos de diferentes maneras. Podemos insertar fila por fila como hicimos o podemos hacer lo siguiente:

```
INSERT INTO customer ([id],[email] VALUES(7,'ben@themail.com');
```
        or

```
INSERT INTO customer Select * From customer Where id > 3
```

Antes de continuar rellenando las otras tablas, echaremos un vistazo rápido al comando *select*.

SELECT

En el ejemplo mostrado anteriormente, la última declaración **select * from customer;** lee "selecciona todo desde la tabla de cliente y devuélvelo".

Ahora, elimina todo en la caja de memo e introduce lo siguiente:

```
        SELECT id, name FROM customer WHERE id > 3;  then click the
        show result button.
```

El resultado debería mostrar tres registros con id 4, 5, 6 y el campo de nombre correspondiente. Aquí escribimos las palabras claves *SQL* en mayúsculas, esto no es necesario pero hace que sea más fácil de leer. La declaración anterior dice 'selecciona los campos *id* y *name* de la tabla de clientes donde la condición de cláusula filtra los registros y donde el valor del id es mayor que 3'.

Considera lo siguiente:

```
SELECT * FROM customer WHERE id >2 AND id <5;
```

Esto devolverá los registros 3 y 4.

La condición **WHERE** puede ser utilizada con SELECT, UPDATE y DELETE.

Considera lo siguiente:

```
SELECT * FROM customer WHERE id >2 ORDER BY name;
```

- son devueltos cuatro registros, pero esta vez por orden de *nombre* y de manera ascendente.

Ahora continuaremos rellenar las tablas restantes.
Rellena la tabla de producto con lo siguiente:

```
INSERT INTO product VALUES(1,'P0101','Tooth Paste',1.15,2.15,20);
INSERT INTO product VALUES(2,'P0201','Tooth Brush',1.75,3.15,15);
INSERT INTO product VALUES(3,'P0301','Mouth Wash',1.25,2.15,10);
INSERT INTO product VALUES(4,'P0401','Gum Shield',1.15,4.00,10);
INSERT INTO product VALUES(5,'P0501','Body Soup',1.10,2.16,25);
INSERT INTO product VALUES(6,'P0601','Shampoo',3.45,5.15,19);
INSERT INTO product VALUES(7,'P0701','Hair Spray',2.85,4.05,30);
INSERT INTO product VALUES(8,'P0801','Hand Cream',2.60,3.95,64);
INSERT INTO product VALUES(9,'P0901','Cough Syrup',1.65,2.95,13);
INSERT INTO product VALUES(10,'P1101','Shower Gel',2.35,3.85,21);
INSERT INTO product VALUES(11,'P1201','Mens Shaving Cream ',3.15,5.75,10);
INSERT INTO product VALUES(12,'P1301','Women Shaving Lotion ',3.15,4.65,10);
SAVE TABLE product;
SELECT * FROM product;
```

Ahora crearemos algunos pedidos de clientes. En el mundo real, esto debería ser desde un formulario de entrada de datos, pero para nuestro propósito insertaremos lotes de datos de prueba, por ahora (como se muestra anteriormente).

Rellena la tabla *orderinfo* con lo siguiente:

```
INSERT INTO orderinfo (id,custid,orderref) VALUES(1,2,so01);
```

```
INSERT INTO orderinfo (id,custid,orderref) VALUES(2,3,so02);
INSERT INTO orderinfo (id,custid,orderref) VALUES(3,1,so03);
INSERT INTO orderinfo (id,custid,orderref) VALUES(4,5,so04);
INSERT INTO orderinfo (id,custid,orderref) VALUES(5,5,so05);
INSERT INTO orderinfo (id,custid,orderref) VALUES(6,2,so06);
SAVE TABLE orderinfo;
SELECT * FROM orderinfo;
```

Nota que solo agregamos tres columnas de información para cada registro. Volveremos más adelante a esto y actualizaremos la información relevante una vez que sepamos cuales son los productos ordenados por cada cliente.

Agreguemos ahora productos a nuestros pedidos. Rellena la tabla *prododered* con lo siguiente:
Por lo tanto tenemos:

Para pedido:1 :-

```
INSERT INTO prododered (id,ordid,prodid) VALUES (1,1,3);
INSERT INTO prododered (id,ordid,prodid) VALUES (2,1,2);
INSERT INTO prododered (id,ordid,prodid) VALUES (3,1,6);
INSERT INTO prododered (id,ordid,prodid) VALUES (4,1,9);
SAVE TABLE prododered;
SELECT * FROM prododered;
```

Para pedido:2 :-

```
INSERT INTO prododered (id,ordid,prodid) VALUES (5,2,2);
INSERT INTO prododered (id,ordid,prodid) VALUES (6,2,4);
INSERT INTO prododered (id,ordid,prodid) VALUES (7,2,6);
INSERT INTO prododered (id,ordid,prodid) VALUES (8,2,6);
SAVE TABLE prododered;
SELECT * FROM prododered;
```

Para pedido:3 :-

```
INSERT INTO prododered (id,ordid,prodid) VALUES (9,3,3);
INSERT INTO prododered (id,ordid,prodid) VALUES (10,3,4);
INSERT INTO prododered (id,ordid,prodid) VALUES (11,3,7);
INSERT INTO prododered (id,ordid,prodid) VALUES (12,3,8);
SAVE TABLE prododered;
SELECT * FROM prododered;
```

Para pedido:4 :-

```
INSERT INTO prododered (id,ordid,prodid) VALUES (13,4,1);
INSERT INTO prododered (id,ordid,prodid) VALUES (14,4,2);
INSERT INTO prododered (id,ordid,prodid) VALUES (15,4,3);
INSERT INTO prododered (id,ordid,prodid) VALUES (16,4,4);
SAVE TABLE prododered;
SELECT * FROM prododered;
```

Para pedido:5 :-

```
INSERT INTO prododered (id,ordid,prodid) VALUES (17,5,12);
INSERT INTO prododered (id,ordid,prodid) VALUES (18,5,11);
INSERT INTO prododered (id,ordid,prodid) VALUES (19,5,10);
INSERT INTO prododered (id,ordid,prodid) VALUES (20,5,9);
SAVE TABLE prododered;
SELECT * FROM prododered;
```

Para pedido:6 :-

```
INSERT INTO prododered (id,ordid,prodid) VALUES (21,6,8);
INSERT INTO prododered (id,ordid,prodid) VALUES (22,6,7);
INSERT INTO prododered (id,ordid,prodid) VALUES (23,6,6);
INSERT INTO prododered (id,ordid,prodid) VALUES (24,6,5);
SAVE TABLE prododered;
SELECT * FROM prododered;
```

Ahora hemos introducido la mayoría de la información a un entrada de datos completa. Primero deberíamos echar un vistazo a cada pedido.

Recapitulación

Con referencia a nuestro modelo de datos, primero veremos *prodordered*.

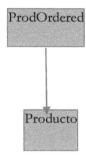

Para cada entrada de registro en la tabla *ProdOrdered*, pueden haber mucho productos. La relación que estas dos tablas tienen la una con cada otra es conocida como una **relación uno a muchos.** Esta tiende a ser la relación más común.

Podemos verificar lo que tenemos hasta ahora:

```
SELECT prododered.ordid, prododered.prodid,
prododered.orderqty, prododered.totsellprice,
product.code, product.description, product.sellprice FROM
prododered, product
WHERE prododered.prodid = product.id  ORDER BY
prododered.prodid;
```

Para reducir la cantidad de escritura, podemos volver a escribir esta consulta de la siguiente manera:

```
SELECT po.ordid,
po.prodid,po.orderqty,po.totsellprice,p.code,p.description,p.se
llprice FROM prododered po, product p WHERE po.prodid = p.id
ORDER BY po.prodid;
```

Nota que cuando tu consulta contiene más que una tabla, debes utilizar nombres calificativos completos.

Por ejemplo, tanto **prododered** como **product** tienen un campo llamado **id,** por lo tanto, el motor de consulta no sabría al id de cual tabla estás haciendo referencia. Por lo tanto, necesitamos calificar el campo id incluyendo el nombre de la tabla juntamente con el operador *dot.*

La consulta anterior genera lo siguiente:

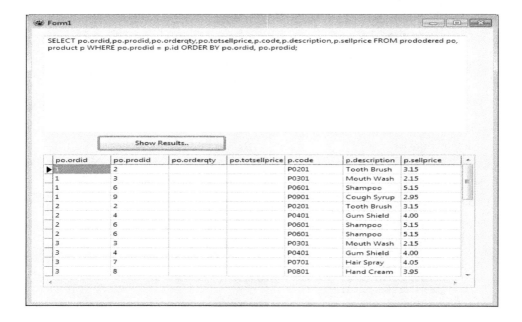

Nota, sin embargo, que en el mundo real el campo *totsellprice* sería un campo derivado y no existe realmente en la tabla de datos fuente, pero para nuestros propósitos guardaremos este archivo de información.

Ahora podemos actualizar el campo **prododered.orderqty** con algunas cantidades aleatorias. Para hacer esto, podemos ejecutar la siguiente consulta:

```
UPDATE prododered SET orderqty = sqr(sin(id * prodid)*10);
SAVE TABLE  prododered;
```
- seguido por un comando *SELECT** para mostrar los resultados

```
SELECT * FROM prododered;
```

- por lo tanto, ahora obtenemos la siguiente salida:

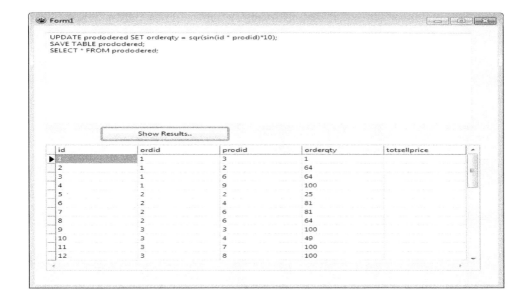

Ahora podemos computar el campo ***totsellprice*** multiplicando
prododered.orderqty por ***product.sellprice***

Como mencionamos anteriormente, *janSQL* es un subconjunto de estándares de lenguaje *ISO SQL* y, como tal, no espera encontrar la implementación total de algunas de las características que podían ser esperadas con un SGBD completo. En el próximo capítulo veremos a un SGBD comúnmente utilizado.

Para obtener ***totsellprice*** normalmente calcularíamos lo siguiente en estándar *SQL*:

```
UPDATE
        PO
SET
    PO.totsellprice = (PO.orderqty * P.sellprice)
FROM
    prododered PO
INNER JOIN
    product P
ON
    PO.prodid = P.id;
```

Por favor, nota los siguientes puntos. La versión actual de *zmSQL* (TZMSQL-0.1.18) no soporta INNER o OUTER JOINS.

Por lo tanto, en vez de eso necesitamos utilizar la condición WHERE, también para simplificar la expresión *SQL*.

Es una buena idea utilizar la característica ASSIGN TO de *janSQL*. Ahora podemos actualizar nuestra tabla de la siguiente manera:
(NOTA RUN ESTO SOLO UNA VEZ !!)

```
ASSIGN TO t1 SELECT po.id as id,po.ordid as ordid,po.prodid as
prodid,po.orderqty as orderqty,format((po.orderqty *
p.sellprice),'%.2m') AS totsellprice  FROM prododered po, product p
WHERE po.prodid=p.id;
INSERT INTO prododered SELECT * FROM t1;
DELETE FROM prododered WHERE totsellprice='';
SAVE TABLE prododered;
SELECT * FROM prododered;
```

Ejecuta la consulta anterior y debería aparecer la siguiente salida:

Nota: Hay un problema conocido en esta versión de zmSQL con el comando UPDATE no maneja el número de campos de unas tablas diferentes muy bien que la escritura anterior es una solución es necesario.

Ahora, si quisiéramos saber que nos pidió el cliente 'ABC System' hasta la fecha, simplemente ejecutamos la siguiente consulta:

```
SELECT cu.name,ord.orderref, po.orderqty,po.totsellprice as
cost,p.code,p.description,p.sellprice as unitcost FROM customer
cu,orderinfo ord, prodordered po, product p
WHERE cu.id=ord.custid AND po.ordid=ord.id AND po.prodid=p.id
AND cu.name='ABC System';
```

Asumiendo que sabes el id del cliente, si la tienes, entonces podemos escribir la consulta como:

```
SELECT cu.name,ord.orderref, po.orderqty,po.totsellprice as
cost,p.code,p.description,p.sellprice as unitcost FROM customer
cu,orderinfo ord, prododered po, product p
WHERE cu.id=ord.custid AND po.ordid=ord.id AND po.prodid=p.id
AND cu.id=1;
```

Ambas consultas producirán la siguiente salida:

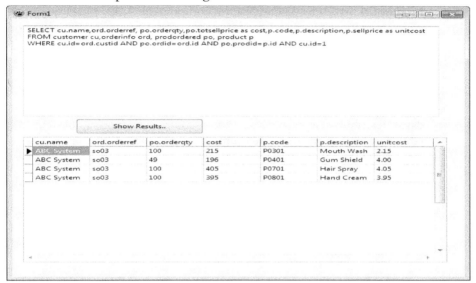

Aquí podemos ver exactamente cuánto ha gastado la empresa *ABC System* con nosotros y lo que fue comprado.

A pesar de no haber cubierto todas las características de *zmSQL*, terminaremos nuestra exploración de conjuntos de datos y bases de datos en memoria aquí, y veremos desarrollo de bases de datos en el siguiente capítulo, dedicado al diseño de bases de datos utilizando un SGBD en completo funcionamiento.

Para más información sobre zmSQL visita:
http://wiki.freepascal.org/ZMSQL

- Crea varios archivos de conjunto de datos XML con nombres de metadatos, cada uno con un nombre diferente, por ejemplo, text1.xml, text2.xml y así sucesivamente. Ejecuta el programa para mostrarlos en el *grid*.

- Modifica el programa para utilizar un componente *TDialog* para que no tengas que modificar el programa cada vez que desees ver diferentes archivos de conjuntos de datos XML.

- Repite los dos procesos anteriores para archivo y programa *JSON*.

- Necesitamos alterar nuestro esquema de base de datos (modelo de datos + atributos) agregando una nueva columna (campo) a nuestra tabla de clientes llamada **telno** (número de teléfono). Utiliza la sintaxis **ALTER TABLE ADD COLUMN columnname,** y luego escribe el guion de consulta para realizar la tarea.

- Escribe una consulta para mostrar los clientes que han comprado el producto **P0401** y la cantidad que han pedido.

19 Introducción a Base de Datos

Acabamos el capítulo anterior con un vistazo a la base de datos en memoria mejorada de FreePascal (*zmSQL*) y su lenguaje *SQL (janSQL)*.

En este capítulo ampliaremos más acerca de bases de datos, viendo un SGBD (Sistema de Gestión de Bases de Datos) completamente implementado. La base de datos SGBD escogida para este capítulo es **MariaDB** (una bifurcación de *MySQL*) ahora ampliamente utilizada por compañías dominantes como Google y Amazon, así como se ha convertido en la base de datos por defecto en la mayoría de los discos de distribución de Linux.

Una vez dicho esto, existen otros SGBDs disponibles, todos ellos con sus ventajas y desventajas. También veremos cómo podemos desarrollar nuestras aplicaciones de manera que no estemos atados a ningún SGBD específico y, por lo tanto, si es necesario, podemos cambiar fácilmente (DropIn) a una base de datos alternativa.

Pero primero veamos algunos de los aspectos básicos.

Estemos conscientes o no, utilizamos bases de datos todos los días, ya sea al realizar un búsqueda en internet, al registrarnos para ver nuestro email o al utilizar un cajero automático para retirar dinero – todos estos servicios son conducidos por arquitectura de base de datos.

Nuestra pregunta es: "¿Qué es una base de datos?"
El término 'base de datos' significa diferentes cosas para diferentes personas. Para nuestros propósitos, utilizaremos el término que significa *una colección de datos almacenados de alguna manera organizada.* Una manera en que podemos observar una base de datos es considerándola como un archivador. El archivador es simplemente una localización física para datos almacenados, independientemente de lo que esos datos sean o cómo se encuentran organizados.

Nota que antes y en el capítulo anterior, utilizamos el término SGBD (Sistema de Gestión de Bases de Datos).
El SGBD es un software que manipula los datos contenidos en la base de datos.

Tablas

En el capítulo anterior, almacenamos información relacionada en archivos físicos csv y nos referimos a ellos como una tabla. Con bases de datos, este concepto no muda, sin embargo, el contenido es más específico a un software SGBD y puede que (o puede que no) sea fácil de acceder por parte de softwares externos sin software de interfaz (driver).

Columnas y Tipos de datos

En *zmSQL/ janSQL* no son utilizados tipos de campos. Todo se almacena como si fuera texto. Internamente, *janSQL* trata todos los datos como variantes. Este no es el caso cuando utilizamos un SGBD estándar. Las columnas dentro de una tabla contienen piezas particulares de información, por la tanto, cada columna en la tabla debe ser asociada con un tipo de dato. Por ejemplo, si un campo (columna) es utilizado para almacenar la cantidad del pedido, entonces el tipo de dato debería ser un tipo de dato numérico.

¿A qué nos referimos con el término tipo de dato?'
Un tipo de dato *permitido* (o permisible, válido). Cada columna de tabla tiene un tipo de dato asociado que restringe (o permite) datos específicos para ser contenidos en esa columna, por ejemplo, una columna de números permitirá números y solo número para ser almacenados en esa columna.

Filas

Esta idea fue cubierta en el capítulo anterior. Recapitulación: los datos en una tabla son almacenados en filas y cada registro guardado es almacenado en su propia fila.

Claves primarias

Como con el capítulo anterior, cada fila en un tabla debe contener alguna columna (o conjunto de columnas) que *las identifique de manera única*. ⬦ Esto es un concepto de SGBD fundamental. En el capítulo anterior dimos a cada tabla un campo id y cada fila tenía una cuenta gradual para cada dato nuevo introducido.

El lenguaje SQL

En el capítulo anterior establecimos que una de las ventajas de *SQL* es que no es un lenguaje propietario. Muchos SGBD soportan las especificaciones estándar de *SQL*, sin embargo, así como *janSQL* (que contiene un par de características no estándar), la mayoría de los otros distribuidores SGBD también contienen un par de características no estándar.

⟡ Cabe destacar que existe un comité de estándares que intenta definir la sintaxis de *SQL* que puede ser utilizada por todos los SGBD. En realidad, no hay dos SGBDs que implementen *SQL* de manera idéntica. Por lo tanto, el *SQL* que discutiremos en este capítulo será específico a MariaDB (y *MySQL*) aunque mucho del lenguaje discutido aquí será utilizable con otros SGBDs por favor, no asumas la portabilidad completa de la sintaxis de SQL.

"¿Qué es MariaDB?"

MariaDB es un SGBD, es decir, un software de base de datos.

MariaDB está basado en *MySQL*. *MySQL* tiene una historia de desarrollo larga y madura y es utilizado por millones de personas alrededor del mundo. Algunos de los motivos principales por los que muchas organizaciones utilizan MariaDB/MySQL son:

- **Precio** – MariaDB(y *MySQL*) es un código abierto y, por lo tanto, gratis de usar.

- **Desempeño** – MariaDB / *MySQL* se desempeña de manera muy rápida.

- **Confianza** – MariaDB / *MySQL* es la base de datos de elección para algunas de las organizaciones de negocios y páginas más importantes, todos los cuales les confían sus datos importantes.

- **Simplicidad** – MariaDB/*MySQL* es fácil de instalar, configurar y poner a funcionar.

MariaDB en acción

Instalar MariaDB.
Necesitamos instalar MariaDB para poder utilizarlo.

Linux

Muchas de las distribuciones de Linux están convirtiendo MariaDB en su base de datos por defecto, sin embargo, puedes obtener MariaDB desde la siguiente página web:

https://downloads.mariadb.org/mariadb/repositories/#mirror r=coreix&distro=openSUSE&distro_release=trusty

Verás las siguientes opciones.

```
Downloads Setting up MariaDB Repositories
To generate the entries select an item from each of the boxes below. Once
an item is selected in each box, your customized repository configuration
will appear below.

1. Choose a Distro

openSUSE
Arch Linux
Mageia
Fedora
CentOS
RedHat
Mint
Ubuntu
Debian
```

Al seleccionar cada distro aparecerán las instrucciones que se muestran a continuación, por ejemplo, al seleccionar *openSUSE* obtenemos las siguientes instrucciones acerca de cómo instalar MariaDB para *openSUSE*.

En este libro utilizaremos opensuse 13.1 para nuestra instalación de Linux.

```
openSUSE includes MariaDB in their repositories. To install MariaDB,
simply issue the following command in a terminal:

zypper install mariadb
```

Simplemente sigue las instrucciones e instala MariaDB.

Como la mayoría de los Distros de Linux vienen por defecto con *MySQL* o MariaDB no necesitarás pasar por el proceso de instalación para acompañar este capítulo. Los ejemplos en este capítulo funcionarán tanto para *MySQL* como para MariaDB.

Windows

Para instalar MariaDB en Windows visita: ***https://downloads.mariadb.org/***

y descarga la última serie 10.x. Nosotros utilizaremos la versión 10.0.11 (una versión estable).

Haz clic en el archivo .msi para tu sistema operativo Windows (OS).

Una vez haya sido descargado, haz clic en el programa y sigue las instrucciones de instalación.

Cuando aparezca la pantalla que se muestra a continuación, haz lo que se muestra:

Haz clic en la opción *'Enable access from remote machine for root user'*. Continúa con la instalación, manteniendo el resto de las opciones con los valores predefinidos.

Software de Cliente-Servidor

SGBD entra en dos categorías: basado en **archivos compartidos** y **cliente-servidor.** En el capítulo anterior utilizamos *zmSQL* y *janSQL* como SGBD. Estos tipos de base de datos están destinados a aplicaciones de escritorio para usuarios únicos y son referidos como basados en archivos compartidos. Las aplicaciones de cliente-servidor son separadas en dos partes distintivas- servidor y cliente.

El lado del software **servidor** es responsable por todos los datos de acceso y manipulación. Este software se ejecuta en la computadora y es llamado un **servidor de base de datos.** Solo el software del servidor interactúa con los archivos de datos.

Todas las peticiones para operaciones de datos desde el mundo exterior son canalizadas a través del software de servidor.

El software **cliente** es el software con el que el usuario interactúa para hacer peticiones al servidor. Este software puede residir en varias computadoras desde diversas localizaciones.

Herramientas de SGBD

Como fue mencionado anteriormente, cualquier SGBD de servidor-cliente requiere un software de cliente para interactuar con él.
Para MariaDB existen varias herramientas de cliente disponibles. Al aprender MariaDB y cualquier SGBD lo mejor es comenzar con las herramientas administradas por los creadores de SGBD.

Sin embargo, existen dos o tres que valen la pena mencionar. Estos son:
- *DBeaver*, que funciona en todas las plataformas que soportan La máquina Virtual de Java *(Java Virtual Machine – JVM)*
- *HeidiSQL* , que funciona en Windows de manera nativa; y
- *MySQL Workbenc*, disponible en Windows, Mac, Linux y Sistemas Operativos basados en Unix.

Ahora consideremos la herramienta de línea de comandos que viene con MariaDB.

Línea de Comando MySQL

Cada instalación de MariaDB/*MySQL* viene con una utilidad de línea de comando simple llamada: *mysql*
semejante a nuestro símbolo del sistema para Windows o la consola de UNIX que mencionados anteriormente en este libro.

Utilizar la utilidad de línea de comando
Windows

Antes de poder utilizar la herramienta, puede que necesites establecer la ruta donde MariaDB fue instalada.

Podemos hacer esto de dos maneras. Una de ellas es lanzando tu símbolo de sistema del sistema operativo y escribir: `SET PATH=%PATH%;C:\Program Files\MariaDB 10.0\bin` y luego presionando intro.

Alternativamente, para hacer una instalación permanente, puedes editar tu entorno de sistema.
Ve el capítulo 2, instalar Lazarus, para más información sobre como editar la variable *Path* en el entorno del sistema.

La ruta **C:\Program Files\MariaDB 10.0\bin** puede ser diferente si estás utilizando un sistema operativo de 64bit. Por lo tanto, ubica la ruta y edita de acuerdo con ella.

Linux y mac

La instalación haría disponible la línea de comandos.

Una vez hayas establecido la ruta, estás listo para utilizar la herramienta de utilidad de MariaDB.

Desde tu símbolo de sistema operativo (OS) escribe **mysql.** Si lo has instalado correctamente, deberías obtener un *error de acceso denegado* (esto se debe a que requiere credenciales de seguridad). Si recibes cualquier otro mensaje de error, esto sería indicativo de que *MySQL* no está funcionando.

Para acceder correctamente a MariaDB escribe lo siguiente desde el símbolo de la línea de comando:

```
mysql -u root -p -h localhost
```

- al presionar la tecla intro, te será solicitado que introduzcas la contraseña que utilizaste cuando instalaste MariaDB. Introduce la contraseña correcta y presiona la tecla intro.

Deberías ver una pantalla semejante a la que se muestra a continuación:

```
Administrator: Command Prompt - mysql -u root -p -h localhost

C:\Users\anth>mysql -u root -p -h localhost
Enter password: **********
Welcome to the MariaDB monitor.  Commands end with ; or \g.
Your MariaDB connection id is 11
Server version: 10.0.11-MariaDB mariadb.org binary distribution

Copyright (c) 2000, 2014, Oracle, SkySQL Ab and others.

Type 'help;' or '\h' for help. Type '\c' to clear the current input statement.

MariaDB [(none)]> _
```

Por ahora, escribe: **exit** y luego presiona la **tecla intro** en la línea de comandos de MaríaDB. Esto hará que salgas de la utilidad de MariaDB con el mensaje '**bye**' y te devolverá a la línea de comandos del sistema operativo.

⟨?⟩ Unas palabras de advertencia: nunca es una buena idea iniciar sesión en MariaDB como superusuario cuando realizas las consultas diarias. Sin embargo, en este caso particular (como es una instalación nueva) no hay otra configuración de usuario.

Trabajar con MariaDB
Desde nuestra línea de comandos del símbolo de sistema operativo conéctate a MariaDB escribiendo:

`mysql -u root -p -h localhost` e introduce la contraseña.

Como recién hemos instalado MariaDB, no habrá base de datos abierta para utilizar, como fue indicado anteriormente en la línea de comandos de MariaDB [<none>], por lo tanto, debemos abrir una para utilizar. MariaDB viene con una base de datos por defecto llamada *MySQL*. Por lo tanto, para utilizarla, usamos la palabra reservada **USE** seguido del nombre de la base de datos. Escribe lo siguiente:

`USE mysql;` luego presiona intro

MaríaDB te informará que '`Database changed`' (la base de datos ha cambiado) seguido por el nombre de la base de datos actual abierta, es decir `MariaDB [<mysql>]`.

Nota que todos los comandos deben acabar con un punto y coma (;). Escribe lo siguiente:

```
SHOW DATABASES;
```

- esto debería mostrar una lista con las bases de datos disponibles, incluyendo *information_schema* interno de MariaDB's.

Para ver una lista de las tablas disponibles en la base de datos actualmente seleccionada escribe lo siguiente:

```
SHOW TABLES;
```

Ahora que tenemos MariaDB en funcionamiento, podemos crear nuestra propia base de datos y nuestro(s) propio(s) usuario(s).

Primero, necesitamos saber cómo la sintaxis de MariaDB soporta la creación de bases de datos. Podemos determinar esto al ver como se crea *MySQL*.

Escribe lo siguiente:

```
SHOW CREATE DATABASE mysql;
```

Utilizando el ejemplo de sintaxis crearemos nuestra propia base de datos *lazdb*:

escribe lo siguiente CREATE DATABASE lazdb;

puedes escribir DATABASES; para ver si la base de datos se encuentra disponible.

Nota: para crear una base de datos donde el nombre tenga espacios, por ejemplo laz db, debes escribirlo como: `laz db`

◈ (`) este carácter es conocido como un *acento grave* y **NO** debe ser

confundido con la comilla simples ('). El símbolo es llamado un símbolo de 'acento grave'.

Ahora vamos a crear nuestro usuario **staff** y darle la contraseña **mypass.** Escribe lo siguiente:

```
CREATE USER staff IDENTIFIED BY 'mypass';
```

Esto agregará el usuario *staff* a la tabla mysql.user. Podemos verificar esto al escribir lo siguiente:
```
SELECT user FROM user;
```

Esto devolverá una lista con todos los usuarios, incluyendo a nuestro usuario *staff*. Sin embargo, nuestro usuario *staff* no tiene privilegios aún. Estos privilegios necesitan ser concedidos. Para nuestro propósito solamente (asumiendo que no estás utilizando la base de datos para producción) le daremos a *staff* privilegios completos en nuestra base de datos *lazdb*.

Escribe lo siguiente:

```
GRANT ALL PRIVILEGES ON lazdb.* TO staff@localhost
IDENTIFIED BY 'mypass' WITH GRANT OPTION;
```

Sal de la utilidad *MySQL* escribiendo `exit` en la línea de comandos.

Utilizar una herramienta GUI

La utilidad de línea de comando puede realizar todas las tareas necesarias para la instalación, configuración y mantenimiento de MariaDB. Esta es la herramienta preferida por administradores de base de datos profesionales. Sin embargo, al aprender sobre base de datos, a veces es más fácil utilizar la herramienta de interfaz gráfica de usuario. Como fue mencionado anteriormente, existe una gran variedad de herramientas GUI para gestionar MariaDB / *MySQL*.

MySQL Workbench, DBeaver y *HeidiSQL* son herramientas bastante buenas, fáciles de instalar, así como se encuentran disponibles de manera gratuita.

Para este capítulo te recomendamos que instales *DBeaver*.

Instalar DBeaver

Descargar *Dbeaver* desde **http://dbeaver.jkiss.org/download/**

Nota que *Dbeaver* requiere la versión 1.6 o superior de java. Para usuarios Windows, esta se encuentra incluida en la instalación pero otros usuarios pueden necesitar instalarla.

Para usuarios Windows simplemente se escoge la instalación que coincida con tu sistema y se instala.

Para usuarios Linux y Mac (asumiendo que tienes instalada la versión 1.6 o superior de java), descarga el archivo relevante *dbeacer* zip y extráelo en una carpeta.

A continuación haz clic en el icono *dbeaver*. ¡Eso es todo!

Cuando se ejecute *dbeaver* por primera vez, aparecerá una ventana de diálogo solicitando el tipo de SGBD al que te deseas conectar. Selecciona tu base de datos (para usuarios Linux MariaDB) (para Windows, escoge *MySQL* al ser similar que MariaDB) como se muestra a continuación:

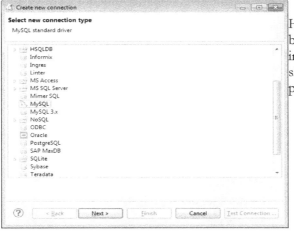

Haz clic en el botón '*Next*' e introduce los siguientes parámetros:

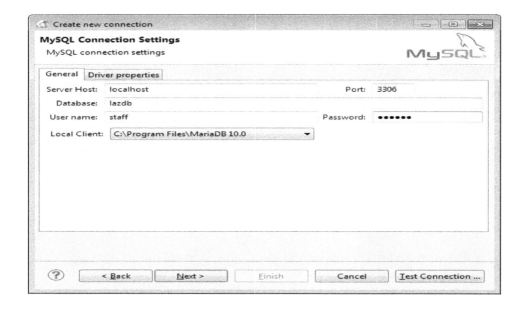

Recuerda que la contraseña es **mypass.**

Haz clic en '**Next**' y luego '**Finish**'

Retomaremos donde dejamos en el capítulo anterior y volveremos a crear nuestro esquema de datos utilizando MariaDB.

Antes de comenzar, establece *dbeaver* para confirmar automáticamente tus acciones. Sigue los pasos a continuación y selecciona *switch to auto-commit*.

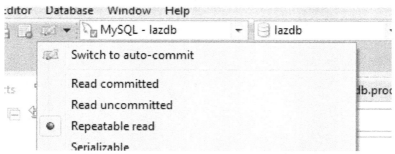

Si todo va bien, deberías tener una pantalla similar a la que se muestra a continuación:

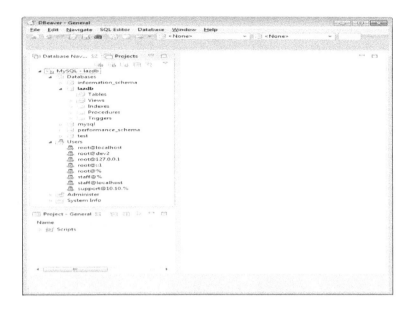

Ahora podemos crear nuestras cuatro tablas. Para hacerlo, realiza la siguiente tarea:

- Desde la sección de navegación de la base de datos haz clic derecho con el ratón en *table* y selecciona *Create New Table* o (alternativamente) presiona el *teclado numérico + tecla:*

Esto creará una entrada *NewTable* en el lado derecho del panel.

Haz clic en la opción *Table* y renombra la tabla como *customer*.

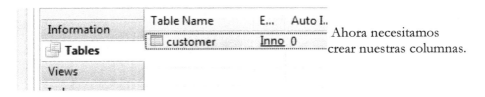

Ahora necesitamos crear nuestras columnas.

Comenzaremos con la tabla *customer*.
Expande *customer* para revelar la siguiente lista:

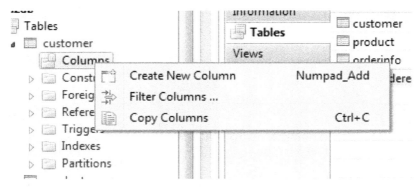

Selecciona la opción '*Columns*' y haz clic derecho con el ratón y selecciona '*Create New Column*' o simplemente presiona '+ tecla de añadir' en el teclado numérico

En el panel derecho haz clic en la opción '*Column*' y edita *column1* a lo siguiente:

	Column Name	Data Type	Ordinal Position	Length	Not Null	Auto Increment	Defa
Information	id	INTEGER	-1	100	☐	☑	
Columns							
Constraints							
Foreign Keys							

Nota que, a diferencia de nuestra base de datos *zmSQL* donde todos los campos de tipos de datos son definidos como cadenas, aquí podemos especificar el tipo de datos por <u>cada</u> columna. También nota que podemos hacer que MariaDB maneje la numeración incremental del campo 'id', mientras que en nuestra base de datos anterior *zmSQL* teníamos que manejar esto de manera manual o teníamos que escribir nuestra propia función para manejar esto para todas las tablas creadas.

Repite los pasos anteriores para las columnas restantes. Deberías tener el siguiente resultado:

	Column Name	Data Type	Ordinal Position	Length	Not Null	Auto Increment	[
Information	[T] id	INTEGER	-1	20	☐	☑	
Columns	[T] name	VARCHAR	-1	100	☐	☐	
Constraints	[T] addr1	VARCHAR	-1	100	☐	☐	
Foreign Keys	[T] addr2	VARCHAR	-1	100	☐	☐	
References	[T] pc	VARCHAR	-1	50	☐	☐	
Triggers	[T] email	VARCHAR	-1	100	☐	☐	

Ahora necesitamos identificar la columna que será nuestra clave primaria, es decir, la columna que identifica únicamente cada registro en la tabla. Para hacer esto en el panel de navegación de la base de datos, haz clic derecho en la opción '*constraint*' y selecciona '*Create New Constraint*', en la ventana emergente. Edita como se muestra a continuación:

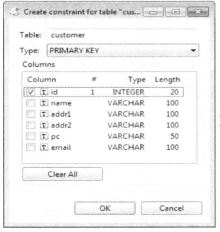

Luego haz clic en 'OK'

De manera a mejorar nuestro rendimiento cuando llevamos a cabo búsquedas, necesitamos identificar las columnas a las que deseamos crear índices, en nuestro caso sería la columna *'Name'*. No necesitamos hacer esto para la columna *'id'* porque esta es un clave primaria que también es un columna de índice. Para crear un índice para *name* realiza lo siguiente:

En el panel de navegación de la base de datos haz clic derecho en la opción *'Index'* y selecciona *'Create New index'*, esto activará el mensaje emergente `create new index for table customer`. Verifica la entrada *'Name'* y haz clic en el botón *'Ok'*. Para convertir estos cambios en permanentes, así como para ver el guion *SQL* que se ejecutará para realizar la creación, haz clic en *'Vview /persist changes icon'*:

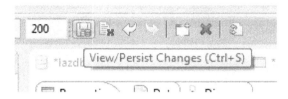

Aparecerá lo siguiente:

Persist Changes

SQL Preview:

```
CREATE TABLE lazdb.customer (
    id INTEGER AUTO_INCREMENT,
    name VARCHAR(100),
    addr1 VARCHAR(100),
    addr2 VARCHAR(100),
    pc VARCHAR(50),
    email VARCHAR(100),
    CONSTRAINT customer_PK PRIMARY KEY (id)
)
ENGINE=InnoDB
DEFAULT CHARSET=utf8
COLLATE=utf8_general_ci;

CREATE INDEX customer_name_IDX ON lazdb.customer (name);
```

Persist   Copy   Cancel

Haz clic en el botón *'Persist'*

Este debería ser el mismo comando *SQL* que teníamos que escribir si queríamos crear manualmente la tabla de clientes.

Ahora, para la tabla *product* vamos a crear un guion *SQL* manual y ejecutarlo:

En la parte inferior izquierda haz clic derecho en la opción '*Script*' y selecciona '*Create SQL script*' como se muestra a continuación y luego introduce el guion en el gran panel al lado derecho:

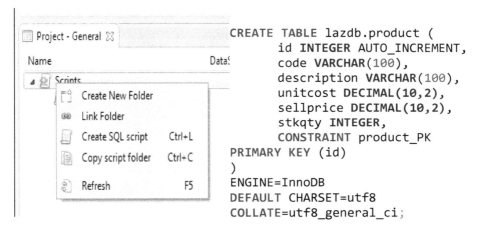

```
CREATE TABLE lazdb.product (
        id INTEGER AUTO_INCREMENT,
        code VARCHAR(100),
        description VARCHAR(100),
        unitcost DECIMAL(10,2),
        sellprice DECIMAL(10,2),
        stkqty INTEGER,
        CONSTRAINT product_PK
PRIMARY KEY (id)
)
ENGINE=InnoDB
DEFAULT CHARSET=utf8
COLLATE=utf8_general_ci;
```

```
CREATE INDEX product_code_IDX ON lazdb.product (code);
```

Para ejecutar el guion haz clic en el botón '*Execute script*', como se muestra a continuación:

Nota que si esta opción no se encuentra habilitada, asegúrate de tener la base de datos seleccionada como se muestra:

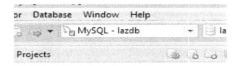

En el panel de navegación de la base de datos haz clic derecho en la opción *'Table'* y selecciona *'Refresh'*:

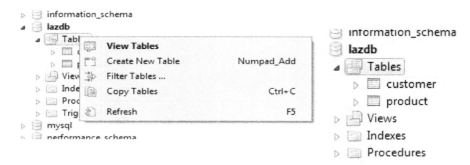

Como puedes ver, la tabla *product* ha sido creada.

Ahora crearemos otras dos tablas (puedes escoger gráficamente si lo deseas). Para acelerar crearemos un guion.

Para *ordeninfo* puedes utilizar y ejecutar tanto el siguiente guion como puedes utilizar el GUI:

```
CREATE TABLE lazdb.orderinfo (
      id INTEGER AUTO_INCREMENT,
      custid INTEGER,
      totalcost DECIMAL(10,2),
      discount FLOAT,
      date TIMESTAMP,
      orderref VARCHAR(100),
      notes VARCHAR(100),
      CONSTRAINT orderinfo_PK PRIMARY KEY (id)
)
ENGINE=InnoDB
DEFAULT CHARSET=utf8
COLLATE=utf8_general_ci;
```

```
CREATE INDEX orderinfo_custid_IDX ON lazdb.orderinfo
(custid,orderref);

CREATE INDEX orderinfo_orderref_IDX ON lazdb.orderinfo
(orderref);
```

Ahora para *prodordered* puedes utilizar y ejecutar tanto el siguiente guión como puedes utilizar el GUI:
Nota el deletreo de *prodordered:*

```
CREATE TABLE lazdb.prodordered (
      id INTEGER AUTO_INCREMENT,
      ordid INTEGER,
      prodid INTEGER,
      orderqty INTEGER,
      totsellprice DECIMAL(10,2),
      CONSTRAINT prodordered_PK PRIMARY KEY (id)
)
ENGINE=InnoDB
DEFAULT CHARSET=utf8
COLLATE=utf8_general_ci;

CREATE INDEX prodordered_ordid_IDX ON lazdb.prodordered
(ordid,prodid);

CREATE INDEX prodordered_prodid_IDX ON lazdb.prodordered
(prodid);
```

Verás las cuatro tablas creadas de la siguiente manera:

	Table Name	Engine	Auto Increment	Row Count	Avg Row Length	Data Length	Descripti
MySQL - lazdb Databases lazdb							
Information							
Tables	customer	InnoDB	1	0	0	16,384	
	product	InnoDB	1	0	0	16,384	
Views	orderinfo	InnoDB	1	0	0	16,384	
Indexes	prodordered	InnoDB	...	...	...	...	...
Procedures							
Triggers							

◇ Muy importante destacar que los Decimales deben tener precisión, por lo tanto modifica el tipo decimal para leer DECIMAL(10,2)

Rellenar las tablas

Realmente no queremos tener que digitar toda esa información nuevamente... para nuestro propósito esto puede ser sólo un par de horas de escritura, pero piensa un poco en aquellos que pueden tener más tablas y cada tabla pueda contener miles o hasta decenas de miles de registros.

Una solución rápida para nosotros sería importar los datos a las tablas.

La manera más rápida de insertar los datos en MariaDB es a través del comando LOAD DATA INFILE

realiza las modificaciones necesarias para la ubicación de tus archivos csv.

Por lo tanto, introduce y ejecuta el siguiente guion *SQL:* primero rellena la tabla *customer*

```
LOAD DATA LOW_PRIORITY LOCAL INFILE
'E:\\test_prog\\example21\\customer.csv' REPLACE
INTO TABLE `lazdb`.`customer` CHARACTER SET latin1
FIELDS TERMINATED BY ';' LINES TERMINATED BY '\r\n'
IGNORE 1 LINES (`id`, `name`, `addr1`, `addr2`,
`pc`, `email`);
```

Ahora introduce y ejecuta el siguiente guion *SQL:* primero rellena la tabla *prodordered*

```
LOAD DATA LOW_PRIORITY LOCAL INFILE
'E:\\test_prog\\example21\\prododered.csv' REPLACE
INTO TABLE `lazdb`.`prodordered` FIELDS TERMINATED
BY ';' LINES TERMINATED BY '\r\n' IGNORE 1 LINES
(`id`, `ordid`, `prodid`, `orderqty`,
`totsellprice`);
```

Ahora introduce y ejecuta el siguiente guion SQL. Primero rellena la tabla *product.*

```
LOAD DATA LOW_PRIORITY LOCAL INFILE
'E:\\test_prog\\example21\\product.csv' REPLACE
INTO TABLE `lazdb`.`product` FIELDS TERMINATED BY
';' LINES TERMINATED BY '\r\n' IGNORE 1 LINES
(`id`, `code`, `description`, `unitcost`,
`sellprice`, `stkqty`);
```

La tabla *orderinfo* requiere un poco más de trabajo para poder importar los datos de manera limpia.

Recordemos que, dentro del archivo *orderinfo.scv*, tres de las columnas están completamente en blanco: *totalcost* y *discount*, la cuales son tipos de datos decimales, y *data*, la cual es un tipo de datos *timstamp*.

Por lo tanto, necesitamos cambiar temporalmente el tipo de datos de estas columnas a varchar(100), importar los datos y luego volver a cambiar el tipo de datos de vuelta a su configuración original.

Primero haz los cambios como se menciona anteriormente, luego introduce y ejecuta el siguiente guion *sql*: primero rellena la tabla *orderinfo*

```
LOAD DATA LOW_PRIORITY LOCAL INFILE
'E:\\test_prog\\example21\\orderinfo.csv' REPLACE INTO
TABLE `lazdb`.`orderinfo` FIELDS TERMINATED BY ';' LINES
TERMINATED BY '\r\n' IGNORE 1 LINES (`id`, `custid`,
`totalcost`, `discount`, `date`, `orderref`, `notes`);
```

Antes de cambiar el tipo de datos nuevamente, necesitamos popular aquellos archivos con datos predefinidos;

Introduce y ejecuta el siguiente guion *SQL*:

UPDATE orderinfo SET totalcost=0, discount=0, `date`=Now();

Ahora puedes cambiar el tipo de dato para *totalcost*, *discount*, y *date* de vuelta a sus configuraciones originales.

Por favor nota que si estás utilizando una computadora Linux, entonces las rutas utilizan barras inclinadas /
Por ejemplo

```
LOAD DATA DATA LOW_PRIORITY LOCAL INFILE
'/user/home..../custmer.csv' …...
```

Para usuarios Windows son necesarias dos barras inversas (\\). La primera barra inversa (utilizada como un carácter de escape) le indica a MariaDB que incluya la siguiente barra inversa como parte de la declaración. Esto se debe a que MariaDB reconoce y utiliza su propiedad de barra inversa individual para otra cosa.

Claves foráneas e integridad referencial en MariaDB

Cualquier SGBD decente debe soportar claves foráneas e integridad referencial.

Cabe destacar que *zmSQL* soporta integridad referencial pero no hemos introducido el tema hasta ahora.

◇ Integridad referencial es un concepto importante y fundamental en el diseño de la base de datos. El término se refiere a un estado donde todas las referencias en la base de datos son válidas y no existen vínculos inválidos entre las diferentes tablas que componen el sistema. Cuando existe integridad referencial, fallará cualquier intento de vincular a un registro que aún no existe; esto ayuda a prevenir errores de usuarios, lo que produce una base de datos más precisa (confiable, y por lo tanto, útil). La integridad referencial se implementa usualmente a través del uso de *claves foráneas*.

Para establecer una *relación de clave foránea* entre dos tablas mariaDB, <u>deben</u> ser cumplidas tres condiciones críticas:

- Condición 1: Ambas tablas deben tener el mismo tipo de tabla *XtraDB/InnoDB* (*XtraDB* es el motor de almacenamiento por defecto de MariaDB).
- Condición 2: Los campos utilizados en la relación de claves foráneas deben ser indexados.
- Condición 3: Los campos utilizados en la relación de claves foráneas debes ser semejantes en tipo de datos.

Vamos a crear nuestros índices de claves foráneas.

Primero establecemos los vínculos entre nuestra tabla *customer* y la tabla *orderinfo*, así como determinamos las acciones a ser tomadas (por ejemplo, si eliminamos un registro de cliente, todos los pedidos de ese cliente son eliminadas).

Para establecer esto, introduce y ejecuta el siguiente guion *SQL*:

```
ALTER TABLE lazdb.orderinfo ADD CONSTRAINT
orderinfo_customer_FK FOREIGN KEY (custid)
REFERENCES lazdb.customer(id) ON DELETE CASCADE;
```

Para ver una representación gráfica de lo que acabamos de hacer, haz clic en la pestaña *'Diagram'*.
Debería aparecer lo siguiente.

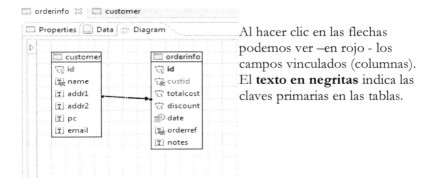

Al hacer clic en las flechas podemos ver –en rojo - los campos vinculados (columnas). El **texto en negritas** indica las claves primarias en las tablas.

Nota: Podemos utilizar la herramienta gráfica para crear estos vínculos también, pero a medida que discutimos el lenguaje *SQL* realizaremos estas acciones de manera manual.

Ahora necesitamos crear un vínculo de clave foránea entre las tablas *orderinfo* y *prodordered*.

Podemos hacerlo introduciendo y ejecutando el siguiente guion *SQL*:

```
ALTER TABLE lazdb.prodordered ADD CONSTRAINT
prodordered_orderinfo_FK FOREIGN KEY (ordid)
REFERENCES lazdb.orderinfo (id) ON DELETE CASCADE;
```

Esto nos proporcionará lo siguiente:

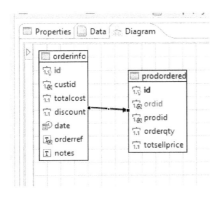

Finalmente, necesitamos crear un vínculo de clave foránea entre las tablas *prodordered* y *product*.

Podemos hacerlo introduciendo y ejecutando el siguiente guion *SQL*:

```
ALTER TABLE lazdb. prodordered ADD CONSTRAINT
prodordered_product_FK FOREIGN KEY (prodid)
REFERENCES lazdb.product (id);
```

Esto nos proporciona lo siguiente:

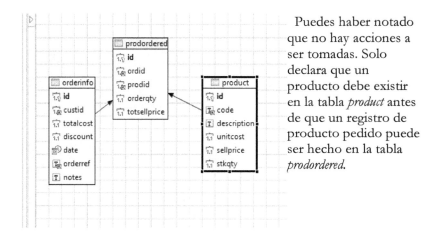

Puedes haber notado que no hay acciones a ser tomadas. Solo declara que un producto debe existir en la tabla *product* antes de que un registro de producto pedido puede ser hecho en la tabla *prodordered*.

¡Eso es todo! Ahora tenemos nuestro esquema de base de datos.

Las relaciones de clave foránea pueden jugar un papel importante en la captura de errores de entrada de datos.

Construir una aplicación de base de datos Lazarus

Ahora que hemos diseñado e implementado nuestro esquema, desviaremos nuestra atención a la construcción de nuestra aplicación de entrada de pedidos utilizando los componentes de base de datos de Lazarus.

Lazarus soporta varias bases de datos poco convencionales (usando, por ejemplo, la infraestructura digital de SQLDB), sin embargo, debemos instalar los paquetes requeridos (bibliotecas de usuario) para cada MariaDB.

Lazarus posee una variedad de bibliotecas de usuarios soportadas para MariaDB. Tres de las más populares son:

- Built-in SQLDB support
- PDO   http://pdo.sourceforge.net/
- ZeosDBO   http://sourceforge.net/projects/zeoslib/

En este capítulo utilizaremos *ZeosDBO*.

ZeosLib es un conjunto de componentes de base de datos para MariaDB, *MySQL, PostgreSQL, Interbase, Firebird, MS SQL, Sybase, Oracle* y *SQLite* para Delphi, FreePascal/Lazarus, Kylix y C++ Builde, entre otros.

Esto significa que si deseas utilizar otro SGBD, solo tienes que cambiar tu conexión al nuevo SGBD: el resto de la aplicación permanece sin alterar.

Descarga *Zeos* desde: ***sourceforge.net/projects/zeoslib/*** y descomprímelo en una carpeta.
(Este capítulo utiliza la versión actual 7.1.3)

Instalar los componentes de ZeosDBO

- Inicia Lazarus.
- Utiliza el archivo *Components/Open Package* (.lpk) desde el menú principal.
- Ve a la carpeta donde descomprimiste el archivo...\packages\lazarusand y abre zcomponent.lpk
- opcional: (Presiona **'Compile'** solo si no quieres instalar los componentes en el IDE)

Presiona **'Install'**
Te será preguntado si quieres volver a compilar Lazarus.
Selecciona **'yes'** (esta vez).
Espera hasta que la compilación termine. Lazarus debería reiniciarse automáticamente después de eso.
Si todo está bien, deberías ser capaz de ver la pestaña **Zeos Access** en la Paleta de Componentes.

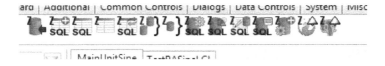

Probar la conexión

Antes de poder utilizar la base de datos en nuestra aplicación, necesitamos comprobar que podemos conectarnos a MariaDB. Haz lo siguiente:

Coloca un componente *Zconnection* en el formulario.
En la pestaña de propiedades establece User<staff>, Password<mypass>, Host<localhost>, Port<3306> y Protocol<mysql-5>.
LibraryLocation<C:\Program Files\MariaDB 5.5\lib\libmysql.dll> O donde quiera que haya instalado MariaDB. *(para 64 bits MariaDB instalado obtener el libmysql.dll 32bit y colocar en una carpeta separada)*

Establece conectado como *'True'*. Si no aparece ningún mensaje de error, entonces la conexión fue exitosa.

- Coloca un **ZQuery** *(no confundir con ZReadOnlyQuery)*.
- Establece la conexión para tu **ZConnection** activo.
- Establece la propiedad *Sql* a algo como **SELECT * FROM customer**
- Establece *Active* como 'True'. Una vez más, si no aparece ningún mensaje de error, entonces la conexión fue exitosa.

- Coloca un **DataSource** desde la pestaña *Data Access.*
- Establece **DataSet** a tu **ZQuery** activo.

- Coloca un **DBGrid** desde la pestaña **Data Controls.**
- Establece **Datasource** a tu **DataSource.**
- Si todo está bien, deberías ser capaz de ver los registros desde la tabla de clientes.

- Coloca un **Memo** desde la pestaña **Standard**
- Coloca un **Button** desde la pestaña **Standard**

Agrega el siguiente código de evento al Botón:

```
procedure TForm1.Button1Click(Sender: TObject);
begin
  ZQuery1.SQL.Text:=memo1.text;
  ZQuery1.Active:=True;
end;
```

Deberías tener un formulario similar al que se muestra a continuación:

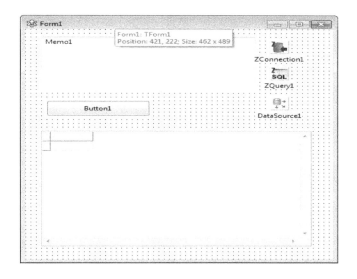

Ejecuta el programa. Tenemos un programa parecido al que desarrollamos en el capítulo anterior pero con menos codificación.

En el capítulo anterior unimos dinámicamente los objetos de manera que las conexiones fueron hechas en tiempo de ejecución. En este capítulo decidimos demostrar la unión estática.

Cabe destacar que igualmente podíamos haber realizado unión estática en el capítulo anterior, así como utilizamos la unión dinámica.

Introduce varios comandos *SQL* en la caja de texto memo1, por ejemplo *SELECT * FROM customer* para ver los resultados. Cuando ejecutas varias consultas en una única tabla, puedes introducir datos en el *grid*, los cuales serán escritos directamente de vuelta en la tabla. No hagas esto por ahora. Volveremos a este tema de nuevo más tarde.

Al colocar *TDataset* y *TDatasource* en el formulario, fuimos capaces de probar rápidamente la conexión a la base de datos. Sin embargo, localizar *Tdataset* y *Tdatasource* directamente en el formulario se considera una mala práctica. Debemos separar *GUI logic* de *Data logic* y para lograrlo debemos simplemente crear un descendiente de *TDatamodule*.

Utiliza un objeto *TDataModule* en una aplicación para proporcionar una ubicación para el manejo centralizado de componentes no visuales. Usualmente, estos son componentes de acceso de datos, tales como *TSQLDataSet* y *TSQLConnection*. *DataModules* no son limitados a componentes de acceso de datos, ellos pueden contener otros componentes visuales como *TTimer*, *TOpenDialog*, o *TImageList*.

En tiempo de diseño, un objeto *TDataModule* proporciona un contenedor visual en el cual un desarrollador puede ubicar componentes no visuales, establecer sus propiedades y escribir manejos de eventos para ellos. Para crear un módulo de datos en tiempo de diseño escoge '*File | New Data Module*'.

⬦ Como nuestro principal objetivo aquí es ponerte al día y funcionando con Lazarus, vamos a contornar las reglas por ahora. Sin embargo, <u>recomendamos</u> <u>febrilmente</u> que cuando desarrolles sistemas de producción separes *GUI logic* de *Data logic*.

Consideraciones sobre el rendimiento

Este capítulo pretende ser una introducción a las bases de datos, cualquier cosa más complicada nos llevaría fuera del ámbito de este libro. Sin embargo, vale la pena mencionar algunas consideraciones prácticas. Habrás visto, a través de este capítulo y del anterior, que cuando escribimos declaraciones *SQL* utilizando el comodín (*) por ejemplo **SELECT * FROM orderinfo;**
- este devuelve TODAS las columnas para la tabla **orderinfo.** Como regla, esto es una mala práctica de programación. Solo devuelve columnas que tú necesitas, ya que devolver más datos de los que necesitas tiene influencia no solo en la eficiencia de la ejecución del SGBD, sino también en áreas relacionas como el ancho de banda de la red y el uso del CPU.

Otra consideración, ligeramente más técnica, se refiere al diseño general del esquema y cómo éste afecta directamente el desempeño de búsqueda. Considera el siguiente diagrama:

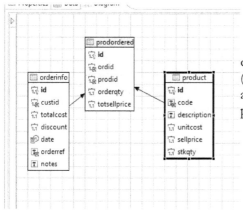

Cuando se retiene información de cualquier pedido de cliente (ignorando la tabla de clientes por ahora). MariaDB necesitará primero buscar al *cliente*

orderinfo.id, luego busca el correspondiente *prodordered.ordid*, y luego busca *product.id* para compararlo con *prodordered.prodid*. En nuestro ejemplo, esto no será un problema, pero considera empresas que manejen decenas de miles de pedidos por días, si no más. Por lo tanto, es necesario un compromiso entre velocidad de respuesta y un mayor grado de normalización de datos

Ahora, podíamos mejorar significativamente el desempeño si no nos importa un poco de duplicación de datos, agregando un par de columnas extra a la tabla *prodordered*, es decir, *prodcode* para contener una copia del *product.code* pedido y *proddesc* para contener una copia de *product.description*. Luego puede que no necesitemos incluir la tabla de producto en nuestra búsqueda.

En nuestro ejemplo el proceso de reducir duplicados se conoce como *normalización*. Es un tema complejo para un lector novato, pero puedes encontrar más información en diversos libros. En nuestro ejemplo (para el entusiasta) dejaremos el esquema como está, pero deberías tener en mente tal posibilidad de crecimiento potencial de la tabla.

Otra consideración técnica es la consulta SELECT utilizando INNER JOIN en vez de la cláusula WHERE.

Aquí hay un ejemplo que explica la diferencia entre las cláusulas anteriores.

Ejemplo 1: Escribe la siguiente consulta utilizando la cláusula WHERE:

```
SELECT cu.name,ord.orderref,
po.orderqty,po.totsellprice as
cost,p.code,p.description,p.sellprice as unitcost
FROM customer cu,orderinfo ord, prodordered po,
product p
WHERE cu.id=ord.custid AND po.ordid=ord.id AND
po.prodid=p.id AND cu.id=1;
```

Ejemplo 2: Ahora considera la consulta adaptada utilizando la cláusula INNER JOIN:

```
SELECT cu.name,ord.orderref,
po.orderqty,po.totsellprice as
cost,p.code,p.description,p.sellprice as unitcost
FROM product p INNER JOIN (customer cu INNER JOIN
(orderinfo ord INNER JOIN prodordered po ON
po.ordid=ord.id) ON cu.id=ord.custid) ON
po.prodid=p.id
WHERE cu.id=1;
```

"¿Cuál es la diferencia? ¿Por qué utilizar joins?"

INNER JOIN es un estándar ANSI, el cual es reconocido por la mayoría de vendedores SGBD.

La sintaxis de *JOIN* es considerada generalmente más legible por computadoras, especialmente en la unión de muchas tablas.

La cláusula *JOIN* puede ser fácilmente reemplazada con una cláusula *OUTER JOIN* si es necesario.

La sintaxis WHERE soporta modelos orientados más racionales.

El resultado de dos tablas unidas (*JOINed*) es un producto cartesiano de las tablas a las cuales se les aplica un filtro que seleccionará solo aquellas filas con columnas unidas y que coincidan exactamente en un campo *id*.

Es más fácil ver esto dentro de la sintaxis WHERE.

Los ejemplos 1 y 2 anteriores, en MariaDB (y en *SQL* generalmente) son consultas y sinónimos.

Cabe destacar que MariaDB también tiene una clausula *STRAIGHT_JOIN*, la cual te permite forzar el orden de la unión, es decir, te permite controlar que tabla es escaneada en el circuito externo o en el circuito interno. No puedes controlar esto en MariaDB utilizando la sintaxis WHERE.

Vamos a dejar la teoría por aquí y comenzaremos a trabajar en la construcción de una aplicación de base de datos simple.

Aplicación de Entrada de Pedidos

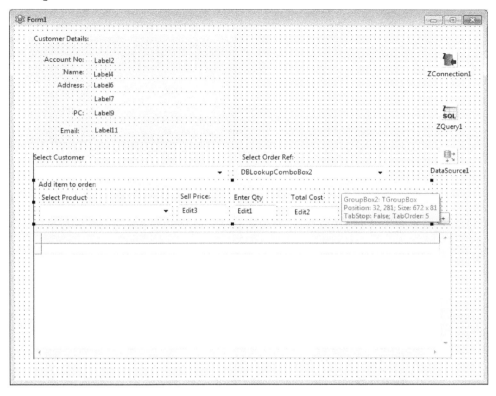

Solo las operaciones básicas serán incluidas en este capítulo. Nuestro objetivo es mantenerte escribiendo lo mínimo posible, pero, al mismo tiempo, proporcionarte suficientes detalles para que consolides tu aprendizaje. (Por esta razón, los comentarios de programa y la mayoría de las excepciones de manejo de guion han sido dejadas aparte).

La lista de código completa será incluida. Te alentamos que lo escribas, te habitúes a escribir código Lazarus y que hagas y corrijas tus propios errores a medida que avanzas. Esta cantidad de código es moderada, la mayoría de la codificación está ya rellenada para tu IDE de Lazarus.

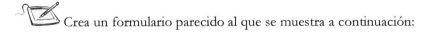 Crea un formulario parecido al que se muestra a continuación:

El listado del código completo se encuentra a continuación, 90% del código es generado automáticamente por el IDE de Lazarus. (el código *Unit1* sigue en su totalidad).

Rellena el código a continuación:

```
unit Unit1;

{$mode objfpc}{$H+}

interface

uses
  Classes, SysUtils, FileUtil, MRUList, StrHolder, Forms, Controls, Graphics,
  Dialogs, DBGrids, DbCtrls, StdCtrls, ZConnection, ZDataset, db;

type

  { TForm1 }

  TForm1 = class(TForm)
    Button1: TButton;
    Button2: TButton;
    DataSource1: TDataSource;
    DBGrid1: TDBGrid;
    DBLookupComboBox1: TDBLookupComboBox;
    DBLookupComboBox2: TDBLookupComboBox;
    DBLookupComboBox3: TDBLookupComboBox;
    Edit1: TEdit;
    Edit2: TEdit;
    Edit3: TEdit;
    GroupBox1: TGroupBox;
    GroupBox2: TGroupBox;
    Label1: TLabel;
    Label10: TLabel;
    Label11: TLabel;
    Label12: TLabel;
    Label13: TLabel;
    Label14: TLabel;
    Label15: TLabel;
    Label16: TLabel;
    Label17: TLabel;
    Label2: TLabel;
    Label3: TLabel;
    Label4: TLabel;
    Label5: TLabel;
    Label6: TLabel;
    Label7: TLabel;
    Label8: TLabel;
    Label9: TLabel;
    ZConnection1: TZConnection;
    ZQuery1: TZQuery;
    procedure Button1Click(Sender: TObject);
    procedure Button2Click(Sender: TObject);
    procedure DBLookupComboBox1Change(Sender: TObject);
    procedure DBLookupComboBox2Change(Sender: TObject);
    procedure DBLookupComboBox3Change(Sender: TObject);
    procedure DBLookupComboBox3Click(Sender: TObject);
    procedure FormCreate(Sender: TObject);
```

```
      procedure initform;
      procedure loadcmbs;
      procedure loadcmb2;
      procedure loadcmb3;
      procedure dispcustomerinfo(id:integer);

   public
    { public declarations }
    function rs(query: string): TDataSet;
   private
    { private declarations }
    dsm : TDataSource;
    qu : TZQuery;
    ds : TDataSource;
    dsord:TDatasource;
    qyord:TZQuery;

    dsprod:TDatasource;
    qyProd:TZQuery;
   end;

var
 Form1: TForm1;

implementation

{$R *.lfm}

{ TForm1 }

function TForm1.rs(query: string): TDataSet;
begin
   qu.SQL.Text:=query;
   dsm.DataSet:=qu;
   qu.Active:=true;
   rs:=dsm.DataSet;
end;

procedure TForm1.dispcustomerinfo(id:integer);
var
 sqltxt:string;
 dscust: TDatasource;
 qycust: TZQuery;
begin
 dscust:=TDatasource.Create(nil);
 qycust:=TZQuery.Create(nil);
 qycust.Connection:=ZConnection1;

 sqltxt:= 'SELECT * FROM customer WHERE id = '+IntToStr(id);
 qycust.SQL.Text:=sqltxt;

 dscust.DataSet:=qycust;
 qycust.Active:=true;

 with dscust do begin
    Label2.Caption:=dscust.DataSet.FieldByName('id').Text;
```

```
      Label4.Caption:=dscust.DataSet.FieldByName('name').Text;
      Label6.Caption:=dscust.DataSet.FieldByName('addr1').Text;
      Label7.Caption:=dscust.DataSet.FieldByName('addr2').Text;
      Label9.Caption:=dscust.DataSet.FieldByName('pc').Text;
      Label11.Caption:=dscust.DataSet.FieldByName('email').Text;
    end;
    dscust.Free;
end;

procedure TForm1.loadcmbs;
begin
  ds.DataSet:= rs('Select id,name From customer');
  DBLookupComboBox1.KeyField:='id';
  DBLookupComboBox1.ListField:='name';
  DBLookupComboBox1.ListSource:=ds;
end;

procedure TForm1.loadcmb2;
var
  sqltxt:string;
begin

  dsord:=TDatasource.Create(nil);
  qyord:=TZQuery.Create(nil);
  qyord.Connection:=ZConnection1;

  sqltxt:='select id,orderref from orderinfo';
  qyord.SQL.Text:=sqltxt;
  dsord.DataSet:= qyord;
  qyord.Active:=true;

  DBLookupComboBox2.KeyField:='id';
  DBLookupComboBox2.ListField:='orderref';
  DBLookupComboBox2.ListSource:=dsord;

end;

procedure TForm1.loadcmb3;
var
  sqltxt:string;
begin
  dsprod:=TDatasource.Create(nil);
  qyprod:=TZQuery.Create(nil);
  qyprod.Connection:=ZConnection1;
  sqltxt:='Select * from product';
  qyprod.SQL.Text:=sqltxt;
  dsprod.DataSet:=qyprod;
  qyprod.Active:=true;


  DBLookupComboBox3.KeyField:='id';
  DBLookupComboBox3.ListField:='description; sellprice';
  DBLookupComboBox3.ListSource:=dsprod;

end;
```

```
procedure TForm1.initform;
begin
  dsm:=TDataSource.Create(nil);
  qu:=TZQuery.Create(nil);
  qu.Connection:=ZConnection1;
  ds:=TDataSource.Create(nil);


  loadcmbs;
  loadcmb2;
  loadcmb3;

  // Init Customer info display fields
  Label2.Caption:='';
  Label4.Caption:='';
  Label6.Caption:='';
  Label7.Caption:='';
  Label9.Caption:='';
  Label11.Caption:='';

  Edit1.Text:='0';
  Edit2.Text:='';
  Edit3.Text:='';

  GroupBox2.Visible:=false;
end;
procedure TForm1.FormCreate(Sender: TObject);
begin
  initform;
end;

procedure TForm1.DBLookupComboBox1Change(Sender: Tobject); // Select Customer
dropdown
var
  sqltxt:string;
begin
  sqltxt:= 'SELECT cu.id,cu.name,ord.orderref, po.orderqty,po.totsellprice as cost,';
  sqltxt:= sqltxt + 'p.code,p.description,p.sellprice as unitcost ';
  sqltxt:= sqltxt + 'FROM product p INNER JOIN (customer cu ';
  sqltxt:= sqltxt + 'INNER JOIN (orderinfo ord INNER JOIN prodordered po ON
po.ordid=ord.id) ON ';
  sqltxt:= sqltxt + 'cu.id=ord.custid) ON po.prodid=p.id ';
  sqltxt:= sqltxt + 'WHERE cu.id='+ IntToStr(DBLookupComboBox1.KeyValue);

  ZQuery1.SQL.Text:=sqltxt;
  ZQuery1.Active:=True;

  // Display Customer details
  dispcustomerinfo(DBLookupComboBox1.KeyValue);

  // filter order dropdown for orderref selection
  DBLookupComboBox2.Text:='';
  sqltxt:='select id,orderref from orderinfo where
custid='+IntToStr(DBLookupComboBox1.KeyValue);
  qyord.SQL.Text:=sqltxt;
  qyord.Active:=true;
```

```
end;

procedure TForm1.Button1Click(Sender: Tobject); // Display the group Add product
item feature
begin
   if (DBLookupComboBox1.Text = '') OR (DBLookupComboBox2.Text = '') then
   begin
    showmessage('You must select a Customer AND order reference to add new
items');
     GroupBox2.Visible:=false;
     exit;
    end;

  GroupBox2.Visible:=true;
end;

procedure TForm1.Button2Click(Sender: TObject);  //Add Item to order btn
var
  sqltxt:string;
begin

  if (DBLookupComboBox1.Text = '') OR (DBLookupComboBox2.Text = '') then
  begin
   showmessage('You must select a Customer AND order reference to add new items');
   exit;
  end;

  try
   sqltxt:='INSERT INTO prodordered (ordid,prodid,orderqty,totsellprice) ';

sqltxt:=sqltxt+'VALUES('+IntToStr(DBLookupComboBox2.KeyValue)+','+IntToStr(DBLook
upComboBox3.KeyValue)+','+Edit1.Text+','+Edit2.Text+');';
   ZConnection1.ExecuteDirect(sqltxt);
  except
     Showmessage('Cannot Insert record ');
     ZConnection1.Rollback; //Rollback, InTransaction => false
     raise;
  end;

  GroupBox2.Visible:=false;

  ZQuery1.Active:=false;
  ZQuery1.Active:=True;

  DBGrid1.Refresh;
end;

procedure TForm1.DBLookupComboBox2Change(Sender: Tobject); // Select order ref
dropdown
var
  sqltxt:string;
begin
  sqltxt:= 'SELECT cu.id,cu.name,ord.orderref, po.orderqty,po.totsellprice as cost,';
  sqltxt:= sqltxt + 'p.code,p.description,p.sellprice as unitcost ';
  sqltxt:= sqltxt + 'FROM product p INNER JOIN (customer cu ';
```

```
    sqltxt:= sqltxt + 'INNER JOIN (orderinfo ord INNER JOIN prodordered po ON
po.ordid=ord.id) ON ';
    sqltxt:= sqltxt + 'cu.id=ord.custid) ON po.prodid=p.id ';
    sqltxt:= sqltxt + 'WHERE ord.id='+ IntToStr(DBLookupComboBox2.KeyValue);

    ZQuery1.SQL.Text:=sqltxt;
    ZQuery1.Active:=True;

    dispcustomerinfo(StrToInt(ZQuery1.FieldByName('id').Text));
end;


procedure TForm1.DBLookupComboBox3Change(Sender: Tobject); // Select product
dropdown
var
 sqltxt:string;
 mds:TDatasource;
 mqy:TZQuery;
 qty:Integer;
 sellprice:Currency;
 totprice:Currency;
begin
 if DBLookupComboBox3.KeyValue = Null then exit;
 mds:=TDatasource.Create(nil);
 mqy:=TZQuery.Create(nil);
 mqy.Connection:=ZConnection1;

 sqltxt:='Select * from product where id='+IntToStr(DBLookupComboBox3.KeyValue);
 mqy.SQL.Text:=sqltxt;

 mds.DataSet:=mqy;
 mqy.Active:=true;

 Edit3.Text:=mds.DataSet.FieldByName('sellprice').Text;
 qty:=StrToInt(Edit1.Text);
 sellprice:=StrToFloat(Edit3.Text);

 totprice:=qty*sellprice;

 Edit2.Text:=FloatToStr(totprice);

 mds.Free;
 mqy.Free;
end;

procedure TForm1.DBLookupComboBox3Click(Sender: TObject);
begin
  if Edit1.text='0' then begin
   showmessage('Please enter Order quantity first');
   DBLookupComboBox3.text:='';
   exit;
  end;

end;

end.
```

Deberías sentirte bastante cómodo con la mayoría del código. Sin embargo, me gustaría llamar tu atención a la siguiente sección del código:

```
try
  sqltxt:='INSERT INTO prodordered (ordid,prodid,orderqty,totsellprice)';

  sqltxt:=sqltxt+'VALUES('+IntToStr(DBLookupComboBox2.KeyValue)+','+IntToSt
  r(DBLookupComboBox3.KeyValue)+','+Edit1.Text+','+Edit2.Text+');';

    ZConnection1.ExecuteDirect(sqltxt);

  except
      Showmessage('Cannot Insert record ');

      ZConnection1.Rollback; //Rollback, InTransaction => false

      raise;
  end;
```

Nota que si el *insert* iba a fallar, necesitaríamos devolver la base de datos a un estado saludable antes de intentar insertar el registro. En otras palabras, retrocedemos la transacción. Cada vez que deseemos cambiar el estado de la base de datos con cualquier comando **INSERT, REPLACE, DELETE** o **UPDATE** deberíamos utilizar el manejo de excepciones y, si esto falla, entonces emitimos un comando **Rollback.**

Nota también la declaración **ZConnection1.ExecuteDirect(sqltxt);** Con este comando enviamos el guion *SQL* directamente a las tablas de MariaDB en vez de tener *TZQuery, TZDatabase* procesando los datos. Aquí dejamos que el servidor MariaDB maneje la actualización. Esto es referido a veces como *consulta de paso a través.* Este tipo de consultas tienden a funcionar mejor que tablas unidas.

Puedes haber notado que en esta demostración unimos la *DBGrid* en tiempo de diseño, lo que lo convierte en una unión estática.

Componente de clase *TDBLookupCombobox*

El control *DBLookupCombobox* es un (doble) *combobox* de datos unidos. Obtiene una lista de valores provenientes de su *ListSource.* Por ejemplo:

```
procedure TForm1.loadcmbs;
begin
   ds.DataSet:= rs('Select id,name From customer');
   DBLookupComboBox1.KeyField:='id';
   DBLookupComboBox1.ListField:='name';
   DBLookupComboBox1.ListSource:=ds;
end;
```

(lo que representa la tabla de clientes). Entonces los valores son mostrados en *ListField* (por ejemplo, el campo "*name*") mientras que recuerda los valores en *KeyField* (por ejemplo, el campo "*ID*").

TDBLookupCombbox también te permite unir el control a los datos. El *combobox* almacena el resultado (por ejemplo, el valor *KeyField* en *DataField* podría tener el campo "*ID*" en la propiedad *DataSource* como una tabla "*customer*").

En nuestro caso, sólo queremos utilizar el control como medio de búsqueda. Como el control fue desunido, simplemente no asignamos la propiedad *DataField* o *Datasource*.

Terminaremos nuestra exploración de las bases de datos aquí. Ahora veremos la importancia del tema asociado presentación de informes.

Obtener información útil sobre tu sistema es igual de importante que introducir los datos. Lazarus tiene una variedad de programas de apoyo para escribir informes; dos que son comúnmente utilizados son:

- LazReport (que viene con la instalación por defecto) y
- Fortes4Lazarus (disponible para descarga en **http://fortes4lazarus.sourceforge.net**)

Vale la pena mencionar que, a pesar de haber utilizado el guion *INSERT INTO* y pasado datos directamente al SGBD, podíamos haber agregado fácilmente registros en la tabla *prodordered* utilizando un conjunto de datos.

Considera la versión adaptada de:
```
procedure TForm1.Button2Click(Sender: TObject);
//Add Item to order btn
```

Ahora vuelve a escribir TForm1.Button2Click

```
procedure TForm1.Button2Click(Sender: TObject); //Add Item to order btn
var
  sqltxt:string;
  dsupdate:TDatasource;
  qyupdate: TZQuery;
begin

  if (DBLookupComboBox1.Text = '') OR (DBLookupComboBox2.Text = '') then begin
    showmessage('You must select a Customer AND order reference to add new items');
    exit;
  end;
```

```
try
    dsupdate:=TDatasource.Create(nil);
    qyupdate:=TZQuery.Create(nil);
    qyupdate.Connection:=ZConnection1;

    sqltxt:='Select ordid,prodid,orderqty,totsellprice From prodordered Where id=0';
    with qyupdate do
    begin
        SQL.Text:=sqltxt;
        dsupdate.DataSet:=qyupdate;
        Active:=true;

        Insert;
        FieldByName('ordid').Text:=IntToStr(DBLookupComboBox2.KeyValue);
        FieldByName('prodid').Text:=IntToStr(DBLookupComboBox3.KeyValue);
        FieldByName('orderqty').Text:=Edit1.Text;
        FieldByName('totsellprice').Text:=Edit2.Text;
        UpdateRecord;
        Post;
    end;

    except
        Showmessage('Cannot Insert record ');
        ZConnection1.Rollback; //Rollback, InTransaction => false
        raise;
    end;

    GroupBox2.Visible:=false;
    ZQuery1.Active:=false;
    ZQuery1.Active:=True;

    DBGrid1.Refresh;
end;
```

Antes de poder actualizar la base de datos, debes establecer el modo mediante la emisión de un comando? .*insert* para insertar datos o comando? .*edit* para actualizar.

Asignar valores a los campos de la base de datos no actualiza la base de datos con los valores. Para que la base de datos sea actualizada, debes llamar **UpdateRecord** seguido de un llamado al procedimiento **Post.**
Puedes llamar un método *Post* sin el *UpdatRecord.* Diferentes conjuntos de datos manejan *Post* y *UpdateRecord* de manera distintiva, como salvaguarda, puedes utilizar los dos juntos.

Nota, sin embargo, que enviar el guion *INSERT INTO* directamente tiende a ser más rápido.

Aquí hay algunas Palabras Clave de MariaDB:

ACCESSIBLE	DELAYED	INSERT	NO_WRITE_TO_BINLOG	SPECIFIC
ADD	DELETE	INT	NULL	SQL
ALL	DESC	INT1	NUMERIC	SQLEXCEPTION
ALTER	DESCRIBE	INT2	ON	SQLSTATE
ANALYZE	DETERMINISTIC	INT3	OPTIMIZE	SQLWARNING
AND	DISTINCT	INT4	OPTION	SQL_BIG_RESULT
AS	DISTINCTROW	INT8	OPTIONALLY	SQL_CALC_FOUND_ROWS
ASC	DIV	INTEGER	OR	SQL_SMALL_RESULT
ASENSITIVE	DOUBLE	INTERVAL	ORDER	SSL
BEFORE	DROP	INTO	OUT	STARTING
BETWEEN	DUAL	IS	OUTER	STRAIGHT_JOIN
BIGINT	EACH	ITERATE	OUTFILE	TABLE
BINARY	ELSE	JOIN	PRECISION	TERMINATED
BLOB	ELSEIF	KEY	PRIMARY	THEN
BOTH	ENCLOSED	KEYS	PROCEDURE	TINYBLOB
BY	ESCAPED	KILL	PURGE	TINYINT
CALL	EXISTS	LEADING	RANGE	TINYTEXT
CASCADE	EXIT	LEAVE	READ	TO
CASE	EXPLAIN	LEFT	READS	TRAILING
CHANGE	FALSE	LIKE	READ_WRITE	TRIGGER
CHAR	FETCH	LIMIT	REAL	TRUE
CHARACTER	FLOAT	LINEAR	REFERENCES	UNDO
CHECK	FLOAT4	LINES	REGEXP	UNION
COLLATE	FLOAT8	LOAD	RELEASE	UNIQUE
COLUMN	FOR	LOCALTIME	RENAME	UNLOCK
CONDITION	FORCE	LOCALTIMESTAMP	REPEAT	UNSIGNED
CONSTRAINT	FOREIGN	LOCK	REPLACE	UPDATE
CONTINUE	FROM	LONG	REQUIRE	USAGE
CONVERT	FULLTEXT	LONGBLOB	RESIGNAL	USE
CREATE	GENERAL	LONGTEXT	RESTRICT	USING
CROSS	GRANT	LOOP	RETURN	UTC_DATE
CURRENT_DATE	GROUP	LOW_PRIORITY	REVOKE	UTC_TIME
CURRENT_TIME	HAVING	MASTER_HEARTBEAT_PERIOD	RIGHT	UTC_TIMESTAMP
CURRENT_TIMESTAMP	HIGH_PRIORITY	MASTER_SSL_VERIFY_SERVER_CERT	RLIKE	VALUES
CURRENT_USER	HOUR_MICROSECOND	MATCH	SCHEMA	VARBINARY
CURSOR	HOUR_MINUTE	MAXVALUE	SCHEMAS	VARCHAR
DATABASE	HOUR_SECOND	MEDIUMBLOB	SECOND_MICROSECOND	VARCHARACTER

DATABAS ES	IF	MEDIUMINT	SELECT	VARYING
DAY_HOU R	IGNORE	MEDIUMTEXT	SENSITIVE	WHEN
DAY_MIC ROSECON D	IGNORE_SERVER_IDS	MIDDLEINT	SEPARATOR	WHERE
DAY_MIN UTE	IN	MINUTE_MICROSE COND	SET	WHILE
DAY_SEC OND	INDEX	MINUTE_SECOND	SHOW	WITH
DEC	INFILE	MOD	SIGNAL	WRITE
DECIMAL	INNER	MODIFIES	SLOW	XOR
DECLARE	INOUT	NATURAL	SMALLINT	YEAR_MONTH
DEFAULT	INSENSITIVE	NOT	SPATIAL	ZEROFILL

Cosas para probar

- Utilizando *Dbeaver*, crea dos tablas que muestren la relación de los estudiantes tomando un curso. Los archivos de datos se dejan a tu elección desde que se incluyan lo siguiente:
    - ID único
    - Claves Primarias
    - Claves Foráneas
    - Referencia de integridad referencial

- Utilizando *DBeaver*, crea un guion *SQL* para insertar datos en ambas tablas.

- Modifica el programa *Order Entry* para permitir al usuario seleccionar un artículo en *DBGrid* y eliminarlo.

20 Lazarus y la Web

Todas las aplicaciones que hemos desarrollado hasta ahora necesitan ser ejecutadas en la máquina del usuario final (desfavorecedoramente apodado cliente 'pesado' / 'grueso'). Necesitaría ser instalado en el escritorio del PC del usuario final, parecido a la instalación de Lazarus en tu PC antes de que pudiéramos usarlo.

Sin embargo, muchos de nosotros estamos familiarizados con el internet y la World Wide Web (WWW). Cada vez más, los usuarios esperan llevar sus trabajos utilizando una única herramienta de interfaz sin necesidad de instalar una aplicación en su sistema local cada vez.
Esta tendencia está aumentando exponencialmente. Muchos desarrolladores están gastando una cantidad enorme de su tiempo convirtiendo sus aplicaciones de cliente 'pesado' / 'grueso' (es decir, escritorio) a aplicaciones de cliente 'liviano'.

En este capítulo, veremos aplicaciones de cliente 'liviano' y luego de cliente 'inteligente'.

⬦ Una cosa importante que deberíamos considerar cuando desarrollamos una aplicación de cliente/servidor es determinar si es el *cliente* o el *servidor* que va a manejar la mayor parte de la carga de trabajo.

Aplicaciones base de cliente liviano
La aplicación base de cliente liviano no es un concepto nuevo. Ya en la década de los 60 los usuarios de computadoras, utilizando interfaces terminales con las aplicaciones ejecutándose en servidores muy grandes (el tamaño de casas actuales), fueron considerados clientes livianos base. De hecho, aún puedes verlos en uso hoy en día en muchos cajeros automáticos o salidas de supermercados.

Sin embargo, nuestro entendimiento actual de clientes ligeros es aquellas aplicaciones que requieren algún formulario de tecnología de internet y, a menudo, una interfaz de navegador. Hoy en día, los navegadores web (del lado del cliente) pueden acceder flexiblemente a servidores que podrían estar ubicados local o remotamente (en el otro lado del mundo). Esto es posible gracias a un conjunto de protocolos técnicos estándares aceptados.

Internet/Intranet/Extranet son todos basado en la misma tecnología.

En el pasado, para obtener una interfaz de usuario gráfica (GUI) rica era necesario poder de procesamiento extensivo y era necesario, por lo tanto, tener el cliente 'pesado' haciendo el trabajo pesado. Sin embargo, en los últimos veinte años hemos visto un cambio nuevamente a clientes livianos con impresionantes capacidades GUI…

Aplicaciones basadas en web anteriores

Las aplicaciones basadas en web anteriores utilizaban documentos web y formularios web para interactuar con el usuario final. Estos eran habitualmente escritos en *HTML* y *Javascript*. Páginas web individuales eran presentadas al usuario final como documentos estáticos, sin embargo, al tener diferentes secuencias de documentos presentados, le dieron al usuario una experiencia interactiva. Las entradas de usuarios eran retornadas a través de los elementos de formularios web incrustados en la página.

Web 2.0

Los sitios www que utilizan tecnología más allá de páginas estáticas de sitios webs antiguos son descritos como web 2.0.
Web 2.0 permite la creación de web interactiva de medios sociales, redes sociales, blogs personales, compartición de videos y sitios web para juegos.

Cliente inteligente

En los últimos diez años, los desarrolladores han adaptado el enfoque de cliente 'inteligente'. Este es referido generalmente como aplicación de internet enriquecida (RIA de sus siglas en inglés *Rich Internet Application)* para dar al usuario una experiencia más interactiva. Es utilizada habitualmente una técnica conocida como *Ajax* (de sus siglas en inglés *Asynchronous JavaScript* y *XML)*.

Ajax

Ajax es un grupo de técnicas de desarrollo web interrelacionadas utilizadas por el usuario para crear aplicaciones web asíncronas. Con *Ajax* las aplicaciones web pueden enviar y recuperar datos desde un servidor de manera asíncrona (en segundo plano) sin interferir con visualización y comportamiento de la página existente. Los datos pueden ser recuperados utilizando el objeto *XMLHttpRequest*. A pesar del nombre, no es requerido el uso de **XML; JSON** es a menudo utilizado en su lugar (ver AJAJ).

Un ponto importante a tener en cuenta es que *Ajax* no es una tecnología individual, sino un grupo de tecnologías. Las tendencias actuales muestran un número creciente de desarrolladores evolucionando a aplicaciones RIA utilizando *html5/javascript* de manera alternativa.

Escribir aplicaciones web

Escribir aplicaciones web es, a menudo, simplificado a través del uso de la infraestructura digital para aplicaciones web.
Una de las infraestructuras que veremos es *Brook*.

La infraestructura digital *Brook* facilita el desarrollo rápido de aplicaciones permitiendo a un equipo de desarrollo enfocarse en las partes de su aplicación que son únicas para sus objetivos, teniendo que resolver problemas de desarrollo comunes, tal como la gestión de usuario. Mientras que muchas de estas infraestructuras son un código abierto, esto no es, de ninguna manera, un requerimiento.

Antes de profundizar más en *Brook* veremos que soporte web Lazarus ofrece al desarrollador.

Lazarus viene como parte de la instalación por defecto de *fpWeb class library*. Existen también un número bastante significativo de herramientas RAD externas que soportan desarrolladores web de Lazarus. Una que veremos será:

* Raudus

Por lo tanto, en este capítulo echaremos un vistazo a: **fpWeb, infraestructura digital Brook** y **Raudus.**

Conceptos básicos

Antes de ver los desarrollos web a nivel de cliente, vale la pena considerar primero los servidores web y los métodos más comunes que probablemente encuentres, juntamente con otros ciertos enfoques a tener en consideración.

Como este capítulo es solo una introducción, limitaremos nuestro ámbito y profundidad.

Servidor Web

La función principal de un servidor web es almacenar, procesar y proporcionar páginas web a los clientes.
La comunicación entre cliente y servidor se lleva a cabo mediante *Hypertext Transfer Protocol* (HTTP). Frecuentemente, las páginas emitidas son documentos HTML, los cuales pueden incluir imágenes, hojas de estilo y guiones, más allá del contenido de texto. Existen una variedad de software para servidor web allí fuera, sin embargo, actualmente *Apache* es mayoritariamente reconocido como el servidor web más popular del mundo (servidor HTTP). El software Apache ha sido portado a un amplio rango de plataformas desde Windows, Linux, una amplia variedad de Unix, además de Macs.
Por lo tanto, utilizaremos el software Apache para nuestro servidor web.

(Nginx es un software alternativo que está constantemente creciendo en popularidad. Apache, por ahora, permanece como el software de servidor web dominante).

Existen una cantidad de lenguajes utilizados del lado del servidor. PHP (Mientras que PHP significaba originalmente *Personal Home Page,* ahora significa: *Hypertext Preprocessor). Scripting* es uno de los más utilizado, y uno con el que probablemente te cruces.

Existen diversas maneras de ejecutar guiones PHP en un servidor web. Sin embargo, son utilizados comúnmente los siguientes tres (albeit GGI menos utilizado actualmente).

- Apache module
- FastCGI
- CGI (menos popular)

Cada uno de ellos tiene sus propias ventajas y desventajas.

Modulo Apache (mod_php)

Los guiones PHP son ejecutados en el servidor utilizando un módulo intérprete *mod_php*. Este intérprete PHP reside literalmente en el interior de tu servidor web – solo necesita ser iniciado una vez, cargar sus configuraciones y cualquier extensión que necesite y puede almacenar también información entre sesiones. Por ejemplo, los aceleradores de PHP dependen de la capacidad de PHP de guardar requisitos en datos en caché, lo cual no es posible utilizando la versión CGI.

El inconveniente de esto es que el paso para cada proceso Apache va aumentando a medida que requiere más memoria de sistema con el intérprete incrustado de PHP. Incluso al servir contenido estático tal como imágenes, texto y hojas de estilo, no es necesario ejecutar ningún código PHP, el proceso aún contiene el intérprete PHP.

Ventajas

- El código PHP es ejecutado automáticamente por Apache.
- No se requieren procesos externos.
- Muy buen desempeño en sitios pesados de PHP.
- Las opciones de configuración de PHP pueden ser personalizadas dentro de directivas *.htaccess*.

Desventajas

- Aumenta cada paso del proceso de Apache – lo que significa más RAM utilizado.
- Cargar intérpretes PHP para contenido no PHP.

Los archivos creados con guiones PHP son generalmente posesión del servidor web, por lo que no los puedes editar posteriormente a través de FTP.

CGI

La Interfaz de Entrada Común (CGI de sus siglas en inglés *Common Gateway Interface*) es un método estándar utilizado para generar contenido dinámico en páginas y aplicaciones web. CGI proporciona una interfaz entre el servidor web y los programas que generan contenido web, cuando es implementado en un servidor. Estos programas son conocidos como guiones CGI o simplemente CGIs; son escritos habitualmente en lenguaje *scripting*, pero pueden ser escritos en cualquier lenguaje de programación.

Ejecutar guiones PHP con una aplicación CGI es la manera legada de ejecutar aplicaciones en un servidor web. Es altamente ineficiente y raramente utilizada. Ejecutar PHP como un CGI significa que cada vez que visitas la página, básicamente, le dices a tu servidor web la localización del archivo ejecutable PHP y el servidor ejecuta ese archivo dándole el guion que llamaste. Esto significa que cada vez que cargas una página, PHP necesita leer *php.ini* y completar sus configuraciones. Necesita cargar todas sus extensiones y luego necesita comenzar a trabajar pasando el guion – existe mucho trabajo repetido.

El lado positivo de ejecutar aplicaciones en CGI es que mantiene la ejecución del código separada del servidor web, lo que permite agregar algunos beneficios de seguridad.

Ventajas

- Mejor seguridad que el intérprete *mod_php* (anterior) así como la ejecución del código PHP es aislada del servidor web.

Desventajas

- Manera legada de ejecutar aplicaciones.
- Rendimiento muy bajo

FastCGI

FastCGI fue introducido como un término medio entre el Módulo Apache PHP y la aplicación CGI. Permite a los guiones ser ejecutados por un intérprete fuera del servidor web e incluye los beneficios de seguridad de CGI, pero no incluye ninguna de las ineficiencias de CGI.

Cuando ejecutamos guiones de PHP con FastCGI, cada requisito es pasado del servidor del sistema a FastCGI a través del *socket* de comunicación. Esto permite una escalabilidad mucho mayor a medida que el servidor web y el intérprete PHP puedan ser separadas en sus propios ambientes de servidores individuales, si fuera necesario.

La desventaja de ejecutar PHP con el soporte FastCGI es que cualquier directiva PHP definida en *.htaccess* no será utilizada.

Ventajas

- Seguridad mejorada, al aislar la ejecución del código PHP del servidor web.
- El contenido estático no será procesado por el intérprete PHP
- Permite a los ficheros ser manejados por tu usuario FTP sin cambiar los permisos posteriormente.

Desventajas

- No puede utilizar directivas PHP en *htaccess*. Esto es algo esperado por muchos guiones populares.
- Requiere requisitos PHP que sean pasados desde el servidor web.

En este capítulo utilizaremos las tres técnicas, sin embargo, nota que (como fue mencionado anteriormente) CGI es raramente utilizado el desarrollo web actual.

Servidor Apache

Antes que podamos comenzar, necesitamos establecer un servidor web. La manera más fácil de hacerlo por ahora es instalar un paquete todo-en-uno, el cual contiene el software Apache, MariaDB/MySQL y el motor PHP. ¡Los usuarios de Windows, Linux y Mac tienen variedad de opciones de donde elegir!

Instala lo siguiente:

- **XAMPP - https://www.apachefriends.org/index.html**

Esto funciona en Linux, Macs y Windows y también incluye Pearl.

Los usuarios Windows pueden preferir wampserver.
http://www.wampserver.com/

Una vez instalado, verifica que Apache está funcionando. Escribe lo siguiente:

http://localhost

Los usuarios Windows notarán que al tener MariaDB todavía funcionando, el servicio *MySQL* no ejecutará solo Apache. Esto está bien, pero necesitamos utilizar *SQL buddy* para administrar MariaDB a través de la web (lo cual no haremos).

Ahora podemos comenzar…

FpWeb en acción
FpWeb puede ser utilizado para construir aplicaciones CGI.

Primero necesitamos cargar tanto el paquete *LazWeb* como el *LazWebExtra* encontrado en la ubicación:

/lazarus/components/fpWeb

Una vez instalado, realiza lo siguiente:

```
select Project → New Project → CGI Application
then click OK
```

Un formulario en blanco debería aparecer con el título *FPWebModule1*.

Desde el *Object Inspector* (panel izquierdo) selecciona la pestaña '*Event*' y crea un método de evento *barebone* (muy limitado) '*OnRequest*'.

Edita el evento '*OnRequest*' como se indica:

```
procedure TFPWebModule1.DataModuleRequest(Sender: TObject;
ARequest: TRequest;
  AResponse: TResponse; var Handled: Boolean);
begin
 AResponse.ContentType:='text/html';
 AResponse.Content:='<H2>Hello World!</H2>':
 Handled:=true;
end;
```
Nota que <H2> y </H2> son simplemente etiquetas de marca HTML.

Ahora compila el código pero NO lo ejecutes.

Ahora inicia tu servidor web, por ejemplo, si instalaste *wampserver* entonces simplemente haz doble clic en el icono.

Navega a la carpeta *htdocs* (esta es la carpeta donde tu servidor buscará tus documentos web).

Crea una carpeta y nómbrala *helloworld*.

Ahora copia el programa ejecutable **cgiprogram1.exe** en tu carpeta *helloworld* y renombra el programa como **cgiprogram1.cgi.**

Inicia tu navegador web e introduce lo siguiente
`url:localhost/helloworld`

Debería aparecer la siguiente página:

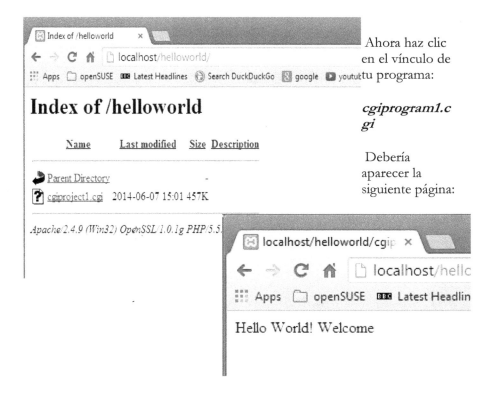

Ahora haz clic en el vínculo de tu programa:

cgiprogram1.cgi

Debería aparecer la siguiente página:

Básicamente, en la línea AResponse.Content:='<H2>Hello World!</H2>':
-cada vez que es asignado a *Aresponse.Content* será mostrado en el navegado web.

La siguiente demostración te permite cargar el contenido desde un archivo.

Abre tu editor de texto e introduce el siguiente texto <H1> *This is my demo text* </H1> guarda el archivo en la carpeta */htdocs/helloworld* y nómbralo *demo.html*

ahora reemplaza la línea: `AResponse.Content:='<H2>Hello World!</H2>':` Con:

```
AResponse.Contents.LoadFromFile(ExtractFilePath(ParamStr(0)) +
'demo.html');
```

Compila el programa; renómbralo con la extensión *.cgi* y cópialo en la carpeta */htdocs/helloworld*

Ahora actualiza en navegador o vuelve a introducir el url
`localhost/helloworld/cgiprogram1.cgi`
Deberías ver la siguiente pantalla:

La ventaja de esto es que no necesitas volver a compilar el programa cada vez que desees cambiar la visualización.

Para más ejemplos sobre cómo desarrollar aplicaciones web utilizando *fpWeb*, ve a la siguiente carpeta:

/lazarus/fpc/2.6.4/source/packages/fcl-Web/examples

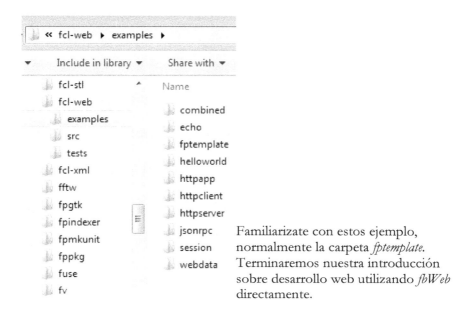

Familiarizate con estos ejemplo, normalmente la carpeta *fptemplate*. Terminaremos nuestra introducción sobre desarrollo web utilizando *fbWeb* directamente.

También visita: **http://wiki.lazarus.freepascal.org/fcl-Web**

Ahora, desviemos nuestra atención a la infraestructura *Brook*.

Infraestructura Digital Brook

La infraestructura *Brook* es un conjunto de herramientas de código abierto que permite a los desarrolladores web de Pascal crear y mantener aplicaciones web complejas.

Descarga la infraestructura desde:
https://github.com/silvioprog/brookframework/releases

Crea una carpeta vacía y extrae los archivos allí.

Ejecuta Lazarus e instala el paquete ***brookex.lpk.***

Una vez instalado, realiza lo siguiente:

Selecciona '*Project → New Project → CGI Application*' luego clic '*OK*'

Dentro de la clase *Unit1* edita el método *Get* como se indica:

```
procedure TMyAction.Get;
begin
 Write('Hello World!');
end;
```

Guarda y compila. Renombra el archivo con la extensión .cgi y cópialo en la misma carpeta que anteriormente, es decir /htdocs/helloworld

Abre tu navegador e introduce el URL: localhost/helloworld y haz clic en el programa. Deberías ver aparecer el mensaje 'Hello world' en el navegador.

La infraestructura *Brook* viene con muchas características diferentes, tales como:

- **Gestión de rutas avanzadas** – Las acciones son realizadas a través de rutas. *Brook* sabe cómo recibir un requerimiento y escoger la URL adecuada y el método adecuado para responderle.

- **Persistencia de datos integrados** – *Brook* ofrece un objeto de tabla donde se pueden manejar los datos. Menos instalaciones, menos codificación con una sintaxis elegante.

- **Soporte nativo JSON** – *JSON* se encuentra extendido en la web con el propósito de intercambio de datos. Apreciarás verdaderamente el apoyo comprensivo de *Brook*.

- **Soporte de arquitectura REST** – REST (Transferencia de Estado Representacional, de sus siglas en inglés *Representational state transfer*) es una arquitectura capaz de simplificar y estandarizar requisitos de datos y respuestas. *Brook* es potente aún si no utilizas *REST* – sin embargo, vas a preferir utilizarlo.

A pesar de ser un introducción bastante corta sobre la infraestructura *Brook,* vale la pena mencionar que está infraestructura tiene mucho potencial. Al momento de esto ser escrito, los desarrolladores planean crear una página web que soporte la aplicación para aprender a distancia.

Actualmente, tanto *fpWeb* como *Brook* vienen sin un constructor de interfaz de usuario gráfica (GUI) para aplicaciones visuales web RAD. Para los principiantes, al inicio, esto puede parecer una curva de aprendizaje empinada. Sin embargo, a medida que te tornas más experimentado en el desarrollo de aplicaciones utilizando Free Pascal, te sorprenderás de las aplicaciones web que puedes desarrollar por ti mismo.

La tercera herramienta de soporte web para Lazarus que observaremos permite un desarrollo web GUI. Esta es *Raudus*. A pesar de no ser un código abierto, actualmente es gratis de utilizar.

Raudus

Raudus es una infraestructura digital web y un componente establecido para Lazarus, lo que te permite crear Aplicaciones de Internet Enriquecidas (RIA). El proceso de desarrollo es muy parecido al desarrollo de aplicaciones de escritorio.

Cabe destacar que *Raudus* soporta Lazarus para Linux, pero no tiene un módulo de diseño GUI actualmente.

Puedes descargar *Raudus* desde **http://www.raudus.com/download/**

Descarga y abre el instalador (escogiendo el que mejor se adapte a tu sistema operativo).

NO instales el paquete aún. Ve a la carpeta:
   \Raudus\bin\fpc262-laz12rc1\i386-win32

-y ejecuta el programa: ***welding.exe***

Una vez completado, puedes instalar el paquete: ***RaudusFPC.lpk***

Una vez instalado, deberías tener acceso a la pestaña de componente ***Raudus***

Raudus te permite crear una aplicación de servidor autónomo donde el ejecutable compilado reside en el servidor PC. Las aplicaciones *Raudus* pueden ser un ejecutable autónomo, modulo Apache o aplicación FastCGI.

El siguiente programa demuestra los conceptos básicos de autonomía.

Aplicación Autónoma Web Raudus

Selecciona '*Project* → *New Project* → *Raudus Application*' y luego haz clic en '*OK*'.

 Crea un formulario de la siguiente manera:

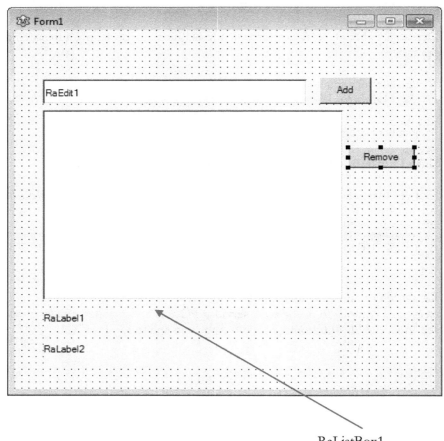

RaListBox1

Edita la unidad de la siguiente manera:

```
unit Unit1;

{$mode objfpc}{$H+}

interface
```

```
uses
 Classes, SysUtils, FileUtil, LResources, RaApplication, RaBase, RaControlsVCL;

type

 { TForm1 }

 TForm1 = class(TRaFormCompatible)
  RaButton1: TRaButton;
  RaButton2: TRaButton;
  RaEdit1: TRaEdit;
  RaLabel1: TRaLabel;
  RaLabel2: TRaLabel;
  RaListBox1: TRaListBox;
  procedure FormCreate(Sender: TObject);
  procedure RaButton1Click(Sender: TObject);
  procedure RaButton2Click(Sender: TObject);
  procedure RaListBox1Click(Sender: TObject);
 private
  { private declarations }
 public
  { public declarations }
 end;

var
 Form1: TForm1;
 SL: TStringList;

implementation

{ TForm1 }

procedure TForm1.RaButton1Click(Sender: TObject);
begin
 if RaEdit1.Text='' Then exit;

 SL.Add(RaEdit1.Text);
 RaListBox1.Items.Assign(SL);
 RaListBox1.ItemIndex := RaListBox1.Items.Count - 1;
 RaEdit1.Text:='';
 RaEdit1.Setfocus;
end;

procedure TForm1.RaButton2Click(Sender: TObject);
begin
 SL.Delete(RaListBox1.ItemIndex);
 RaListBox1.Items.Delete(RaListBox1.ItemIndex);
end;

procedure TForm1.RaListBox1Click(Sender: TObject);
begin
 RaLabel1.Caption:='Item Index = ' + IntToStr(RaListBox1.ItemIndex);
 RaLabel2.Caption:='Selected Item = ' + RaListBox1.Items[RaListBox1.ItemIndex];
end;

procedure TForm1.FormCreate(Sender: TObject);
```

```
begin
  SL := TStringList.Create;
  RaLabel1.Caption := 'Item Index';
  RaLabel2.Caption := 'Selected Item';
  RaEdit1.Text:='';
end;

initialization
  {$I unit1.lrs}

end.
```

Ahora guarda y ejecuta el programa.

Debería aparecerte la línea de comando de Windows de la siguiente manera:

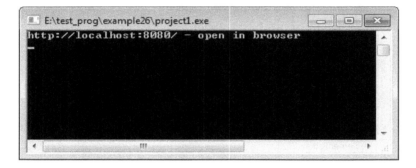

Ahora, como se indica, abre tu navegador web e introduce el siguiente URL:

`http://localhost:8080`

La aplicación debería aparecer en tu navegador, parecida a la que se muestra:

Si tienes otras computadoras o tabletas en tu red, entonces al abrir tu navegador en un PC remoto e introduciendo el nombre de la computadora (la que está ejecutando tu aplicación) por ejemplo:
http://devpc:8080

o *http://192.168.1.23:8080* entonces la aplicación también aparecerá en el navegador.

Este programa simple le permite al usuario añadir y remover nombres desde un listado como bien se muestra en la parte inferior el *ítem index* y *ítem name* que es seleccionado de la lista.

Las tres infraestructuras web que analizamos en este capítulo no son, bajo ninguna circunstancia, las únicas disponibles para Lazarus. Puedes encontrar más información sobre el desarrollo de aplicaciones web utilizando Lazarus en la página oficial de Lazarus o simplemente buscando en internet 'desarrollo web con Lazarus'. Para aquellos que puedan estar interesados en ver como se escribe un servidor web simple, pueden echar un vistazo al documento pdf (muy corto) en:

http://opensoft.homeip.net/articles/Webserver1.pdf

d | i | y Cosas para probar

- En cada uno de los tres programas, modifícalos para que muestren el texto en diferentes colores y tamaños de letra.

- En el programa *Raudus*, agrega un botón que, al hacer clic en él, ordene alfabéticamente la lista.

21 Depuración del código

A diferencia del manejo de excepción o manejo de error, existe otro tipo de error que los desarrolladores deben tener en cuenta. Este es cuando una aplicación deja de funcionar de acuerdo con sus especificaciones; en otras palabras, la aplicación tiene un *'bug'* (o se dice que está *'bugeado'* si existen muchos *bugs*). Los *bugs* pueden permanecer inactivos durante años en un sistema, sin embargo, pueden ser igual de rápidos de encontrar durante pruebas o uso.

Existen básicamente dos maneras de localizar e identificar un *bug* del sistema:

Uno de los métodos involucra **pruebas.** Este puede envolver planes de pruebas de dispositivos que oscilan desde pruebas unitarias en las áreas envueltas en pruebas de caja blanca, pruebas de caja negra, pruebas de sistema, pruebas alfa y beta antes del lanzamiento, hasta pruebas de lanzamiento de un candidato avanzado, dando muestras al público (generalmente desarrolladores/miembros relativamente cualificados del público).

No cubriremos esto dentro del libro; cómo puedes imaginar, planificar y gestionar pruebas de software efectivas es un libro por sí solo.

El segundo método es generalmente desencadenado una vez notas que la aplicación no perece funcionar como se pretende. Este proceso incluye la **depuración** de la aplicación.

La depuración es un proceso metodológico para encontrar y reducir el número de *bugs,* o defectos, en un programa de computadora, llevándolo a comportarse como es debido.

La depuración tiende a ser más difícil cuando varios subsistemas se encuentran fuertemente unidos, ya que ¡los cambios en uno pueden causar que emerjan *bugs* en el otro! Esto acontece por que las complejidades de la depuración involucran numerosos aspectos, incluyendo depuración interactiva, flujo de control, pruebas de integración, historiales, monitorización (tanto de la aplicación como del sistema), volcados de memoria, análisis de rendimiento, Control Estadístico de Procedimientos y tácticas de diseño especial para mejorar la detección al mismo tiempo que se simplifican los cambios.

De momento, Lazarus cuenta con el depurador GNU, gdb. Éste es un programa externo y, por lo tanto, no ofrece una funcionalidad idéntica o confiable en todas las plataformas.

Sin embargo, el IDE de Lazarus puede configurar el trabajo con gbd (o por lo menos compilar tu programa con información depurada que gdb utiliza). Pero antes de profundizar más en esto, veremos varias técnicas que puedes utilizar para depurar tu programa, desde la técnica más simple hasta la más robusta.

Una de las técnicas de depuración más antiguas y fáciles (y aun frecuentemente utilizada hoy en día) es simplemente imprimir variables. A pesar de ser desaprobada por algunos desarrolladores expertos, todavía es un medio efectivo para obtener respuestas rápidas a preguntas sencillas sobre los contenidos de una variable actual (o grupo de variables), en un ponto particular en el programa.

Writeln, Sendmessage, Debugln...

Al utilizar *Write/Writeln*, *Sendmessage* o *Debugln* puedes hacer uso de estas llamadas de procedimiento para ayudarte a rastrear rápidamente *bugs* dentro de tu programa. Para programas de líneas de comando, deberías estar familiarizado con el comando *write/writelnn*. Conjuntamente con *readln* puedes avanzar para establecer puntos en tu programa.

Podemos demostrar esto revisando uno de nuestros cuatro programas de líneas de comandos anteriores.

Volveremos a visitar nuestro programa *namelist2.pas*

depurar namelist2.pas...

En este programa utilizaremos solamente *write* y *readln* para dar un paso único en un procedimiento único.

Abre *namelist2.pas* en tu editor de texto y edita el tipo de método añadiendo las dos siguientes líneas:

```
write(names[0].Name+'    '+IntToStr(Name;names[0].Age));
   readln;
```

Por lo tanto, debería aparecer dentro del ciclo, es decir:

```
begin
  names[0].Name:=names[outercount].Name;names[0].Age; names[outercount].Age;
  names[0].Gender:=names[outercount].Gender;
  names[0].Height:=names[outercount].Height;
  names[outercount].Name:=names[outercount].Name;
  names[outercount].Age;names[innercount].Age;
  names[outercount].Gender:=names[innercount].Gender;
  names[outercount].Height:=names[innercount].Height;
  names[innercount].Name:=names[0].Name; names[innercount].Age:=names[0].Age;
  names[innercount].Gender:=names[0].Gender;
  names[innercount].Height:=names[0].Height;

  write(names[0].Name+' '+IntToStr(names[0].Age));
  readln;
end;
```

Aquí queremos monitorear el valor que está a ser ubicado en *names[0].Name*

Compila y ejecuta el programa. Primero selecciona '*option 1*' para mostrar la lista de nombres, luego selecciona '*option 2*' para ordenar la lista. Verás que cada vez que presionas la tecla intro, aparece un nuevo nombre abajo, mostrando el nombre que está siendo cambiado en la ubicación *names[0].name* a medida que el programa realiza los ciclos.

Ahora, cuando se trata de programar una aplicación GUI, las cosas no son tan sencillas. Primero, *write*, *writeln*, *read* y *readln* son funciones que están disponibles solo para programas de líneas de comandos. Segundo, no puedes escribir directamente en las salidas de líneas de comandos de las aplicaciones Lazarus GUI.

Sin embargo, podemos alcanzar el mismo objetivo en una de estas dos maneras:
- Primero podemos hacer uso del comando *showmessage* para punto de paso de configuración para ejecuciones muy cortas. Sin embargo, para más de 25 iteraciones, digamos, comenzarás a sentir que debe existir una mejor manera.

- Segundo, Lazarus viene con una función que te permite enviar salidas a ventanas de líneas de comandos separadas. El comando es **debugln,** ubicado en la clase *LCLProc*.

Utilizar debugln, write/writeln...

Antes de que puedas utilizar el comando *debugln* debes realizar lo siguiente desde el menú principal:

```
open project --> Project Options --> Config and
Target (Under Compiler Option)" and disable the
Win32 Gui Application
```

Esto te permitirá utilizar no solo *debugln*, sino también *write, writeln, read* y *readln*.

Para demostrarlo, modifica el programa **namelist3.lpr** de igual manera que *namelist2.pas* (lo que quiere decir que modifiques el método **sort**); guarda y ejecuta el programa. Deberías ver una salida parecida a la siguiente:

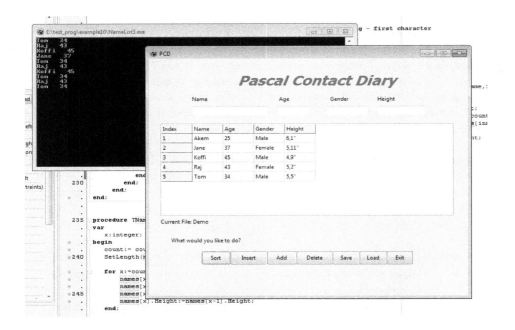

Ahora reemplaza *write(...)* con:
```
debugln(names[0].Name+'
'+IntToStr(names[0].Age));
```

guarda y ejecuta. Esta vez notarás que la salida de la línea de comando devolverá un salto de línea (línea en blanco) entre cada nombre.

Nota también que necesitará incluir la biblioteca de clase *LCLProc* para utilizar *debugln* (lo que no es necesario para *write, writeln, read* o *readln*). Utilizar *debugln* tiene la ventaja de escribir automáticamente a un historial, mientras que *writeln* puede, en ocasiones, colapsar como una aplicación GUI, lo cual es el motivo de *debugln* haber sido diseñado.

(podrías también utilizar {$apptype console} en el programa principal en vez de deseleccionar *Win32 Gui Application*).

Depurador de conexión de Lazarus

Antes de comenzar a utilizar las características depuradoras de Lazarus dentro del IDE, debemos asegurarnos que está configurado correctamente.

Para hacer esto, necesitarás realizar lo siguiente:

Tools → Options. Asegúrate de que estén establecidas las siguientes configuraciones (abajo). Luego, haz clic en *'OK'*

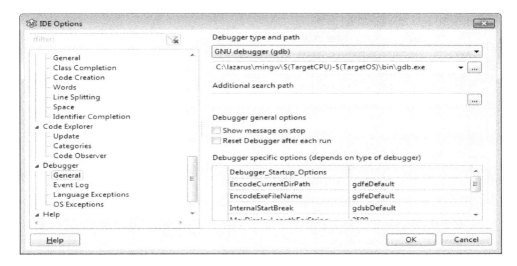

(Para usuarios Linux y Mac, la ruta gbd será diferente).

Ahora selecciona `Project` → `Project Options` y asegúrate que estén marcadas las siguientes características (*especialmente 'Generate debugging info for GDB (slower/ increase exe-size)*.

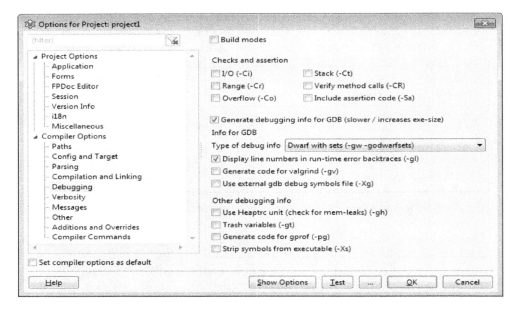

Luego haz clic en '*OK*'.

Puedes haber notado que cuando compilas hasta el programa más pequeño, el archivo ejecutable parece bastante grande. Esto se debe a que, por defecto, cuando instalamos Lazarus por primera vez, este indicador de depuración es verificado, lo que significa que nuestro programa ejecutable también contendrá información de depuración.

Una vez que estés satisfecho con la depuración de tu programa en un nivel satisfactorio (y eso es todo lo que podemos hacer) y esté listo para producción, entonces puedes desmarcar estos cambios (para excluir la información de depuración de nuestro programa ejecutable).

◈ Para Windows y Linux 32bit, recomiendo vivamente utilizar *Dwarf*, como se muestra anteriormente, en caso contrario deja el valor por defecto, es decir (Automático (-g)).

Depurar desde Lazarus

Ahora que has configurado Lazarus para conectar con gdb.exe, existen un par de características de depuración que podemos utilizar para depurar nuestro programa.

Veremos un ejemplo simple de cómo podemos depurar nuestro programa utilizando estas características de construcción.

- Abre tu programa *namelist3.lpr*
- dentro del editor de código haz clic en la franja gris a mano izquierda para establecer un punto límite. Ahora, resalta **names[0].name** y haz clic derecho con el ratón `select debug → Add Watch At Cursor`
  -como se muestra a continuación:

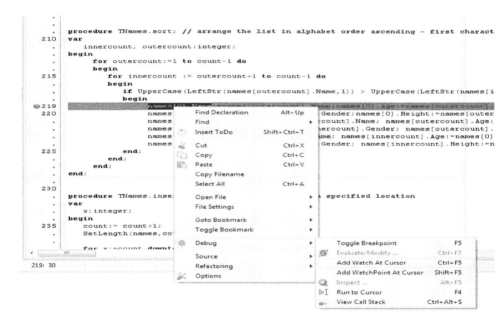

Esto te abrirá la siguiente ventana emergente:

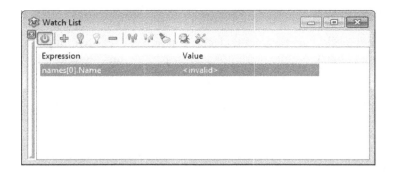

Acóplalo al panel de mensajes o ubícalo junto a él. De la siguiente manera:

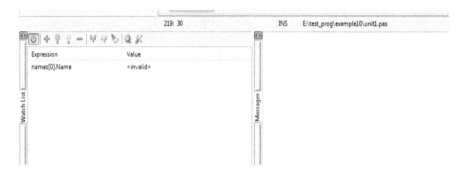

Ahora ejecuta el programa. Cuando ejecutes y hagas clic en el botón '*sort*', el programa ejecutará hasta el punto límite y parará allí, esperando por la entrada de depuración.

En la parte superior del IDE verás los siguientes botones de depuración:

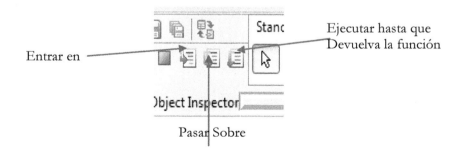

Entrar en… Esto entrará en el código desde donde el cursor esté posicionado; lo que te permite avanzar línea a línea en nuestro código, así como evaluar el estado de diferentes variables.

Pasar sobre… Esta opción te permite dejar de ejecutar la línea, y avanzar a la siguiente línea, sobre la cual aún puedes pasar si es necesario.

Ejecutar hasta que Devuelva la función… Esta opción te permite ejecutar hasta el siguiente punto límite, lo que significa que ejecutará el código hasta el siguiente punto límite.

En nuestro ejemplo, haz clic en el botón *Ejecutar hasta que Devuelva la función,* y nota que nuestra variable *watch* cambia cada vez que hacemos clic en este botón.

También puedes agregar una variable *watch* adicional o expresiones, incluso mientas el programa está siendo ejecutado en su punto límite.

Haz lo siguiente:
- desde dentro del panel *watch* haz clic derecho y selecciona '*Add*'
- introduce lo siguiente *names[0].Age* y haz clic en '*OK*',

Por ejemplo:

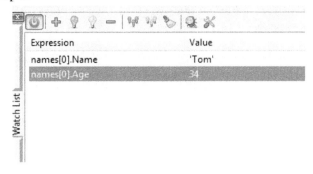

Otras características incluyen los valores *'Evaluate'* y *'Modify'*, a medida que avanzamos en el programa, así como *Debug Inspector*. Por ejemplo:

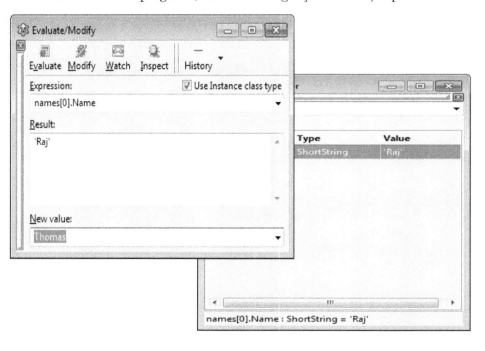

Hay más características de depuración de las que puedes utilizar al momento de depurar tu programa.

Haz lo siguiente:

Con el programa aún en funcionamiento y suspenso en el punto límite, selecciona desde el menú principal:

```
view → debug windows
```

como se muestra:

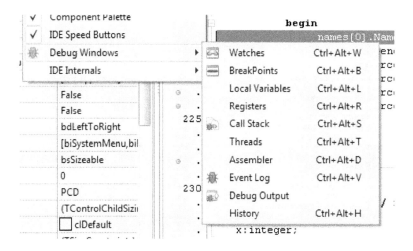

Ahora selecciona la Variable Local.

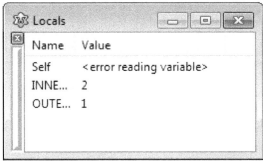

Esta ventana muestra todas las variables locales utilizadas dentro del método actual así como sus valores, las cuales están siendo actualmente utilizadas por el depurador.

Al seleccionar "*Assembler*" Se mostrará una ventana con el código ensamblador equivalente de tu programa y la ubicación del punto de límite equivalente en el código (junto con el depurador equivalente) como se muestra a continuación:

Ahora, decir que la discusión sobre programación de código ensamblador se encuentra mucho más allá del ámbito de este libro sería un eufemismo. ¡Definitivamente la codificación ensambladora no es para los débiles de corazón!

Si te sientes a la altura del desafío, entonces algunas lecturas adicionales son recomendables…

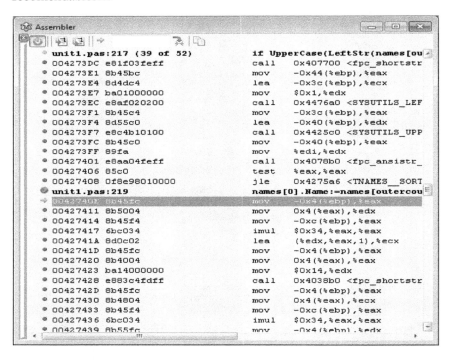

La interfaz de depuración de Lazarus para gbd te permite depurar tu programa de manera interactiva.
Esto te permite mayor flexibilidad para identificar áreas afectadas en el código que nuestra técnica anterior.

Ahora veamos un poco más de cerca cómo funciona gbd.

GDB sin Lazarus

Vale la pena 'meterse bajo el capó' de vez en cuando; en esta sección del capítulo recorreremos un ejemplo de cómo utilizar gdb para depurar nuestro programa ejecutable.

(Nota que GDB es una herramienta de línea de comando que funciona en archivos ejecutables).

 Comencemos.

Configurar el entorno

La primera cosa por hacer es configurar el entorno de manera que podamos llamar el archivo binario (ejecutable) gdb, por ejemplo, los usuarios Windows ejecutan la ventana del símbolo del sistema y escriben

SET PATH=%PATH%;C:\lazarus\mingw\i386-win32\bin
*(*ver el capítulo 2 *Instalar Lazarus* para hacerlo permanente)

Ahora abre tu editor de texto, por ejemplo bloc de notas para Windows y Vim para Linux, e introduce el siguiente programa:

```
program Factorials;

{$mode objfpc}{$H+}

uses
  SysUtils, Classes;

var
  num:Integer;
  i:Integer;
  factorial:Integer;

begin
  repeat
    write ('Enter a positive Integer: ');
    readln(num);
  until num > 0;

  for i:=1 to num do
    factorial:=factorial * i;

  writeln ('Result = '+IntToStr(factorial));
end.
```

Guarda (nómbralo `factoerials.pas`), compila y ejecuta el programa.

El objetivo del programa es calcular la factorial de un número dado.

La función factorial significa multiplicar una serie de números naturales descendientes. Por ejemplo, el factorial de 4 sería 4 x 3 x 2 x 1 = 24; lo que es lo mismo que 1 x 2 x 3 x 4.

Cuando ejecutas este programa, te pedirá que introduzcas un número. Sin embargo, no importa qué número introduzcas, el resultado siempre será cero. Claramente hay algo que no va bien. Necesitamos depurar el código utilizando gdb. Para hacerlo, necesitamos volver a compilar nuestro programa utilizando el –g *flag*, indicando al compilador que incluya la información depurada. Por lo tanto, escribe lo siguiente en tu línea de comando:

```
fpc -g factoerials.pas
```

Esta vez nuestro archivo ejecutable ha crecido en tamaño por causa de la información de depuración agregada.

Aún dentro de la línea de comando del sistema operativo, escribe *gdb* y presiona 'intro'

Debería aparecer una visualización parecida a la que se muestra a continuación:

Para salir o abandonar gdb simplemente escribe q o quit y luego presiona 'intro'.

Ahora veamos qué está mal con nuestro programa:

escribe **gdb factorials** luego presiona '**intro'**

agrega el símbolo gdb escribe l o list para listar el programa; Presiona '**intro'** para listar más información

```
For bug reporting instructions, please see:
<http://www.gnu.org/software/gdb/bugs/>...
Reading symbols from E:\test_prog\example28/factorials.exe...
(gdb) l
4
5       uses
6          SysUtils, Classes;
7
8       var
9          num:Integer;
10         i:Integer;
11         factorial:Integer;
12
13      begin
(gdb)
14      repeat
15              write ('Enter a positive Integer: ');
16              readln(num);
17      until num > 0;
18
19      for i:=1 to num do
20              factorial:=factorial * i;
21
22      writeln ('Result = '+IntToStr(factorial));
23      end.(gdb) _
```

Ahora escribe **r** o **run** para iniciar el programa factorial:

```
23          end.(gdb) r
Starting program: E:\test_prog\example28/factorials.exe
[New Thread 8240.0x204c]
Enter a positive Integer: _
```

Introduce el número **4** en el símbolo del programa.

Ahora el resultado es cero. Sabemos que aún hay algo va mal. Obtenemos el mismo error en gdb, sin embargo, necesitamos volver a ejecutar el programa y detenerlo en ciertos puntos, es decir, necesitamos establecer puntos límites en el programa para que podamos pausarlo y seamos capaces de examinar el estado del programa en un punto determinado, buscando de esta manera el listado. Establezcamos un punto límite en el inicio del programa:

Escribe **b 1**

```
(gdb) b 1
Breakpoint 1 at 0x40152e: file factorials.pas, line 1.
```

Ahora escribe *r*

Ahora ve a la siguiente línea del código escribiendo *n* o **next**

```
13        begin
(gdb) next
15                    write ('Enter a positive Integer: ');
(gdb) n
Enter a positive Integer: 16              readln(num);
(gdb)
```

Ahora escribe *n,* gdb esperará a que introduzcas un número, entonces introduce *4*

Ahora queremos saber que *num* está sosteniendo el número 4, entonces escribe **p num** o **print num**

```
17                    until num > 0;
(gdb) print num
$1 = 4
(gdb)
```
Y sí, vemos que *num* está sosteniendo el número 4

Escribe *n* para pasar a la siguiente línea (repite hasta que obtengamos el cálculo factorial) es decir:

```
19                    for i:=1 to num do
(gdb) n
20                    factorial:=factorial * i;
(gdb) n
20                    factorial:=factorial * i;
(gdb) _
```

Ahora queremos saber qué número factorial está contenido, por lo tanto escribe **p factorial**

```
20
(gdb) p factorial
$2 = 0
(gdb) _
```
Aquí vemos que la factorial es cero. El problema aquí es que olvidamos iniciar nuestra variable *factorial* con un número, por lo que Pascal le dio un valor definido de cero.

Podemos corregir esto desde gdb, para ver si, efectivamente, este es el problema real.

Así que escribe **r** para reiniciar el programa y escribe **y** para confirmar.

Sabemos que todo está bien hasta la línea 19, por lo tanto, establece un punto límite en la línea 19 escribiendo **b 19** (o si estás trabajado con diferentes archivos, entonces podrías escribir **b factorials.pas, line 19**).

Para movernos más allá de este punto límite escribe **c** o **continue**

```
23        end.(gdb) b 19
Breakpoint 2 at 0x4015b5: file factorials.pa
(gdb) c
Continuing.
Enter a positive Integer: 4

Breakpoint 2, main () at factorials.pas:19
19              for i:=1 to num do
(gdb)
```

Ahora si escribes **n** para ir a la siguiente línea y luego escribes factorial **p** para ver el valor, veremos que la factorial está establecido en cero y todos sabemos que cualquier número multiplicado por cero será cero.

Por lo tanto, para establecer la factorial a 1 escribimos **p** o **print factorial := 1** luego presionamos 'Enter'

```
(gdb) p factorial := 1
$5 = 1
(gdb) _
```
Ahora vemos que la factorial está establecido como 1

Ahora escribe **c** o **continue** para completar la ejecución del programa hasta el final.

```
(gdb) c
Continuing.
Result = 24
```

Aquí vemos que la respuesta está correcta. Ahora podemos continuar y corregir el código fuente. Estableciendo la factorial a 1 justo antes de introducirse *for* .. *loop*.

Ejemplo;

```
factorial:=1;
for i:=1 to num do
        factorial:=factorial * i;
```

Ahora, si hacemos el cambio como fue mostrado anteriormente compilamos y ejecutamos el programa, veremos el resultado correcto.

Nota que si alguna vez no estás seguro acerca de un comando gdb, entonces escribe en la línea de comando gdb:

```
type help [command]
```

Como puedes ver, gdb puede ser utilizado con o sin Lazarus.

Cosas para probar

- Echa un vistazo a algunos de los comandos *info* e inténtalos, por ejemplo, primero escribe *info help* para listar los comandos disponibles y luego experimenta algunos; por ejemplo escribe *infor variables*.

- Compila el programa *namelist3.lbr* tal como está, y haz una anotación del tamaño del ejecutable resultante. Luego deselecciona *Generate debugging info for GDB (slower/ increase exe-size)* y vuelve a compilar, ahora haz una anotación del ejecutable resultante sin la información de depuración. Deberías ver una disminución significativa en el tamaño.

22 Documentar el código

La documentación debe ser vista como una parte complicada del ciclo de vida del desarrollo de tu proyecto. Como regla básica general, intenta pensar en tu documentación desde tres perspectivas.

Dependiendo de tu proyecto y de quién es el destinatario final, un proyecto de código abierto tiende a requerir documentación desde las siguientes perspectivas:

- Perspectiva del usuario – Qué hace el proyecto, cómo instalarlo.
- Perspectiva del desarrollador – Cómo funciona el proyecto, métodos, módulos, etc.
- Colaborador – Cuáles son las líneas de guía del proyecto, estándares, normas de codificación, etc.

En este capítulo limitaremos nuestro enfoque a la perspectiva del desarrollador y las herramientas que proporciona Lazarus para los desarrolladores al momento de documentar su propia aplicación.

En lo que se refiere a documentación, no es algo que pueda ser dejado para el final, sino que debe ser parte del proceso de desarrollo, como lo es la codificación. Como punto de partida, dependiendo del tamaño de la unidad, documenta cada unidad completa.

Tu documentación debe ser vista como un documento en vivo, por lo tanto, cualquier cambio hecho en la unidad, como por ejemplo la adicción o eliminación de métodos, componentes, cambios en la manera que funciona, etc., también deben ser reflejados en el documento; en otras palabras, siempre mantén el documento actualizado.
Esto también es referido como gestión de la configuración y puede ser esencial cuando trabajamos a través de una escala de desarrolladores los cuales necesitan saber que están trabajando desde el mismo cambio de versión.

Soporte de Lazarus para documentación

Lazarus soporta el desarrollo en la documentación de sus proyectos proporcionando un Editor de Documentación de Lazarus (*Lazarus Documentation Editor – LazDE*) y un Documentador de Código Free Pascal (*Free Pascal Code documentor - FPDoc*).

LazDE

Lazde es una herramienta diseñada para crear y editar archivos XML. Los archivos de formato XML son utilizados para crear la plataforma de documentación independiente de las unidades de código fuente de Lazarus.

Así como la herramienta es utilizada para generar el cuerpo básico de archivos XML desde el archivo de unidad de fuente Pascal, también es utilizada para generar (utilizando FPDoc) versiones HTML de la documentación. *LazDE* genera un archivo de documento XML para cada unidad de fuente de Pascal.

LazDE viene como código fuente solamente cuando instalamos Lazarus, por lo tanto, necesitamos compilarlo primero antes de poder utilizarlo. Hagamos eso ahora.

Realiza lo siguiente:

- Ejecuta Lazarus y selecciona *File → Open → \lazarus\doceditor\lazde.lpr → [open project]*
- Selecciona *Run → compile* o *Ctrl+F9*
- Ahora Ejecuta el programa.

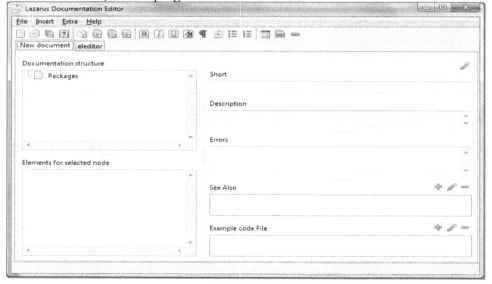

Debería aparecer una visualización semejante a la que se muestra a continuación:

Primero echaremos un vistazo a la manera en que Lazarus documenta sus propias unidades.

Realiza lo siguiente:

Desde *LazDE*:

- selecciona *File* → *open* → *docs* → *xml* → *lcl*
- selecciona *Calendar*

Debería aparecer lo siguiente:

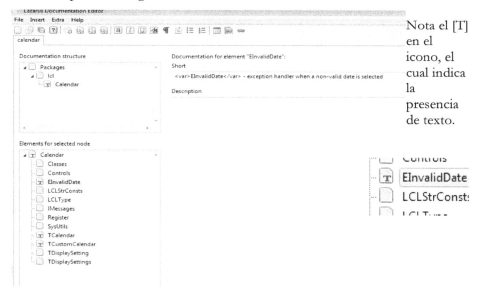

Nota el [T] en el icono, el cual indica la presencia de texto.

Ahora que hemos visto un ejemplo de un archivo de documentación XML generado por la unidad *Calendar,* ¿podríamos utilizarlo para nuestros propios proyectos?

Documentar el proyecto NameList3.pas

Siempre es buena idea tener los archivos documentados en una carpeta separada de tus archivos de proyecto, por lo tanto, ve a la carpeta de tu *namelist3.pas* y crea una carpeta llamada *docs*.

Desde *LazDE*, cierra cualquier archivo actualmente abierto, es decir, selecciona *File → close*.

Ahora realiza lo siguiente:

- Selecciona *File → New from file*
  deberías ver la siguiente ventana:

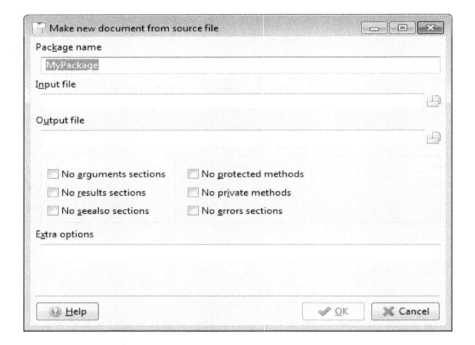

Cambia el nombre del paquete a *namelist3*

Establece el navegador del archivo de entrada . . . `\unit1.pas` en la carpeta donde el archivo *namelist3.pas* está ubicado

El archivo de salida ...\docs\unit1.xml

Haz clic en '*OK*'.

Nota que a pesar de haber dejado las configuraciones predefinidas de los nombres en nuestros ejemplos simples, deberías dar nombres propios a tu unidad, como mencionamos anteriormente cuando hablábamos de estilos.

Debería aparecer la siguiente ventana:

(este es el cuerpo de una plantilla lista para rellenar)

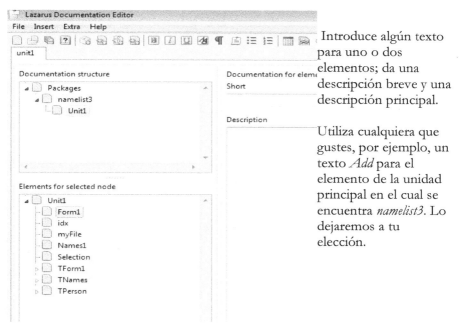

Introduce algún texto para uno o dos elementos; da una descripción breve y una descripción principal.

Utiliza cualquiera que gustes, por ejemplo, un texto *Add* para el elemento de la unidad principal en el cual se encuentra *namelist3*. Lo dejaremos a tu elección.

Una vez hayas hecho tus entradas, guarda el trabajo seleccionando `File →` `save.`
Esto guarda los cambios del XML.

Ahora realiza lo siguiente para crear nuestro archivo de documento legible:

- `Select Extra → Options:`

Asegúrate que las siguientes configuraciones (ver a continuación) estén seleccionadas:

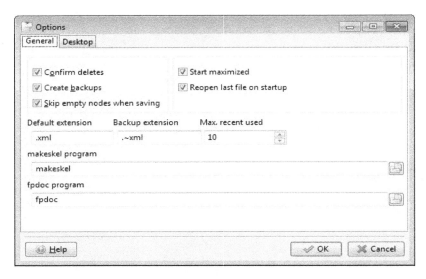

Luego presiona '*OK*'.

Ahora selecciona *Extra → Build*.

Debería aparecer la siguiente pantalla:

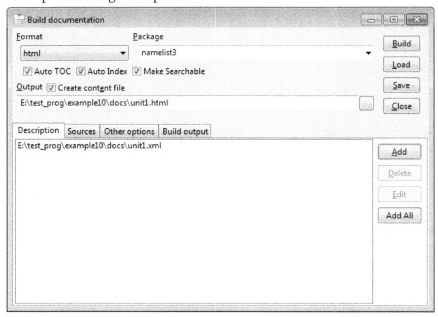

Introduce las configuraciones que se muestran y haz click en el botón 'save'.

<pre>   Establece la fuente a ...\unit1.pas</pre>

Una vez completado, haz clic en el botón *Build*. Esto muestra la
siguiente salida:

Esta construcción crear una subcarpeta dentro de la carpeta *docs* llamada
unit1.html

Para poder utilizar el contenido de la carpeta **unit1.html** necesitamos copiar la
carpeta en nuestro servidor web.

Nota que la carpeta unit1.html se construirá dentro de tu carpeta padre docs

Ver nuestra documentación

```
copia la carpeta unit1.html en la carpeta xampp
..\htdocs (ex. Windows) C:\xampp\htdocs\unit1.html\
```

Si nuestro programa Apache no está siendo ejecutado, entonces inícialo ejecutando XAMPP e inicia Apache.

Ahora lanza tu navegador e introduce el URL:
http://localhost/unit1.html

Reference for package 'namelist3'

Handle the listing of names

Units

Unit1

Description

This is the main bulk of the program. no other unit belongs to this project

Una página similar (dependiendo del texto que hayas escrito).

Esto se encuentra al nivel de la Clase para *namelist3*. Para ver su padre haz clic en *[index]*.

Luego haz clic en *TForm1*

[Overview][Types][Classes][Variables][Index]

TForm1

[Properties (by Name)] [Methods (by Name)] [Events (by Name)]

Declaration

Source position: unit1.pas line 37

```
type TForm1 = class(TForm)
  Button1: TButton;
  Button2: TButton;
  Button3: TButton;
  Button4: TButton;
  Button5: TButton;
  Button6: TButton;
  Button7: TButton;
  Edit1: TEdit;
  Edit2: TEdit;
  Edit3: TEdit;
  Edit4: TEdit;
  GroupBox1: TGroupBox;
  Label1: TLabel;
  Label2: TLabel;
  Label3: TLabel;
  Label4: TLabel;
  Label5: TLabel;
  Label6: TLabel;
  Label7: TLabel;
  OpenDialog1: TOpenDialog;
  SaveDialog1: TSaveDialog;
  StringGrid1: TStringGrid;
  procedure Button1Click();
  procedure Button2Click();
  procedure Button3Click();
  procedure Button4Click();
  procedure Button5Click();
  procedure Button6Click();
  procedure Button7Click();
  procedure FormCreate();
  procedure StringGrid1Click();
public
  function IsDataCheckOk;
  procedure frmInit;
end;
```

Inheritance

```
TForm1
  |
TForm
  ?
TObject
```

Esto muestra la clase *TForm1*.

Haz clic en los diferentes enlaces para ver que ha sido generado a través de Lazarus y que necesita ser añadido a la documentación.

23 Lazarus y Otros Dispositivos, Pi, Android, Teléfonos Inteligentes y Sistemas Embebidos

Este capítulo proporciona, principalmente, información útil para apoyar a los desarrolladores de aplicaciones de escritorio, web y cliente/servidor, por lo que contiene menos práctica en la programación que los otros capítulos. Lazarus y Free Pascal son muy adecuadas para desarrollar aplicaciones en otros dispositivos. Lazarus ha sido portado a Raspberry Pi, dispositivos Android y teléfonos inteligentes, así como a microcontroladores.

En este capítulo veremos algunos de estos dispositivos.

Raspberry Pi

"¿Qué es Raspberry Pi?"

Raspberry Pi es una computadora del tamaño de una tarjeta de crédito y de bajo costo, que puede utilizar un monitor o TV, y utiliza un teclado estándar y un ratón. Es un dispositivo pequeño y capaz, que les permite a las personas de todas las edades explorar la computación, así como aprender a programar en lenguajes como Scratch, Python y Lazarus. Es capaz de hacer todo lo que esperas que una computadora de escritorio haga, desde navegar en internet y reproducir videos de alta definición, hasta hojas de cálculos, procesamiento de textos y jugar juegos.

Todavía más, Raspberry Pi tiene la capacidad de interactuar con el mundo exterior y ha sido utilizada en una variedad de arreglos de proyectos de marcadores digitales (desde máquinas de música, detectores parentales de niños para estaciones meteorológicas y ¡casas de pájaros que pían con cámaras infrarrojas!). La Fundación Raspberry Pi quiere que Pi sea utilizado por niños alrededor del mundo para aprender a programar y entender cómo funcionan las computadoras.

Actualmente, el costo de esta computadora se vende alrededor de £25 (sí, ¡25 libras esterlinas! Lo que es alrededor de $45 dólares estadounidenses).

La Fundación Raspeberry Pi recomienda *Raspbian Wheezy* como sistema operativo estándar. Sistemas operativos alternativos que funcionan en RPi incluyen RISC OS y varias distribuciones de Linux, así como Android.

Instalar Lazarus en tu dispositivo Raspberry es bastante simple. Para hacerlo, realiza lo siguiente:

- abre una ventana terminal y escribe lo siguiente:
  - *sudo apt-get update*
  - *sudo apt-get upgrade*
  - *sudo apt-get install fpc*
  - *sudo apt-get install lazarus*

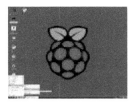

Una vez instalado, puedes ejecutar Lazarus como lo harías desde tu escritorio. Pi abre Lazarus a una amplia comunidad, incluyendo países en desarrollo, así como escuelas y universidades en todo el mundo.

Para más información acerca de Lazarus en Pi visita...

http://wiki.lazarus.freepascal.org/Lazarus_on_Raspberry_Pi
http://www.raspberrypi.org/

En Google Imágenes, busca 'raspberry pi' y echa un vistazo a lo que es posible con Lazarus y un poco de Pi.

Desarrollar aplicaciones para dispositivos Android

Los desarrolladores puedes desarrollar aplicaciones Android utilizando Lazarus con Free Pascal.

Las siguientes páginas web explican cómo:

http://wiki.lazarus.freepascal.org/FPC_JVM
http://wiki.lazarus.freepascal.org/Android

Sin embargo, aquí hay un resumen:

FPC JVM

El *FPC backend* para la Máquina Virtual *Java* (JVM) genera código *Java byte* que se ajusta a las especificaciones del JDK 1.5 (y versiones más recientes), y también a Dalvik VM para la plataforma Android. A pesar de que no todas las características del lenguaje FPC funcionan cuando son orientadas a JVM, la mayoría lo hacen (o lo harán en el futuro) y los desarrolladores han hecho su mejor esfuerzo para introducir tan pocas diferencias como sea posible.

Android como objetivo

Actualmente el soporte para Android como objetivo se encuentra presente en la versión principal (es decir, en la versión de desarrollo) 2.7.1 de FPC.

CPUs soportados:

- ARM (CPU_TARGET=arm)
- x86 (CPU_TARGET=i386)
- MIPS (CPU_TARGET=mipsel)
- JVM

Desarrollar Aplicaciones para el mercado de teléfonos inteligentes

Existen una multitud de plataformas disponibles hoy en día para teléfonos inteligentes, y en muchas de ellas es posible escribir software de Free Pascal y Lazarus.

Maemo Linux

Maemo es una plataforma de software desarrollada por Nokia y luego cedida a la Fundación Hildon para teléfonos inteligentes y tabletas de Internet. Está basado en la distribución Debian GNU/Linux. La plataforma abarca el sistema operativo *Maemo* y el *Maemo* SDK.

Maemo ejecuta aplicaciones ARM-Linux "puras", por lo que necesitas permitir a FPC compilar de manera cruzada para ARM-Linux. Es recomendable utilizar la última versión principal de FPC (versión 2.5.x al momento de escribir esto; mientras tanto, FPC 2.6.0 estable ha sido lanzada y su versión principal es 2.7.x).

WinCE port

Lazarus puede ser utilizada para desarrollar en teléfonos inteligentes basados en Windows. Para más información sobre desarrollo de aplicaciones de teléfonos inteligentes utilizando Lazarus visita:

http://wiki.lazarus.freepascal.org/Smartphone_Development

Desarrollar aplicaciones de teléfonos inteligentes utilizando Lazarus se encuentra fuera del ámbito de este libro. Una vez alcanzada esta altura del libro (¡y bien hecho!) deberías sentirte seguro para asumir desarrollos simples de aplicaciones para teléfonos inteligentes y dispositivos semejantes.

Sistemas embebidos

Un sistema embebido es un sistema de computadora diseñado para realizar una o más funciones dedicadas, a menudo, con limitaciones de computación en tiempo real. Está embebido como parte de un dispositivo completo, incluyendo frecuentemente el hardware y las partes mecánicas.

En contraste, un computador de uso general (como un PC) es diseñado para ser flexible y satisfacer una amplia variedad de usuarios finales. Los sistemas embebidos controlan muchos dispositivos de uso común hoy.

Plataformas Nintendo

Para estos dispositivos existen objetivos especiales en FPC. También existe una construcción especial de compiladores cruzados para la plataforma Windows X86:

- Gameboy Advance: (OS_TARGET=gba CPU_TARGET=arm BINUTILSPREFIX=arm-eabi)
- Procesador princpal: ARM7tdmi)
- Sub-procesador: Z80 arm-gba-fpc-2.4.2.i386-win32.zip
- Nitendo DS: (OS_TARGET=nds CPU_TARGET=arm BINUTILSPREFIX=arm-eabi)
- Procesador principal: ARM946E-S (67 MHz, in DSi: 133 MHz)
- Sub procesador: ARM7TDMI (33 MHz) arm-nds-fpc-2.4.2.i386-win32.zip

Para más información visita:

http://wiki.lazarus.freepascal.org/Embedded

O Pascal para PIC's
http://www.pmpcomp.fr/

http://www.mikroe.com/mikropascal/pic/

Resumen de los Capítulos 17 al 23

Manejo de archivo

Todos los programas tienen que lidiar con archivos de una manera o de otra, y Lazarus ofrece distintas maneras para el manejo de archivo. En capítulos anteriores mencionamos brevemente el guardado y cargado de archivos. En el capítulo 17 ahondamos más en el manejo de archivo, primero recapitulando y extendiendo el método tradicional y luego observando métodos más comunes (o métodos 'modernos', tal como Estilo de objeto como es también referido a veces).

Muchas de las características de manejo de archivos fueron alcanzadas utilizando el componente *LCL File Dialogs*.

Manejo de Conjuntos de Datos

El conjunto de datos representa una colección de datos obtenida desde una Fuente de Datos. La fuente de datos puede ser, o no, una base de datos. La colección de datos es normalmente del mismo tipo o se encuentra relacionada de alguna manera.

El conjunto de datos usualmente se refiere a datos obtenidos, dispuestos en filas y columnas para ser procesados por el software.

En el capítulo 18 vimos como Lazarus soporta conjuntos de datos, en particular su clase *Tdataset*, así como las clases *fpjsondataset* y *fcl-xml*, juntamente con varias fuentes de datos que no eran bases de datos tales como *XML, JSON y CSV*, todas reconocidas comúnmente como estándares de formatos de datos. Cabe destacar que existen muchos otros estándares reconocidos hoy en día. Sin embargo, estos fueron los tres que analizamos en este libro.

La fuente de datos para nuestro conjunto de datos puede venir desde cualquier sito y en cualquier formato, pero para ser intercambiable con otros sistemas, es necesario adoptar algunos formatos de datos estándar, que permitan a los desarrolladores seleccionar clases predefinidas para la manipulación de datos. Vimos tres de los formatos de datos más comúnmente utilizados actualmente, que son *XML, JSON y CSV*.

Introducción a base de datos

En el capítulo 19 profundizamos más sobre bases de datos a través de una implementación completa de un SGBD. El SGBD escogido para este capítulo fue MariaDB (una bifurcación de *MySQL*) ahora ampliamente utilizado por compañías dominantes como Google y Amazon, así como también se ha convertido en la base de datos por defecto en la mayoría de los discos de distribución de Linux.

¿Qué es una base de datos?

El término 'base de datos' significa diferentes cosas para diferentes personas. Para nuestros propósitos, utilizamos el término que significa una colección de datos almacenados de alguna manera organizada. Una manera en que podemos observar una base de datos es considerándola como un archivador. El archivador es simplemente una localización física para datos almacenados, independientemente de lo que esos datos sean o cómo se encuentran organizados.

Cabe destacar que existe un comité de estándares que intenta definir la sintaxis de *SQL* que puede ser utilizada por todos los SGBDs; la realidad es que no hay dos SGBDs que se implementen de manera idéntica. Por lo tanto, el *SQL* que discutimos en este capítulo fue específico para MariaDB (y *MySQL*) y, a pesar de que mucho del lenguaje que fue discutido aquí será aplicable para otros SGBDs, no queda completamente asumida la portabilidad de la sintaxis de *SQL*.

Lazarus y la Web

La mayoría de nosotros estamos familiarizados con el internet y la *World Wide Web* (www). Cada vez más, los usuarios esperan llevar a cabo sus trabajos utilizando una sola herramienta de interfaz sin necesidad de instalar una aplicación en su sistema local cada vez; esta tendencia está aumentando exponencialmente. Muchos desarrolladores están invirtiendo una cantidad enorme de su tiempo en convertir sus aplicaciones de cliente pesado (escritorio) a aplicaciones de cliente liviano (basadas en navegador).

En el capítulo 20 vimos tres infraestructuras digitales de desarrollo web:

- *fpWeb,*
- *Brook,*
- *Raudus.*

Depuración de código

A diferencia del manejo de excepción o manejo de error, existe otro tipo de error que los desarrolladores deben tener en cuenta y éste es cuando una aplicación deja de funcionar de acuerdo con sus especificaciones. Si somos capaces de identificar defectos en el sistema, en otras palabras, la aplicación puede ser considerada como poseedora de un *'bug'* (o se dice que está *'bugeada'* si existen muchos *bugs)*. Los *bugs* pueden permanecer inactivos durante años en un sistema o pueden ser encontrados rápidamente durante pruebas o uso.
La depuración es un proceso metodológico para encontrar y reducir el número de *bugs,* o defectos, en un programa de computadora, llevándolo a comportarse como es debido.

En el capítulo 21 vimos tres métodos comúnmente utilizados para rastrear *bugs* en una aplicación.

Cuando una aplicación es pequeña o el *bug* es identificado en un método, los desarrolladores pueden efectuar un simple *write, dbugln* o *showmessage* para variables particulares.

Sin embargo, utilizar Lazarus y sus vínculos en apoyo a GDB torna mucho más fácil la depuración de problemas más complejos.

También vimos cómo utilizar GDB sin Lazarus. Familiarizarse con GDB a nivel de comando puede aumentar de manera significativa tu entendimiento de como Lazarus utiliza GDB para la depuración.

Documentar el código

La documentación no debe ser vista como algo de última hora, sino como una parte esencial del ciclo de desenvolvimiento en el desarrollo del software. En el capítulo 22 vimos las herramientas *LazDE* y *PFDoc* que los desarrolladores utilizan para documentar su aplicación.

Lazarus y Otros Dispositivos, Pi, Android, Teléfonos Inteligentes, micro-controladores

El capítulo 23 fue más una discusión sobre como Lazarus puede ser utilizado para desarrollar aplicaciones para otros dispositivos diferentes del escritorio, servidores o la web. Los desarrolladores pueden utilizar Lazarus para desarrollar aplicaciones para dispositivos tales como Android, Teléfonos inteligentes, Raspberry Pi y Sistemas embebidos.

24 Glosario de Método

Cuando escribimos programas, es útil ser capaz de remitirse a los métodos utilizados o descritos en el libro. En este capítulo están listados juntamente con el número(s) de página(s) en los que aparecen y una breve descripción.

AnyTrig	49	Calcula Triángulo de cualquier ángulo
Add	80	*NameList1,2,3,4* para agregar nombre a la lista
ALTER TABLE	266	comando MariaDB *SQL* para cambiar una propiedad de tabla
CalculateTime	53	Programa de Tabla de Tiempo de Viaje
Create	29,47,103	Programa de Herencia
Create Table	255	MariaDB *SQL* crea una taba en la base de datos
Divide	41	Capítulo Trabajar con Números
DayInWords	56	Programa de demostración para declaración *if...then*
DayInWords2	61	Programa de demostración para declaración *if ..then..else*
DayInWords3	75	Programa de demostración de arreglo estático
DayInWords4	77,152,160	Programa de demostración 1ro de arreglo dinámico, luego con el uso de clase
Delete	80,87,94,182	*NameList1,2,3,4* para eliminar nombre desde la lista
DivideByZero	163,164	Demostración de manejo de error.
Displayname	81,87,94,185	*NameList1,2,3,4* para mostrar nombre en la lista.
Display	103,141	Programa de Herencia
DataFiles	150	Manejo de excepción de error en tiempo de compliación

DispCustomerInfo	299	Programa de Entrada de Pedido
DBLookupComboBox3change	303	Demostración de Aplicación de combo de búsqueda de Entrada de pedido
DataModuleRequest	316	Demostración de programación web *fpWeb*
FindDayInWords	57,62,75,160	*NameList1,2,3,4* para encontrar un nombre desde una lista
ForLoop	64	Demostración de declaración *For..Loop*
Factorial	339	Demostración de Depuración utilizando solo GDB
Getpart1	50	Función dentro del programa *AnyTrig* Triángulo de cualquier ángulo
Getpart2	50	Función dentro del programa *AnyTrig* Triángulo de cualquier ángulo
Getres	46,50	Función dentro del programa *AnyTrig* Triángulo de cualquier ángulo
GetModel	102,140	Programa de Herencia
GetPrice	102,140	Programa de Herencia
Getmanufacturer	103,141	Programa de Herencia
Hello	21	Primer programa de consola y primer programa GUI.
Hello2	37	*Hello World* adaptado a concatenación de cadena
Insert	80,85,93,181	*NameList1,2,3,4* para insertar un nombre a la lista
Inheritance	101,139	Programa de Herencia
Loaddata	95,184	*NameList1,2,3,4* para cargar un nombre a la lista
Loadcmb	300	Programa de Entrada de Pedido
Loadcmb2	300	Programa de Entrada de Pedido

Loadcmb3	299	Programa de Entrada de Pedido
LoadFromFile	205,239,243	Programas web, de mapas de imágenes y *StringGrid*
MultiArray	82	Demostración de programa de tipos de datos Multiarreglos
MoveText1	201	Animación
MoveText2	201	Animación
MySet	90	Demostración de tipos conjunto de datos en Free Pascal
NameList	79	Programa que maneja agregar, ordenar, eliminar, mostrar lista de nombres
NameList2	85,91	Programa que maneja agregar, ordenar, eliminar, mostrar lista de nombres
NameList3	180,330	Programa de contacto, Depuración, demostración de Documentación
OpenGLControl1Paint	217	Animación de gráficos 3D
PartStr	38	Manipulación de cadenas
Person	83	Demostración de tipos de Registros de datos Free Pascal
RepeatLoop	66	Demostración de la Función de Free Pascal *Repeat*
rs	229	Demostración de vinculación de bases de datos dinámicas
RaButton1click	323	Demostración de aplicación web autónoma Raudus
RaListBox1Click	323	Demostración de aplicación web autónoma Raudus
SimpleObjectPascalProgram	28,32,138	Demostración de POO básico, Demostración de Constructores/Destructores
Sort	79,85,183	*NameList1,2,3,4* para ordenar nombres en la lista
SaveData	94,185	Manejo básico de archivos,

		Programa de contacto diario Pascal
Setmanufacture	103,141	Programa de Herencia
SetModel	102,140	Programa de Herencia
SetPrice	102,140	Programa de Herencia
StringGrid1Click	183	Programa de Demostración de *StringGrid*
ShowResult	251	Programa de tipo *Querybuilder* básico de *zmSQL*
TokenizeString	35	Programa *TokenizeString*
Trig	46	Programa de triángulo
TimeTable	53	Programa de Tabla de Tiempo de Viaje
Timer1Time	201	Animación
WriteOut	13,29,70	Introducción, parte de *SimpleObjectProgram*
WhileLoop	67	Demostración de comando Pascal *While loop*

25 y ahora ¿qué?

Has alcanzado el final de este libro y esperamos que haya sido una gran experiencia de aprendizaje y experimentación.

Puedes estar preparado para mucho más que programación. Pero ¿cómo lo haces?

- Consulta otros libros.
- Visita frecuentemente la página web de Lazarus: **http://lazarus.freepascal.org/** así como la página web de Free Pascal: **http://www.freepascal.org/**
- Únete a fórums de Lazarus y mantente actualizado.
- Visita tutoriales en la página web de YouTube.

26 Indice

A

ALTER TABLE · 266, 288, 289, 290, 362
Android · 149, 354, 355
Animation · 364, 365
Array · 82
ASSIGN TO · 249

B

boolean · 120, 124, 209
brush · 195, 196, 199, 200, 201

C

Case · 61
CGI · 313, 316, 319
Class · 102, 140, 142, 146
Classes · 33, 35, 36, 38, 39, 41, 46, 50, 53, 56, 62, 64, 66, 67, 69, 75, 78, 79, 82, 83, 85, 90, 92, 125, 133, 134, 152, 160, 162, 163, 164, 237, 243, 250, 298, 323, 339
Const · 66, 197
Constructor · 144
CREATE TABLE · 254, 255, 256, 283, 284, 285
csv · 246, 247, 286, 287

D

database · 362
DataSet · 251, 252, 299, 300, 303, 304, 306
Debugln · 328
destructor · 146, 147
dynamic array · 82, 362

F

FastCGI · 313, 315
FCL · 35
Find · 243, 244
free · 44, 47, 51
function · 46, 50, 53, 97, 102, 103, 106, 140, 141, 146, 183, 231, 250, 251, 252, 299, 364

G

GDB · 332, 344, 363

I

if..then..else · 71
implementation · 33, 34, 70, 127, 133, 135, 238, 243, 251, 299, 323
Inheritance · 101, 130, 139, 140, 363
INNER JOIN · 263, 295, 301, 302, 303
INSERT INTO · 256, 257, 258, 259, 260, 302, 304
Integer · 35, 41, 42, 53, 75, 82, 84, 85, 92, 94, 95, 96, 162, 163, 164, 180, 181, 182, 183, 184, 185, 186, 191, 197, 208, 209, 210, 211, 224, 231, 238, 243, 303, 339
interface · 33, 34, 70, 105, 133, 134, 160, 237, 243, 250, 298, 322

J

json · 243, 244

L

LCL · 113, 114, 116, 126, 189, 359
LeftStr · 38, 57, 58, 60, 61, 62, 76, 78, 80, 86, 92, 153, 157, 161
LoadFromFile · 205, 232, 238, 239, 243, 318, 364

M

MariaDB · 273, 275, 362
methods · 70, 103, 141, 142
MidStr · 38

O

Object Inspector · 112, 113
overload · 102, 140, 142, 146
override · 102, 140, 145, 146, 147

P

packages · 170, 291, 318
procedure · 12, 29, 32, 33, 41, 57, 59, 62, 69, 70, 75, 78, 79, 80, 81, 85, 86, 87, 90, 92, 93, 94, 95, 98, 102, 103, 105, 118, 119, 120, 123, 124, 125, 127, 132, 135, 136, 137, 138, 140, 141, 146, 152, 153, 157, 159, 160, 180, 181, 182, 183, 184, 185, 190, 191, 194, 195, 197, 198, 201, 202, 203, 204, 205, 206, 208, 209, 210, 211, 217, 219, 223, 224, 229, 230, 237, 238, 243, 246, 247, 251, 252, 292, 298, 299, 300, 301, 302, 303, 304, 305, 316, 319, 323

R

Raudus · 312, 321, 322, 360
Readln · 226

RightStr · 38

round · 53, 55
Rows · 243, 244

S

SELECT · 254, 257, 258, 259, 260, 261, 262, 264, 265, 276, 292, 293, 294, 295, 299, 301, 302, 308
SetLength · 78, 79, 80, 81, 82, 83, 85, 86, 87, 92, 93, 94, 95, 153, 160, 181, 182, 184, 224
Showmessage · 302, 304, 306
SQL · 251, 291, 292, 299, 300, 301, 303, 306, 307, 362

T

TStringList · 35, 36, 323, 324

U

unit · 33, 70, 133, 134, 237, 243, 250, 298, 322
UPDATE · 262, 263, 287, 307
UpperCase · 75, 77, 78, 80, 86, 92, 153, 157, 161
uses · 33, 34, 35, 38, 39, 41, 46, 50, 53, 56, 62, 64, 66, 67, 69, 75, 78, 79, 82, 83, 85, 90, 92, 116, 125, 133, 134, 152, 160, 162, 163, 164, 237, 243, 250, 298, 323, 339

W

write · 14, 45, 53, 54, 55, 56, 64, 66, 67, 69, 80, 81, 84, 86, 87, 88, 93, 94, 95, 212, 224, 328, 329, 330, 331, 339

Writeln · 12, 29, 30, 32, 38, 47, 51,
62, 63, 76, 78, 138, 153, 157, 161,
226, 328

X

xml · 115, 235, 238, 239, 266, 347,
360

Z

ZeosDBO · 291
zmSQL · 247, 263